本书是澳门理工学院重点研究项目课题（RP／OTHER—07／2009）

胡海林 王 莉／著

精算珠三角

—— 珠三角经济社会发展
竞争力评价基础研究

人民出版社

前　言

　　本书源于我们共同承担的澳门理工学院课题《港澳在泛珠三角流域经济合作与发展方略》的基础性研究成果。课题完成的过程一波三折而显得极其艰难，最后成为书稿更为不易。这是因为无论成长、求学以及长时期的工作与生活，珠三角对我们都曾经是那样的遥远而又陌生。而对我们两个新到澳门普通的学者，要搜集、整理、归纳、提炼珠三角区域内9个经济体的10年持续数据与发展状况，这个任务实在是具有挑战性了！好在经过两年多挑灯苦思，寂寞伏案的共同努力，相互的默契配合，终于完成本课题并转化为书稿。珠三角，这一块火热而又神奇的土地，现在对我们而言，却又是这样的熟悉而又亲近！

　　书中虽然没有着任何笔墨去描述珠三角区域内繁华市景，栉比厂房，蜿蜒河流。但即便是区域内的一处小小的青山溪水，花草丛木，我们在书稿中，也都已把它抽象成一个个似显枯燥却是充盈内涵的数字，并遵循经济学的基本研究范式进行了精算与评测。当然，在行文叙述与评议时，我们也不时地大胆尝试进行了形象化的拟人与比喻，以便读者研读时，能不显乏味而会心一笑。事实上，每一个数据就似一个玄妙精灵，数据变化的轨迹就是精灵善舞的长袖，把珠三角经济发展变化与创新成就清晰又了然地展现在了读者面前。

　　本课题从选题到立项，都是在澳门理工学院院长李向玉教授、副院长殷磊教授直接指导与帮助下进行的。他们对我们学术研究进度以及碰到困难给予热情周到关怀与倾力支持解决。李向玉教授是位语言学与历史学家，学贯中西，精通中、英、葡多国文字，是西学东渐、东学西渐的中西文化交流的研究权威，也是葡萄牙国科学院外籍院士，更是澳门回归祖国直接参与推动者。而殷磊教授是卫生学家，在中国的护理学界享有卓越盛誉。他们的学术研究虽然与经济学相隔重山，但都敏锐发觉研究珠三角、泛珠三角社会经济发展状况，对港澳两个特别行政区未来发展是具有积极与深远意义的事情，因而一直把它作为学院一项重要的学术研究工作予以重视并推动。

确实，无论是从哪一个角度看，港澳都与珠三角紧密相连而难以分割。稍微探究港澳的历史与地理，它们的前身都不过是珠江入海口边的小渔村，澳门以"香山澳"名字在400多年前的木帆船航海时代就被标注为国际航运线上的亚洲站点，而香港则是蒸汽机轮船开创航运时代远东支点，在世界航海与贸易史上它们都留下属于自己辉煌篇章。而现在中国改革开放30多年巨大成就中的最华丽乐章就是珠三角成为世界工厂核心，港澳无疑是这华丽乐章中最不可或缺的重要音符，更是自身社会经济赖以运行与发展的腹地。近些年来，广东省大力推动包含港澳的大珠三角地区基础设施与优质生活圈建设，着力建设开放的现代综合交通运输体系，构建清洁安全可靠的能源保障体系，建设人水和谐的水利工程体系，便捷高效的信息网络体系。同时，以"腾笼换鸟"式积极的产业经济政策，打造现代产业体系，提高自主创新能力，促进区域协调发展。在这样的大趋势与背景下，如何进一步切实深入推动港澳与珠三角社会经济共同发展，已经是港澳有识人士热切关注的问题。基于港澳视角，则需要较深入地认识珠三角经济社会发展状态。可以说，这既是我们开展本课题研究的初衷，也是课题追求的研究主题所在。

在我国，社会经济评价研究存在两种切入点：一是以国家社会经济发展总体规划要求为标准，评价经济社会发展状态。二是基于市场与资源竞争配置的思路，评价经济体占有经济社会资源的竞争能力。相比较，后者是基于市场化的、开放的，其评价信息可与国际接轨。我们选择的是将竞争力评价作为切入点。

同样，课题也存在应用对策研究与基础性系统研究的主题定位两个问题。针对特定现象，提出清晰的问题边界与针对性强且可行的对策，是应用对策研究的主题。面对复杂现象，基于理论与方法研究与经验测度，得到充分的系统数据信息，为进一步相关深入研究提供基础，是基础性研究的主题。该课题定位在，为如何持续保持与进一步提升珠三角经济社会发展竞争优势，实现区域的科学发展、和谐发展提供精算数据基础与政策选择空间。因此，我们努力方向是基础性系统研究。

在研究创新层面，我们力图从理论学术与现实意义交集出发，在四个方面开展创新性研究工作。首先是针对珠三角发展转型瓶颈现象开发其竞争力评价理论方法体系，并提出主题评价测度统计指标空间方法。其次是提出利用要素、子要素竞争力贡献信息，深入分析各经济体竞争优势的方法。再次是提出一系列方法，突破研究中统计指标数据搜集与处理的困境。最后是为珠三角经济社会发展提供了基于资源竞争配置的系统评价数据信息与政策空间。

在学术研究规范方面，学术界在长达 30 年的竞争力评价研究，已形成基于牛顿还原论思想与经济学、管理学理论，提出决定竞争力的要素及其数量测度指标体系，应用统计学综合评价技术计算反映竞争力水平的指数，再利用指数信息进行评价分析的基本研究范式。在本研究与书稿的撰写中，我们是按照这一范式亦步亦趋地进行的。

展望由本课题引发的今后持续研究。严格地说，本课题仅仅完成了原先所构思的第一部分，珠三角的 9 个经济体的社会经济发展竞争力评价研究，基于该成果是可以进一步推进多层次、多区域的相关研究。很遗憾的是我们这个组合因各自工作原因将终结，但我们仍将会把目光继续流连于岭南沃土，香江镜湖，关注着由此展开的已风生水起，正蓬勃发展的南中国经济开放带研究。

在研究中我们已发现并认为：泛珠三角流域经济区的 9 省区加两个特别行政区的模式更多是纯地理学上概念，而并非是具有经济学意义上的经济区域。其实，所谓泛流域经济带就是根据中国自然地理形态及其气象特征所构筑的，并非严格以经济地理与经济模式的属性所定义。因此，在研究珠三角9个经济体社会经济发展竞争力时，基于我们的研究初衷与视角，始终将港澳因素及港澳经济与珠三角区域经济密切关联程度记挂在心间，虽未将它们直接列为本课题研究样本与要素，可实际研究中，我们感觉到它们的无处不在，尤其是在珠三角区域构建现代产业体系、区域创新体系与服务贸易方面，它们几乎成为提供另一个推动力的引擎。由此而使我们深刻认识到港澳与珠三角一体化的重要性。在国家发改委2008年12月发布的《珠江三角洲地区改革发展规划纲要(2008—2020)》中，也提出了"珠三角与港澳共同打造亚太地区最具活力和国际竞争力的目标"。我们相信：由港澳与珠三角9个区域经济体形成的大珠三角，在其经济运行与增长过程中，其机制的自然循环属性的相连者，向西是与东盟国家携手的北部湾经济区，向东则是包含祖国宝岛台湾的海西经济区，而海南本质上属于大珠三角经济区，只不过挂在体外，但经济肌体是紧密相连的。完全可以这样设定，把包含港澳的大珠三角作为一个基点观察，其汹涌的产业经济流量放射线必定是密集地射向北部湾经济区域与海西经济区域。这一定是值得我们分别继续为之付出精力去持续性努力研究与论证的方向。

　　需要在此说明的是，本课题有幸得到统计学大家肖红叶教授亲自指导，帮助我们解决了诸多研究难点。我的合作者王莉副教授负责了理论方法与评价指标体系研究，数据搜集处理、竞争力指数计算及竞争力评价研究，参与了总报告撰写。在数据搜集过程中，我们不停地造访了国家统计局，广东省、深圳、珠海等统计局，天津财经大学中国经济统计研究中心，给他们增添了不少烦恼事务。我们还应感谢澳门理工学院科研暨出版处，成人教育与特别计划中心的各位同仁的大力协助。南开大学、厦门大学、华南师范大学和暨南大学的许多校友或朋友对我们这项研究给予了关心并在相关问题探讨中提供了宝贵经验。人民出版社的编辑同志，以其卓越的职业素养与水平，提出许多良好建议，并付出相当辛劳，使本书得以顺利出版。谨在此向以上各位朋友们表示衷心感谢！

　　无疑，我们最后仍然要作一个重要声明：的确是由于时间仓促、数据查找困难与各自还承担其他繁重的工作任务，加上我们学术水平有限，书中一定存在着相当多的错漏。我们真诚期待学界同仁与实际工作者的批评指正！当然，我们也会为倾力扔出的这块粗陋坯砖而文责自负。

作　者

二〇一一年十二月于澳门理工学院

Hailin_hubq@yahoo.com.cn

目　录

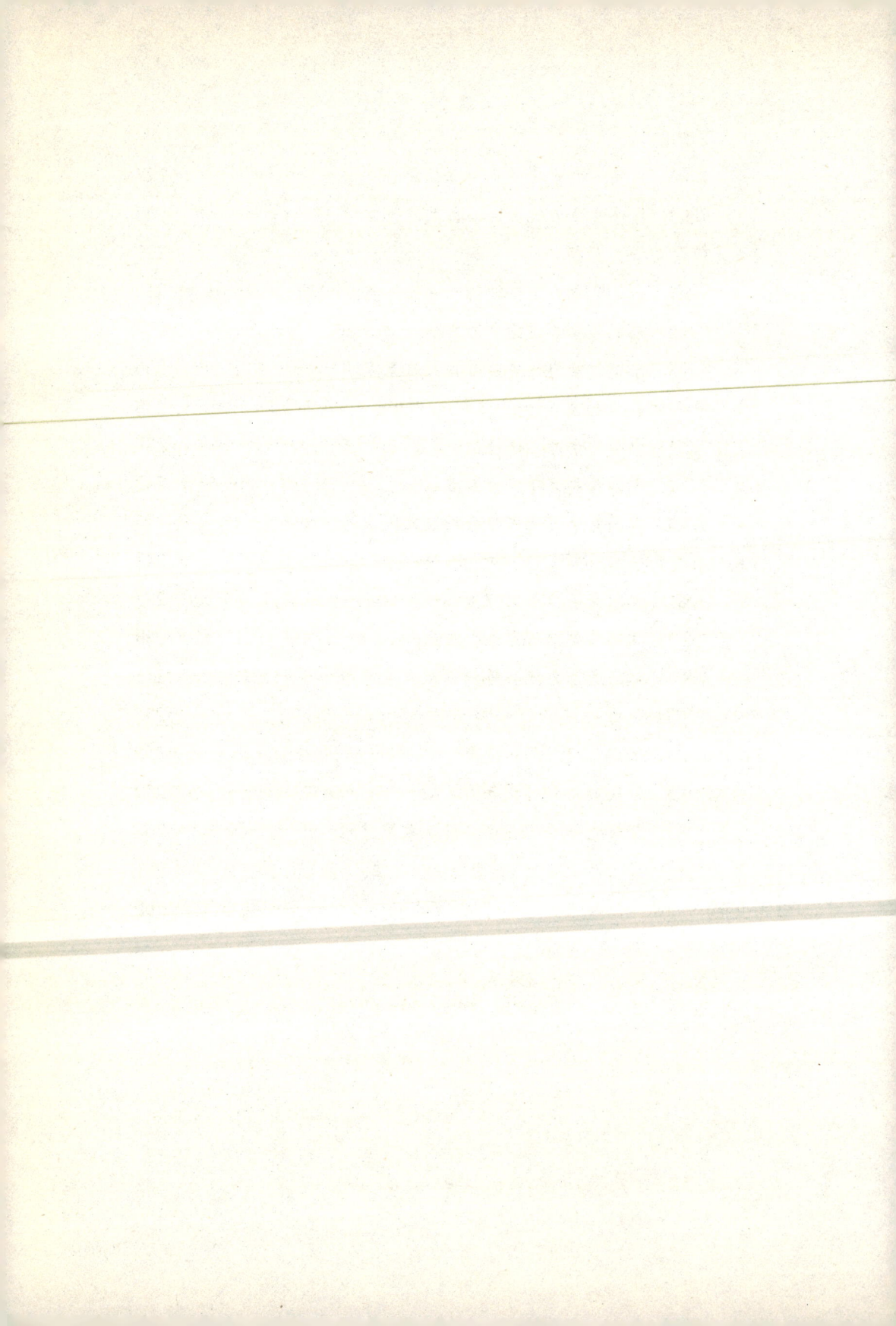

导　论

　　基于在我国改革开放与经济体制转型进程中的前导性与政策实验区的历史作用，珠三角① 在我国经济社会发展和改革开放大局中具有突出的带动作用和举足轻重的战略地位②。进入新世纪，珠三角面临诸多挑战。国际方面，在饱享长达十几年全球化经济大餐之后，需要直面伴随全球化大潮席卷带来的金融风暴；及其欧债危机的持续性冲击。国内环境方面，各具特色经济圈的崛起，尤其是长三角、环渤海两大经济圈的不断壮大，使得珠三角在与国内其他区域资源配置的竞争中，基于早期改革开放特殊政策形成的占优均衡正慢慢被剥蚀消失。在珠三角区域内部，其能否保持一定的国际竞争力与较大的国内竞争优势，还需要面对和解决与经济持续高速发展不相适应的一系列基础性问题。主要是③：土地与资源环境约束；产业创新能力；人力资源开发；社会公共服务事业发展等。以上问题是经历工业化高速发展的各转型经济体都曾不同程度出现过的制约竞争力提升与持续发展的瓶颈现象，关系到能否科学发展、和谐发展该区域，决定着可持续发展的经济转型、结构调整的成败。其复杂性表现在各方面问题与经济交叉纠结，不存在独立解决的标准。需要全面、系统、深入地研究思考。

---

① 珠江三角洲的简称，本研究所指的珠江三角洲包括广州、深圳、珠海、佛山、惠州、东莞、中山、江门、肇庆九个经济体。为了行文方便，后文多用"珠三角"这一简称。

② 《珠江三角洲地区改革发展规划纲要 (2008—2020)》2008 年 1 月。

③ 《珠江三角洲地区改革发展规划纲要 (2008—2020)》2008 年 1 月。

经济全球化背景下兴起的国际竞争力评价理论与方法，为发展中的经济体突破转型瓶颈问题的研究提供了一个参考框架。该理论基于市场与资源竞争配置的思路，从经济社会各方面全面系统界定影响一个经济体竞争力的因素；建立起竞争因素及其相互关系的理论体系；提出因素的数量测度及综合评价各因素作用的方法；通过各竞争经济体之间数据的比较，识别其优势与问题，得到提升其竞争力的经验路径。在经典的国际竞争力评价理论中，瑞士洛桑国际管理学院（简称 IMD）提出的基础竞争力概念，与珠三角转型深化所面临的瓶颈现象高度对应。

我们理解，针对极为复杂的经济社会整体研究，竞争力理论采用了还原论研究方法。其将复杂的经济社会分解为相互关联的若干方面分别开展研究。其特色在于，研究中放弃了传统的经济学、管理学，力图给出经济主体最优行为准则的范式。建立起给出经济主体在与其竞争对象比较中模仿学习其经验的模式；摆脱了从纵横交错的问题中单独剥离某一方面问题，并给出其具体解决办法与好、坏、硬界面的困境，从而提供出系统解决复杂经济社会问题可操作的研究方法。

本书研究的主题定位在：为如何持续保持与进一步提升珠三角经济社会发展竞争优势，构建现代产业体系，实现区域的科学发展、和谐发展与可持续发展提供精算数据支持与政策选择空间。该项研究基于 IMD 的基本理论，并借鉴肖红叶教授提出的中国区域竞争力研究框架；建立珠三角区域竞争力评价及数量测度理论方法体系；全面系统搜集相应的珠三角经济社会 2001—2010 年状态数据；在精算其竞争力的基础上，梳理出区域内各经济体的竞争优势与劣势，为区域内各经济体提供提升竞争力的经验参考坐标与学习路径；进而，基于竞争优劣势的区域结构研究，推出以精算数据为依据的珠三角区域科学发展、和谐发展与可持续发展的政策选择空间。

本书研究的基本路径为：理论与方法的研究。珠三角各经济总体竞争力信息的研究，并依次分别展开决定总体竞争力的各要素竞争力研究，及对珠三角各经济体竞争力的分别研究。

本书研究的总体框架由 7 章构成：

第 1 章：竞争力测度评价理论与方法。为本项研究提供理论方法基础。主要讨论五方面的问题：国际竞争力理论提出与发展的背景；珠三角区域竞争力评价的相关理论与方法；珠三角区域竞争力评价体系设计；珠三角区域竞争力测度指标数据的收集与处理；珠三角区域竞争力综合评价指数与分析方法。

第 2 章：珠三角经济社会发展总体竞争力研究。通过研制总体竞争力指数，提供 2001—2010 年度珠三角区域各经济体竞争力总体水平信息。并借助比较条形图、雷达图和经济体竞争力变动时序图，提供珠三角区域经济社会发展竞争力总体状态与基本特征的分析信息。

第 3 章：珠三角经济运行竞争力研究。从宏观经济角度对各经济体竞争力的决定展开研究。首先，讨论珠三角经济运行竞争力评价体系及其测度指标选择问题。其次，借助比较条形图、雷达图和经济体竞争力变动时序图给出珠三角经济运行竞争力状态与特征基本信息。最后，分别对决定经济运行竞争力的四个子要素与支撑子要素的主题竞争力展开评价，提供两个层次的竞争力精算信息。

第 4 章：珠三角政府效率竞争力研究。从政府管理视角展开，反映政府政策对各经济体竞争力影响的研究。包括：政府效率竞争力评价体系及指标选择；利用条形图、雷达图和变动时序图给出政府效率竞争力状态与特征基本信息；以及分别对决定政府效率竞争力的四个子要素与支撑子要素的主题竞争力展开评价，并提供两个层次的竞争力精算信息。

第 5 章：珠三角商务效率竞争力研究。从企业生产经营管理角度进行的各经济体竞争力决定的研究。包括：商务效率竞争力评价体系及指标选择；利用条形图、雷达图和变动时序图提供商务效率竞争力状态与特征的基本信息；以及分别对决定商务效率竞争力的四个子要素与支撑子要素的主题竞争力展开评价,并提供两个层次的竞争力精算信息。

第6章:珠三角基础竞争力研究。从广义基础建设方面研究珠三角各经济体竞争力的决定。包括:基础竞争力评价体系及指标选择;利用条形图、雷达图和变动时序图提供基础竞争力状态与特征的基本信息;以及分别对决定基础竞争力的四个子要素与支撑子要素的主题竞争力展开评价,并提供两个层次的竞争力精算信息。

第7章:珠三角各经济体竞争力分析。分别对珠三角九个经济体竞争力进行专题研究。包括:各经济体竞争力的总体评价;各要素对各经济体竞争力形成的贡献;各经济体的竞争优势与存在的问题;进一步提升竞争力的政策空间。

1 珠三角经济社会竞争力
评价理论与方法[①]

1.1 国际竞争力理论的提出与发展

自 20 世纪中叶开始，在科学技术进步的强力推动下，以欧美等西文发达国家的跨国公司在全球范围内的生产经营活动得到高速发展。国际间投资剧增，新兴产业不断涌现，金融资本在国家间大规模加速流动，各国贸易壁垒逐渐被削减，国际商品贸易及服务贸易得到快速增长，国际化统一大市场逐渐形成并急剧扩张，经济全球化大趋势凸现。资源在全球范围内配置的格局使企业之间的竞争国际化，其对各国企业的经营决策产生巨大影响。如何提高企业在国际市场上的竞争力，已成为企业经营者对企业发展的最重要的战略考量与决策。而且也是各国政府和学术界高度关注的重要问题。

20 世纪 80 年代初，企业竞争力问题被推到研究的前沿。1980 年，美国哈佛大学商学院著名管理学教授迈克尔·波特（Michael Porter）基于其为跨国公司咨询的多年实践，出版了《竞争策略》这一专著，提出企业获得竞争优势的三种战略，即：成本领先战略、差别化战略和目标聚集战略。波特并在哈佛大学首创企业竞争理论课程，将企业竞争问题从实践上升到理论，形成新的学术领域。与此同时，1981 年世界经济论坛的前身，欧洲经济论坛在达沃斯举行年会，与会各国企业家、银行

---

① 本章研究参考及引用了肖红叶著《中国区域竞争力发展报告 2005》（中国统计出版社 2006 年版）的相关内容。

家和政府官员提出了企业竞争力和企业国际竞争力的概念，并对如何界定企业国际竞争力、如何比较企业国际竞争力等问题展开了讨论。国际竞争力研究由此浮上台面，并得到各国和国际组织的高度重视，投入巨大力量，竞争与竞争力研究成为持续的热点。

波特 1985 年又出版了《竞争优势》，1990 年出版了《国家竞争优势》，提出了基于竞争优势理论的竞争力决定的分析框架。从而为经济全球化条件下，国际经济活动水平的决定提出了不同于比较优势理论的新的理论解释，为国际竞争力研究开创了一条新的思路。

1986 年，世界经济论坛在经过 5 年时间的大规模研究后，从国家竞争力构成与比较的视角，初步形成独立的理论概念与统计方法体系，并首次发表各国国际竞争力评价排名报告。从 1989 年起，世界经济论坛（WEF）与瑞士洛桑国际管理学院（IMD）开始合作，共同研究国际竞争力问题，极大地推进了国际竞争力研究的发展，丰富了研究的构思与内容，拓展了研究的视野。1989 年两家联合推出了《世界竞争力报告》，展示了世界主要经济强国正在经历的变化，勾画出未来经济发展趋势的轮廓。报告发布后引起各国政界、经济界的广泛关注，并由此形成每年度发布一个《世界竞争力报告》的规范形式，成为国家国际竞争力水平测度和评价的基本标准。

由于对国际竞争力理解及研究方法的分歧，1996 年开始 WEF 和 IMD 各自开展独立研究。WEF 发表《全球竞争力报告》，IMD 发表《世界竞争力年鉴》。目前这两个机构开展的研究仍然是诸多同类研究中最为著名与具影响力的，每年它们报告一经发布，各国媒体都纷纷予以专题报道，分析探讨，在国际上总会引起轰动效应。除了 WEF 和 IMD 两家机构之外，目前国际上还有韩国产业研究院、韩国大学研究所、美国商业国际评价研究所等机构对国际竞争力进行研究，并有高水平的研究成果。

国际竞争力研究在国际上刚刚兴起，我国政府就密切关注其动态。

1989 年国家经济体制改革委员会国外经济体制司就开始着手与世界经济论坛和瑞士洛桑国际管理学院商讨合作开展有关国际竞争力的研究，并成为当时该司的比较经济处的主要工作之一。1993 年我国首次加入转轨国家的国际竞争力比较，名列第一；1994 年开始加入分项目比较，但未参加总体排序；1995 年第一次加入全部项目比较并排序，排名 34 位；1996—2011 年度 IMD《世界竞争力年鉴》发表的中国竞争力排名分别为 26 位、27 位、24 位、29 位、30 位、33 位、31 位、29 位、24 位、31 位、19 位、15 位、17 位、20 位、18 位、19 位。中国世界竞争力指数 15 年排名变动如图 1-1-1 所示。图 1-1-2 为 IMD《世界竞争力年鉴》发表的 2011 年度各经济体世界竞争力指数 WCI 得分排名榜。

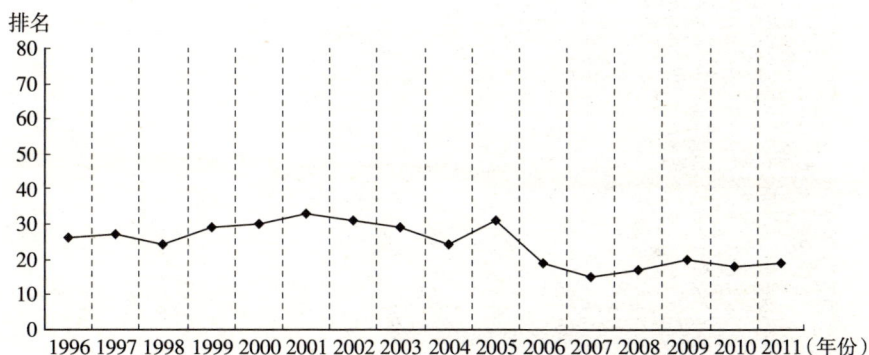

图 1-1-1　中国世界竞争力指数 15 年排名变动

我国的竞争力研究主要从国家及区域、企业与产业两个视角展开。其中国家及区域竞争力研究方面代表性的成果包括：中国人民大学竞争力评价中心《中国国际竞争力发展报告 1997——产业结构主题研究》等五部专著，张金昌的《国际竞争力评价的理论和方法研究》，王秉安的《区域竞争力理论与实证》，肖红叶的《中国区域竞争力发展报告 1985—2004》及《中国区域竞争力发展报告 2005》，倪鹏飞的《中国城市竞争力理论研究与实证分析》及《中国城市竞争力报告》，于涛方的《城市竞争与竞争力》，乔云霞的《区域国际竞争力：理论研究与实证分析》，张继良的《中国区域竞争力研究》，罗辑的《区域产业竞争力研究：理论与实践》，王浩的《区域产业竞争力的理论与实证研究》等。

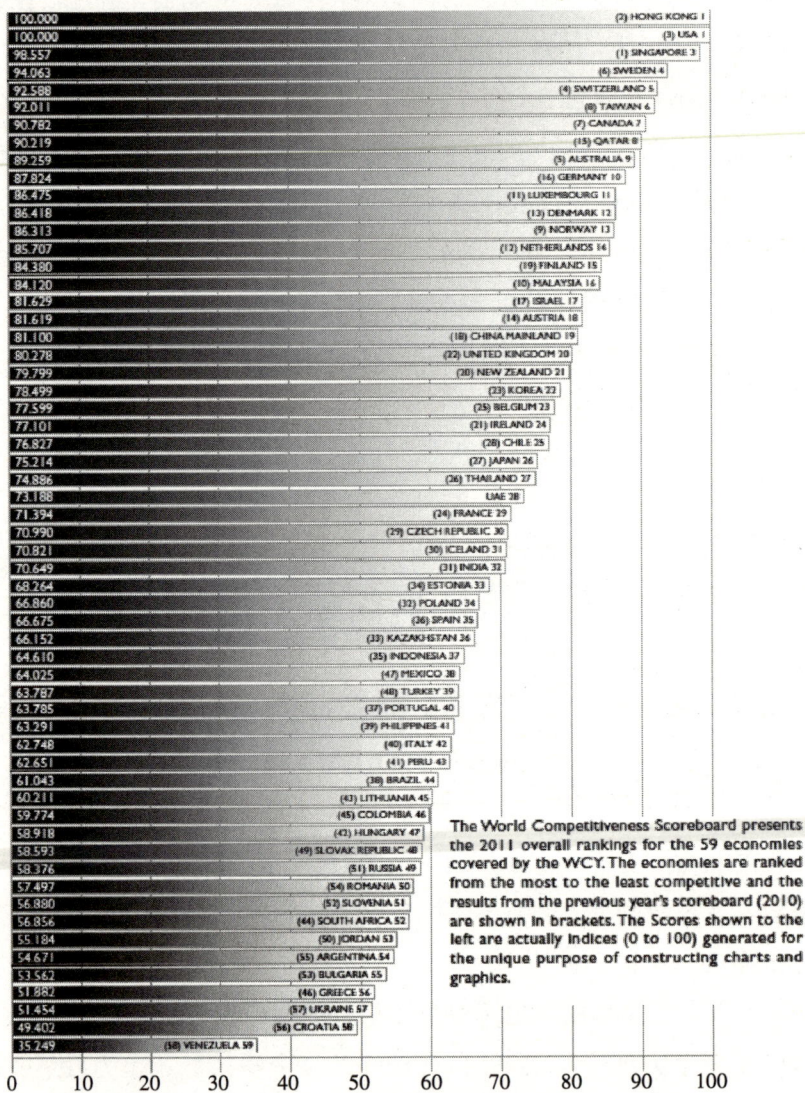

得分	经济体（排名）
100.000	(2) HONG KONG 1
100.000	(3) USA 1
98.557	(1) SINGAPORE 3
94.063	(6) SWEDEN 4
92.588	(4) SWITZERLAND 5
92.011	(8) TAIWAN 6
90.782	(7) CANADA 7
90.219	(15) QATAR 8
89.259	(5) AUSTRALIA 9
87.824	(16) GERMANY 10
86.475	(11) LUXEMBOURG 11
86.418	(13) DENMARK 12
86.313	(9) NORWAY 13
85.707	(12) NETHERLANDS 14
84.380	(19) FINLAND 15
84.120	(10) MALAYSIA 16
81.629	(17) ISRAEL 17
81.619	(14) AUSTRIA 18
81.100	(18) CHINA MAINLAND 19
80.278	(22) UNITED KINGDOM 20
79.799	(20) NEW ZEALAND 21
78.499	(23) KOREA 22
77.599	(25) BELGIUM 23
77.101	(21) IRELAND 24
76.827	(28) CHILE 25
75.214	(27) JAPAN 26
74.886	(26) THAILAND 27
73.188	UAE 28
71.394	(24) FRANCE 29
70.990	(29) CZECH REPUBLIC 30
70.821	(30) ICELAND 31
70.649	(31) INDIA 32
68.264	(34) ESTONIA 33
66.860	(32) POLAND 34
66.675	(33) SPAIN 35
66.152	(33) KAZAKHSTAN 36
64.610	(35) INDONESIA 37
64.025	(47) MEXICO 38
63.787	(48) TURKEY 39
63.785	(37) PORTUGAL 40
63.291	(29) PHILIPPINES 41
62.748	(40) ITALY 42
62.651	(41) PERU 43
61.043	(38) BRAZIL 44
60.211	(43) LITHUANIA 45
59.774	(45) COLOMBIA 46
58.918	(42) HUNGARY 47
58.593	(49) SLOVAK REPUBLIC 48
58.376	(51) RUSSIA 49
57.497	(54) ROMANIA 50
56.880	(52) SLOVENIA 51
56.856	(44) SOUTH AFRICA 52
55.184	(50) JORDAN 53
54.671	(55) ARGENTINA 54
53.562	(53) BULGARIA 55
51.882	(46) GREECE 56
51.454	(57) UKRAINE 57
49.402	(56) CROATIA 58
35.249	(58) VENEZUELA 59

The World Competitiveness Scoreboard presents the 2011 overall rankings for the 59 economies covered by the WCY. The economies are ranked from the most to the least competitive and the results from the previous year's scoreboard (2010) are shown in brackets. The Scores shown to the left are actually indices (0 to 100) generated for the unique purpose of constructing charts and graphics.

图 1-1-2　2011 年世界竞争力指数 WCI 得分排名榜

资料来源：IMD，《世界竞争力年鉴 2011》。

　　图 1-1-3 与图 1-1-4 为肖红叶教授提出的 2005 年度广东与国内其他省区竞争力排名，以及 2008 年度珠三角国际竞争力水平的比较信息。其为本书研究提供了背景信息。

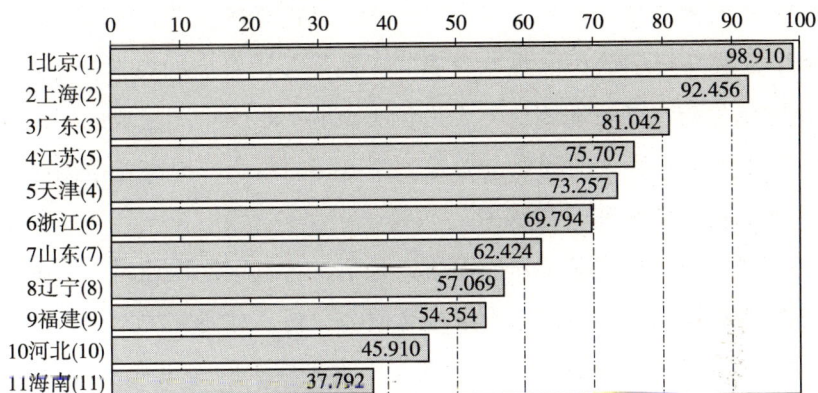

图 1-1-3　中国东部地区 11 省市竞争力总水平条形图（2005）

注：各省区名称前的数字为 2005 年排名，名称后括号中的数字为 2004 年排名。

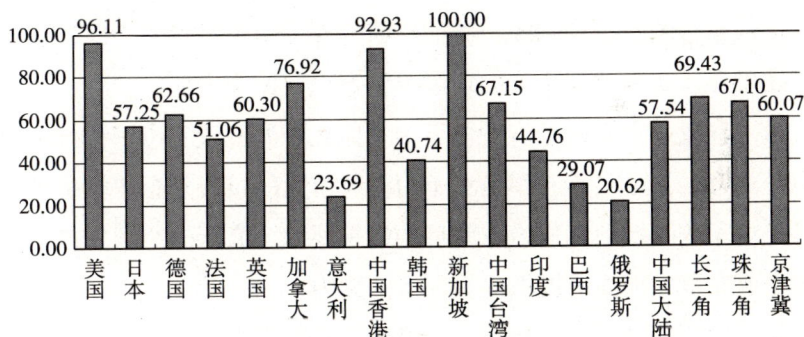

图 1-1-4　珠三角及部分经济体竞争力总水平条形图（2008）

1.2　珠三角区域竞争力评价的相关理论与方法

1.2.1　珠三角区域竞争力概念的界定

　　目前，国内外学术界已发表大量的竞争力研究文献。但由于研究背景不同，视角不同，至今尚未对竞争力概念形成较为统一的认识。概括地提炼出各方面的主要观点为：古典经济学认为国家竞争力的强弱取决于一个国家或地区在生产要素方面具有的相对优势；经济历史学认为有利的制度形式是推动国家经济发展的动力，也必然促进其国际竞争力的提高；发展经济学认为国际竞争力的提高是经济发展的自然结果；增长经济学认为与自然资源相比，人力资本更能决定一个国家或区域的竞争力；企业经济学认为国际竞争力是工业范畴的概念，提高竞争力必须提高企业的技术水平和管理水平。

就国家或区域竞争力研究而言，是从参与竞争的视角对一个国家或地区社会经济活动进行综合系统地考察与分析。在研究中发现，由于人们对经济活动的各方面、各要素在竞争力构成中的作用存在不同认识，因而对竞争力的含义及其表述也就不尽相同。但是有一点是一致的，就是把竞争力定义成一种能力，而不是国际收支、经济增长和财富状况本身。人们力图从经济发展的动态观念来认识竞争力，而不是停留在静态、比较静态的水平去判断。我们在研究珠三角区域竞争力时，也遵循了上述思想，认为对竞争力的理解要注意以下四个方面。

第一，竞争力是指经济竞争行为主体在资源配置和市场份额争夺中的竞争能力，不是政治、军事竞争力。竞争力的核心是企业竞争力，即使研究国家或区域的竞争力，其目的还是要综合分析一个国家或一个区域为企业竞争力提高所提供优良环境的能力。

第二，竞争是一个市场概念，经济竞争行为主体的竞争力是建立在市场经济制度之上的，是按市场经济制度规则形成和发展的。提高竞争力优势的目标在于通过市场机制占有、支配更多的资源。在竞争力水平或竞争力优势的决定中，市场制度的完善程度将起重要的作用。

第三，虽然经济全球化受到金融危机的冲击，但对经济竞争行为主体竞争力的识别，仍然应置于国际市场争夺的视角，仍然应强调国内市场作为统一的国际市场的一部分来认识。因此区域竞争力仍然具有国际竞争力含义。

第四，立足于珠三角区域的发展现实。珠三角区域处于工业化初步完成阶段。经过一个时期较快、持续的经济增长后，经济发展方式突破资源投入瓶颈，向技术产品创新转型，不断提高人民的物质文化生活水平，实现科学发展、和谐发展与可持续发展成为珠三角区域目前以及今后较长时期内的中心任务。

据此，在本研究中，我们认为珠三角区域竞争力应包含以下含义：在全球化的市场经济竞争环境中，为企业国际竞争力的提高，创造良好的经济与制度环境，实现经济可持续的、稳定的、协调的、较快的增长，实现科技进步、制度创新，以及不断地提高人民生活水平的科学发展与和谐发展能力。

1.2.2 珠三角区域竞争力决定因素研究的理论基础

前文已陈述，竞争力是一个国家或地区参与市场竞争的能力，涉及经济活动的方方面面。那么竞争力的强与弱、大与小究竟是由什么因素决定的呢？学术界对此不断展开研究，对竞争力决定的因素与机制进行了种种理论归纳与解释。

目前竞争力理论尚未形成统一的逻辑体系，处于借用已有的经济学、管理学、系统分析理论中的一些相关部分对竞争力现象进行解释的阶段。因为经济增长是竞争力发展的主要目标，与此相关，经济增长理论是竞争力的最核心内容。比较优势、人力资本、技术进步、制度创新、系统分析与管理等理论，则构成竞争力决定因素分析的理论基础，为竞争力研究提供了方法论指导。以下就相关背景做一介绍。

（1）**比较优势理论与竞争力**

国际竞争力最直观的表现就是各国、各地区通过贸易方式在国际市场上获取经济利益的能力。因此，国际贸易竞争力是国际竞争力的重要组成部分。比较优势理论则为国际贸易竞争力的形成提供了一个方面的理论说明。

比较优势理论又称比较成本理论，是大卫·李嘉图（David Ricardo，1817）在亚当·斯密（Adam Smith，1776）创立的绝对成本理论的基础上提出来的。绝对成本理论论述了贸易分工的基础，论证了贸易互利性原则。但其不能解释为什么所有产品都处于绝对优势的发达国家和所有产品都处于劣势的国家之间仍然存在贸易的现象。李嘉图以严密的逻辑论证了只要各国之间产品成本存在相对差异，就会使各国在不同产品贸易上具有比较优势，实现贸易往来；比较成本差异的存在是国际贸易分工的基础；成本差异主要是生产技术决定的。赫克歇尔（Heckscher，1919）和俄林（Oliln，1933）将比较优势从生产技术层面推广到劳动力、资本和自然资源等要素禀赋层面，为各国因在要素禀赋和生产技术等方面具有不同比较优势，从而形成国际贸易分工，作出了更加全面的理论解释。

依据比较优势理论，充分挖掘比较优势，可大大提高一国的国际竞争力，从国际市场上得到更大的市场份额与经济利益，改善国内经济发展环境，促使国际竞争力水平整体性提升。因此，比较优势、国际市场竞争力与国际竞争力可显现出三位一体的有机联系。

应当指出，在经济全球化过程中，国际贸易格局出现重大变化，具有相同比较优势的各国产业间的贸易激增，经典比较优势理论受到挑战。20世纪80年代，以美国著名经济学家克鲁格曼（P. Krngman）为代表的一些经济学家提出比较优势可以通过后天的专业化学习或投资创新与经验积累人为创造出来的理论。被称为内生比较优势理论。该理论强调规模收益不完全竞争、技术创新与外溢在国际贸易分工中的作用。并采用产业组织理论、博弈论作为分析工具对经济一体化过程中国际贸易格局变化成因进行了深层次的理论论证。其政策含义对各国产生了深远影响，主要集中在两点：一是存在规模经济和国际市场不完全条件下，政府通过自觉的策略行为来干预一国的贸易和福利是合乎情理的。

当全球性竞争被相对集中的全球性产业所取代时，决定国际贸易分工的是跨国公司和政府，而非一国的资源禀赋和一国的市场需求。从而为政府通过制定相关的产业政策，获得国际市场竞争力提供了理论依据。二是技术创新能否真正对国际贸易与经济发展发挥作用，取决于是否存在强有力的制度支撑和保证。WTO 体制及规则的制定并确立，就是各国对此作出的回应。

内生比较优势理论为技术进步推动经济全球化条件下的各国如何提高竞争力极大地拓展了政策选择空间，为发展中国家通过制定相关产业政策，提高国际贸易竞争力，以及如何与跨国垄断企业博弈，保护本国的国际竞争力提供了理论上的指导。

(2) 竞争优势理论与竞争力

与比较优势理论的逻辑分析不同，美国著名经济学家波特采用经验归纳方法，通过对具备竞争优势企业的大量案例研究，直奔竞争力主题，构建起国家竞争优势的理论分析体系。其对竞争力形成的理论研究与政策制定产生了巨大影响。

竞争优势理论摒弃了国际贸易学说研究问题的宏观视角，从企业参与国际竞争的微观行为解释国际贸易分工及其竞争优势的形成，为极其复杂的国际经济活动搭建了研究的微观基础。其理论核心可以用"生产率才是决定一国竞争优势最重要的因素"这一主题观点，和一国生产率水平决定机制的钻石理论作出概括。所谓钻石理论指生产率决定的机制。波特认为生产率水平是由生产要素、市场需求、相关产业和企业面临的竞争程度四个方面，外加机遇与政府行为两个因素交互影响互动作用决定的。波特将四个方面与两个因素的互动关系绘制一个菱形图，故人们称为钻石理论，如图 1-2-1 所示。

竞争优势理论把企业及产业作为国家竞争优势的基础，企业与产业竞争优势水平又是由六个要素的不同组合决定的。这样为竞争力形成提供了充分大的研究空间，依据经验归纳得到的理论，其对实践具有很强的指导作用，因此很多观点引起各国的高度关注。

竞争优势理论对要素禀赋在竞争优势形成中的作用持消极态度。认为其价值在经济一体化进程中越来越小，国际竞争力的获得不是靠经济上铺摊子，也不是靠军事实力。经济繁荣取决于创立一个能使一国要素可以有效利用和升级的企业环境及配套的制度。

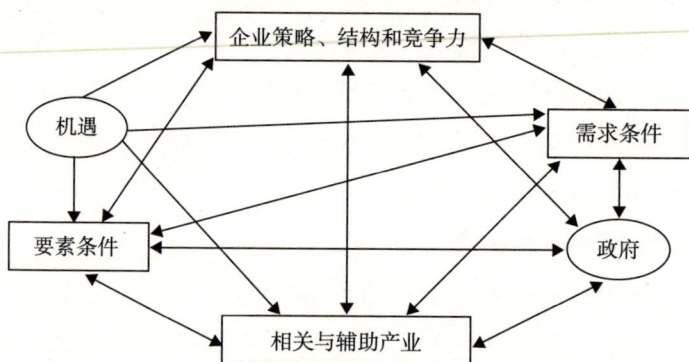

图 1-2-1　波特竞争力决定机制菱形图

竞争优势理论强调非价格竞争和创新竞争，认为一国的要素创造能力相比特定时期的要素存量更重要，而且各种高级要素(包括现代交通、通信系统、高级人才、研究机构等）的创造能力尤为重要。

竞争优势理论注重相关产业的支柱作用，认为企业的区域定位和产业聚集，可以为竞争优势的形成提供强有力的支撑。

竞争优势理论高度重视企业的国内竞争环境，认为创造出国内激烈的自由竞争环境才能推动、打造出企业的国际竞争优势。

竞争优势理论对政府的作用给予了高度关注，提出政府的首要任务是创造出促进企业生产率提高的环境，而不是作为参与主体直接参与竞争。

（3）经济增长理论与竞争力

经济增长是竞争力的重要内核之一，也是竞争力的重要源泉。

古典经济增长理论认为，经济增长取决于生产剩余中可用于投资的份额。投资是经济增长的源泉，却不是唯一的源泉。新增长理论把技术进步作为经济系统内生变量，分析了其在经济增长中的作用，得到了技术进步是经济增长的决定因素的重要结论。该理论展示了技术进步和物质资本增长之间的相互联系，强调技术进步和人力资本的相互作用，认为通过技术（知识）的外部性作用机制，经济系统可以实现持续增长。从经济增长理论分析中，人们现在更深刻地意识到，不仅是劳动力、资本和自然资源等生产要素的积累和扩张，更重要的是技术进步和知识积累是竞争力的根本源泉。

（4）制度理论与竞争力

亚当·斯密是制度理论的开拓者与奠基人，他认为好的制度结构不仅有利于扩大资本积累，而且会导致工资率上升、市场规模扩大、劳动分工进一步深化。可见，制度对于经济增长至关重要。

旧制度学派认为，社会发展过程中经济制度必然会同新的社会生活条件发生冲突。制度是以往过程的产物，同过去的环境相适应，而同现在的要求不完全一致，社会只有在"制度结构"和现存条件相适应的时候才能正常发展。制度理论揭示了新旧制度之间的矛盾及制度的演变特征，对竞争力研究具有重要意义。即：为了改善竞争力，一定要随着经济的发展而及时调整那些已不再适用的制度，通过改变制度结构为生产力的发展拓展出更大的空间，从而直到提高竞争力目的。

新制度经济学派认为，有效的制度安排能够降低交易费用、增加产出、促进经济增长。诺斯关于"制度选择"的思想具有更加重要的现实意义。他认为任何制度的运行都具有成本，应选择运行成本较少、绩效较好的制度，以此来提高资源配置效率，促进经济发展。交易费用和选择成本的概念可以揭示制度演变的规律，从而启示我们：竞争力的发展过程，同时也是一个制度的优化过程。制度活力是提高竞争力的重要源泉之一。制度经济学为竞争力研究提供了更宽广的理论背景，使竞争力研究孕育了宏观管理的政策含义。

梳理归纳上述理论，我们可以得出这样一种结论：一个国家或区域的竞争力来自经济的增长、顺畅的国际贸易与交流、合理的产业政策、科学技术的进步、优良的市场竞争环境和高素质、充裕的人力资本以及有效的体制创新等方面。但问题是，用什么方式我们才能把上述诸方面的状态能够恰当准确反映出来。

1.3 珠三角区域竞争力评价体系设计

1.3.1 竞争力水平的一般描述方法

抽象看，竞争力概念的基本逻辑含义比较简单。经济行为主体是各不相同的，有的强，有的弱，若决定其差异的因素是本质性的，则可认为表现强的比表现弱的更具竞争力（金碚，2002）。按照这个逻辑推论，竞争力研究的关键在于要弄清楚什么是导致各主体之间差异的本质性因素，这些因素又是怎样发挥作用的。从而，竞争力研究也可以用什么是竞争力决定要素与决定机制来作出定义性概括。

应当指出，这个逻辑暗含着一个假定前提，即通过各主体某些方面表现出来的差异性，就可以充分界定其竞争力。例如，通过产品市场占有率和盈利率，我们就可以识别企业的竞争力。但是，对于像国家、区域、城市这样一些具有非常复杂经济运行状态的总体，这个假设则比较难成立。因为很难通过某些方面的局部表现，就对国家、区域、城市的竞争力作出判断。所以对具有复杂经济运行状态的主体竞争力水平的描述本身，也是竞争力研究的重要组成部分。事实上，竞争力水平描述与竞争力决定要素、决定机制的研究常常是交织在一起的。目前，无论是国家、区域还是城市竞争力研究都没有形成严密的理论体系。该项研究基本上采用牛顿层层分解的还原论方法。例如识别国家竞争力时，假定国家竞争力水平是由若干要素竞争力决定的，某一要素竞争力水平又是由其子要素竞争力决定的，然后疱丁解牛一样层层分解，直到得出比较简单、易于比较的社会经济指标为止。从而建立起一个竞争力水平描述与竞争力决定要素分析的统一逻辑框架，即为竞争力研究的核心工作所在。

瑞士的 WEF 和 IMD 在长期的研究中已形成了"要素—子要素—指标"的层级描述范式。我们在珠三角区域竞争力水平的研究中，也采用了 WEF 和 IMD 的这一研究方法。

1.3.2　珠三角区域竞争力评价的总体框架

珠三角区域竞争力评价体系是针对其研究定位，基于瑞士洛桑国际管理学院（IMD）2001 年推出的国家竞争力评价体系框架，借鉴肖红叶教授（2004）构建中国区域竞争力评价指标体系时提出的方法与操作经验完成的。

珠三角区域竞争力评价体系总体结构由 4 个要素模块，16 个子要素，34 个主题评价点以及支持评价点的若干相关测度指标组成。其中经济运行模块包含 4 个子要素、10 个主题评价点；政府效率模块包含 4 个子要素、10 个主题评价点；商务效率模块包含 4 个子要素、4 个主题评价点；基础竞争力模块包含 4 个子要素、10 个主题评价点。构成评价体系总体框架的 4 个要素模块具体为：

（1）经济运行要素模块

该模块旨在反映区域内各经济体经济运行的竞争力总体表现。评价的基本原则是考察该区域的经济实力是否雄厚，运转是否有效，是否有利于经济发展和人民生活水平的提高。我们设计了生产与投资、国际贸易与吸收外资、就业、消费与物价四个方面子要素分别考察。

生产与投资子要素反映区域生产与新增国民财富的规模，以及支持它的投资活动能力。

国际贸易与吸收外资将各经济体参与国际经济活动的状态直接地反

映出来，并进行评判，鲜明地描述了各经济体对外开放的竞争水平和能力。

就业首要是民生问题，是老百姓生存发展的前提。其次是劳动力再生产的基础。就业规模扩大，就业人员增加是该区域经济体社会稳定，和谐发展，可持续增长的重要体现。

消费与物价状态是一个经济体平稳运行的重要表现。消费市场规模反映内需扩大的政策效果。物价稳定则是各经济体的金融财政政策在生产、流通、分配等各方面合理调控能力的综合反映。

显然，经济运行竞争力综合反映了珠三角各经济体在落实我国国民经济四大目标，即增长、就业、物价、国际收支方面所表现出的总体竞争实力，也反映了各经济体能够为保持与提升企业竞争力提供什么样的总体环境与支撑。

（2）政府效率要素模块

研究政府管理效率竞争力，其基本目的旨在反映政府的政策对各经济体竞争力的影响。含有对政府为企业活动是否提供公平有序的市场经济环境，是否有益于竞争力提高的评价。在经济活动过程中，政府不仅作为经济活动主体参与经济，而且通过制定规则对经济活动过程施加影响，以实现其制订计划与调控目标。我们认为政府效率要素包括公共财政与税收、体制的市场化转型、社会民生及行政管理绩效四个方面子要素。其中：

公共财政与税收反映各经济体政府的财政能力，以及政府创造既有利于本地市场公平竞争、又有利于本地企业在国际竞争中获得竞争优势的财税发展环境的能力与行为。

体制的市场化转型反映各经济体在完善区域生产与要素市场竞争体系，培育国际竞争力基础，推进区域城市化进程方面的表现。

社会民生反映各经济体在关注民生，构建和谐社会方面的竞争力。

行政绩效是对政府活动的直接效率评价。

（3）商务效率要素模块

人们一般对商务活动竞争力的理解比较深入。商务效率用于评估激励企业创新、盈利和承担社会责任的环境与条件。我们从生产率、金融服务、经营效率、企业治理四个子要素方面对其竞争力进行描述与评价。

生产率是商务竞争力的基础，其综合反映企业商务活动的效率水平。

金融服务活动是当代市场经济运行的润滑剂和加速器，其在商务活动中不可或缺。金融服务是商务活动竞争力的核心。健康的金融体系不仅能够提供经济运行的充裕资金，而且有助于建立起更为有效的社会资源配置体系与企业治理结构。当然以金融部门为代表的虚拟经济需要与制造业等实体经济发展相适应，避免出现过度虚拟化而导致金融危机的可能。

经营效率与企业治理是商务竞争力的最佳组合。能直接反映商务效率成果。

（4）基础竞争力要素模块

与传统的直接服务于生产、生活的基础设施概念不同，这里采用了IMD提出的广义基础设施概念。是指一个国家或地区在公共设施、技术、科研、健康、教育以及生态环境等方面满足企业生产和运营需要的程度。该要素模块由基本基础设施、科研与技术开发、教育与人力资本、健康与环境四个方面的子要素构成。其中：

基本基础设施作为公共产品，为国民经济运行提供能源、交通、通信等方面的服务，是国民经济各部门赖以生存和发展的基础条件。基本基础设施子要素反映各经济体竞争力发展的基本条件，包括自然资源、道路、电力等基本基础设施，信息技术等技术基础设施的规模和基础设施对企业的满足程度等。

科研与技术开发。人们对科学技术在人类文明历史进程中扮演重要角色有着高度统一的认识。进入工业化阶段后，人们对科学技术推动社会经济的发展，更加寄予了希望。科技要素以 R&D 活动为中心，反映各经济体的科学技术实力，以及科技竞争力成长过程中的制度和环境。

教育与人力资本。人力资本反映区域劳动力的数量和质量状况。美国经济学家、诺贝尔经济学奖得主西奥多·威廉·舒尔茨认为，人力资本的提高对经济增长的贡献远比物质资本的增加重要得多。教育推动人力资本增长的关系成为各经济体竞争力提升的源泉。

健康与环境是发展中经济体最为突出的转型瓶颈。它可作为科学发展与和谐发展的直接测度评价点。

1.3.3　珠三角区域竞争力评价体系设计问题

确定区域竞争力决定要素之后，即可通过建立评价体系对竞争主体的竞争力水平进行描述和识别。在评价指标体系设计中，需要充分考虑竞争力评价信息应具有的市场功能性、序数标示性、信息全方位性、短时期响应性和状态信息转移性质（肖红叶，2004）。为此，我们在珠三角区域竞争力评价体系设计时，特别注重了以下三个方面问题：一是指标体系的柔性系统结构设计；二是主题评价测度指标的选择原则；三是性质状态指标的信息设定与处理。

（1）珠三角区域竞争力评价指标体系柔性系统结构设计

由于竞争力水平是在相互竞争的主体之间通过排位序数标示的，在复杂的市场环境中，市场变化引发竞争热点转移，竞争主体的竞争力也必然对竞争热点的转移做出反应。因此，描述竞争力水平的统计指标也要随之变化，才能及时反映当期竞争主体的竞争力状态。虽然同一时期对各竞争主体竞争力水平采用同一指标测度，但指标变化并不影响各竞争主体竞争力水平的序列位置。这种技术安排如同股票交易中股票指数的编制，采用不同的代表性企业股票价格编制的股票价格指数，会定期选择最具代表性的企业作为股指构成因素。因而不同时期的评价指标体系的指标构成是有差异的。

根据评价环境调整指标是区域竞争力评价指标体系中提出的技术安

排。但这样处理也会带来一些相关问题，如评价指标体系的稳定性问题。我们希望指标体系能够保持相对稳定，以便于考察竞争主体竞争力水平的时序变化规律。为此，我们采用了所谓柔性系统设计思想。在将竞争力要素分解成若干子要素的基础上，设置主题评价点，作为竞争力子要素的评价支撑。称之为子要素主题评价支撑点。同时针对珠三角转型过程各阶段仍然存在同一主题需要测度不同关键问题的特点，为主题评价点再安排一个由若干相关同类指标构成的测度空间。针对不同时期的突出问题，在同一测度空间中选择相应指标信息支持相关主题的竞争力状态评价。主题评价点的设计充分考虑了其与子要素之间的理论联系和其对市场环境变动的适应性，主题评价点的测度指标空间设计则充分考虑了突出问题的测度，因此该评价体系的设计，可以有效保证评价体系的适应性与针对性。

图 1-3-1 列示出了由 4 个要素模块、16 个子要素、34 个主题评价支撑点组成的珠三角区域竞争力评价体系框架。

（2）主题评价测度指标的选择原则

上文提到，在该评价体系设计中，针对珠三角转型过程各阶段，仍然存在同一主题需要测度不同关键问题的特点，为主题评价点安排了一个由若干同类相关指标构成的测度空间。针对不同时期的突出问题，在同一测度空间中选择相应指标信息支持相关主题的评价，从而保证了竞争力评价信息的针对性。各主题评价点的测度指标空间在相应要素评价分析中给出。在此说明选择各主题测度指标依据的六个方面原则：

一是能够充分反映出珠三角发展中竞争力的进步与瓶颈现状信息。

二是为保证测度界面清晰，只采用国家统计体系提供的统计指标，放弃依据偏好与主观判断的性质调查指标。

三是使用强度相对数等综合指标方法提高每个指标信息量。

四是充分考虑区域各经济体数据可得性与数据质量。

五是采用主成分与聚类等统计分析处理方法，从大量相关指标中筛

评价要素　　　　　子要素　　　　　　主题评价点

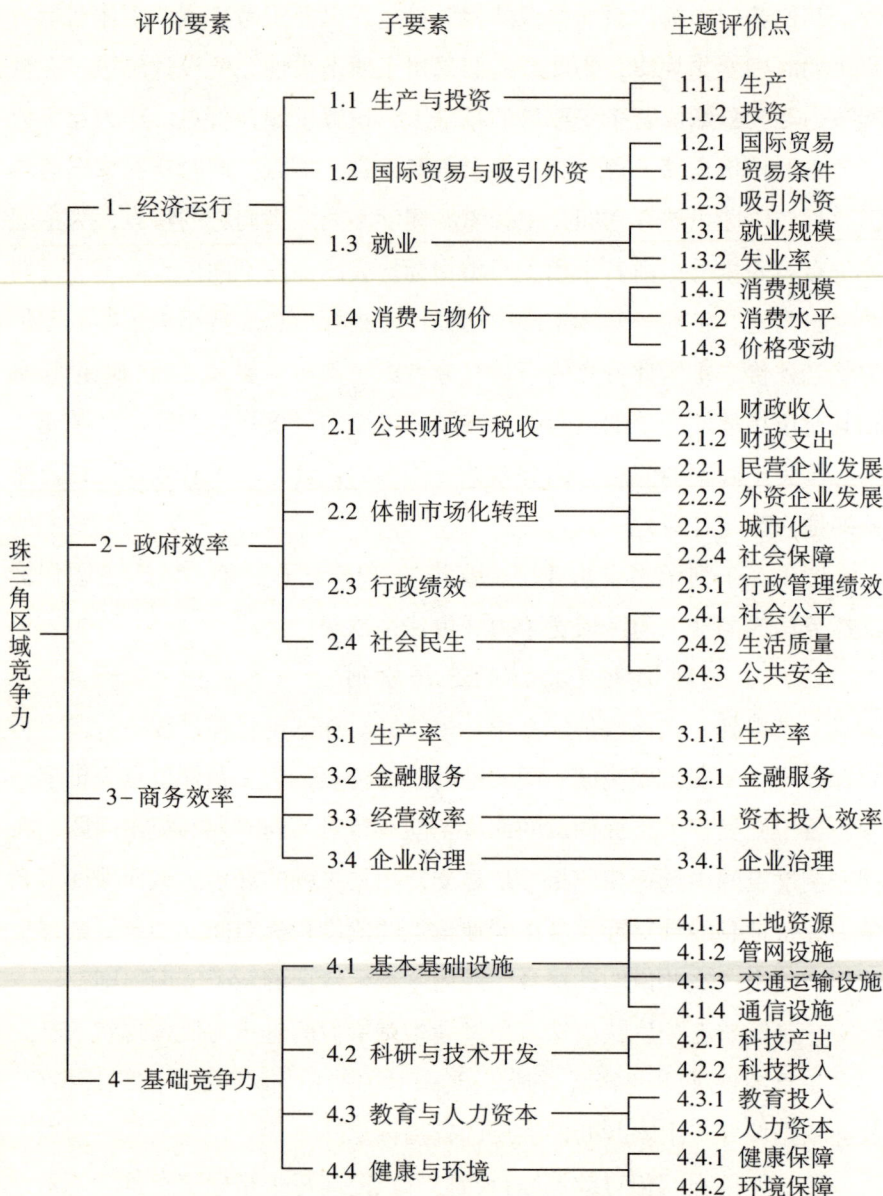

图 1-3-1　珠三角经济社会竞争力评价体系框架

选代表性强的指标。

六是以价值取向明确性为标准，将统计指标区分为可用于评价测度的指标与用于背景说明的指标。

（3）性质状态指标的处理

在竞争力评价研究中，反映经济体竞争力状态的指标存在两种形态：一类是可测度的指标，称为硬指标。其数据从各地的统计资料或国家统计资料取得，硬指标的指标值至少为定距尺度。还有一类称为软指标，是对竞争力难以量化问题认识和判断的指标，称为性质状态指标。其数据通过专家调查取得。一般专家调查问卷的问题采用 7 级主观评价制，性质状态指标的指标值为定序尺度。

性质状态指标虽然主观性较强，而且波动较大，但它把一些不易或不能量化的现象数量化，弥补了硬指标的空缺。性质状态指标当年取得，具有较强的时效性，更能反映竞争力的最新动态与发展趋势。由于性质状态指标是通过调查得到，能够更好地反映出市场的信心和预期。在我们设计的评价体系中，主题评价支撑点即为反映相关主题的性质状态。

性质状态指标特性是调查工作量与投入都极大，我们的研究并不具备实施条件，问卷质量也难以达到稳定。因此，我们采取利用统计指标对相关性质状态信息模拟的方法来对其进行了替代。通过大量增加统计指标的数量信息方法，以保障竞争力评价的质量。

1.4 珠三角区域竞争力测度指标
数据的收集与处理

本研究数据主要来自 2000—2010《广东统计年鉴》。广东统计年鉴未曾列示的，则通过相关地市统计年鉴、2003—2009 年《长江和珠江三角洲及港澳台统计年鉴》、珠三角9地市的统计公报、以及各政府网站和专业技术局网站等查找补充。

在指标数据搜集过程中存在诸多问题。以下给出问题解决方法的简要讨论，这也是本研究指标数据定义框架。

（1）基础指标土地面积存在的相关问题与处理

土地面积是反映珠三角区域土地空间大小的指标。但因其不是由行政区划界定的，出现多种不同范围界定土地面积数据。

① 1994年首次提出非正式行政区划的"珠三角"概念，指由珠江沿岸广州、深圳、佛山、珠海、东莞、中山、惠州、江门、肇庆9个城市组成的区域经济体，面积为24437平方公里。该珠三角范围在2009年1月8日国务院发布的《珠江三角洲地区改革发展规划纲要(2008—2020)》中得到确认。其为本研究的对象。

② 在2000—2005统计年鉴中，珠江三角洲经济区包括14个市、县（区）：广州、深圳、珠海、佛山、江门、东莞、中山、惠州市区、惠阳县、惠东县、博罗县、肇庆市区、高要市、四会市。这一统计口径与《珠江三角洲城镇群协调发展规划(2004—2020)》中珠江三角洲经济区划分相同，土地总面积41698平方公里。

③ 基于本研究确定的研究范围。根据9个城市行政区划变动状态，选择调整统计年鉴中土地面积的数据。

（2）基础性指标人口存在的相关问题与处理

① 人口指标的选择。总人口指标指一定时点、一定地区范围内的总人数。目前按不同统计口径分为常住人口和户籍人口两类指标。一般说常住人口包括拥有户籍的和非本地户籍的常住流动人口，其数据往往大于户籍总人口数据。基于本研究目标，我们选择常住人口作为竞争力评价的基础指标。

② 常住人口指标因其包括流动人口统计，是统计工作中的一个难点。一般人口数据是以10年定期人口普查数据为基础，并利用非普查

年度五年一次的全国 1% 人口抽样调查结果调整得到各年度人口数据的。现实中，统计年鉴公布的人口数据分为两类：一类是非普查年度利用全国 1% 人口抽样调查结果调整得到的；另一类是普查年度基于普查数据对按 1% 人口抽样调查得到历史数据进行的再次调整结果。两者存在一定差距。因利用全国 1% 人口抽样调查结果调整得到的各经济体年度人口数据存在一定质量问题，我们在研究中进行了核查与调整。

③研究中涉及的按性别划分和按农业、非农业划分的人口以及迁移人口等是基于户籍总人口概念的，年鉴数据来源于广东省公安厅人口统计年报。其与常住人口数据口径不同。我们利用其作为调整常住人口农业与非农业人口划分的一个参考。

④基于不同人口口径指标推定各强度指标。

（3）因经济社会发展需要出现一些新的统计测度指标，或者需要对一些统计指标进行口径调整

在我们的研究中，出现研究时期内的统计年鉴没有包括的指标，或指标口径发生较大变动。前者如城市化进程、GDP 能耗等，后者如公共事业管理人员指标口径的变动等。我们根据相应指标定义，进行了推算和历史数据的调整。

（4）广东省年鉴的统计指标数据信息多于地市年鉴

我们利用广东省年鉴数据，补充与分解推算了各经济体相应的指标数据。如教育支出、专业技术人员、卫生工作人员等都做了类似处理。

（5）地市统计年鉴数据质量的调整问题

很多经济体的年鉴数据不严谨，存在统计指标数据的硬伤，如同一指标的历史数据，在不同年度年鉴中不一致；甚至同本年鉴中数据前后也不一致，相当多指标数据存在录入错误等现象，出现了常识上的不合逻辑问题；指标分类也不完备；指标数据严重缺失等。我们采取利用其他数据来源信息进行调整、并基于经济理论逻辑关系重新进行推算、利用统计技术赋值和插补数据等方法进行了处理。

1.5 珠三角区域竞争力综合评价 指数与分析方法

1.5.1 区域竞争力水平综合评价指数

基于评价指标体系数据，可以通过计算珠三角总体竞争力以及 4 个要素竞争力、16 个子要素指数值，实现珠三角各经济体竞争力状态的比较测度。应当指出，珠三角区域竞争力综合评价指数是通过珠三角区域各经济体同一年度竞争力状态数据比较得到的。其表示出的是各经济体之间差距的比较信息，而不是同一经济体竞争力状态随时间变动的信息。当然，通过不同年度差距比较信息的变化，可以反映该经济体竞争力水平的时间变动。

指数计算程序大体为：①参评指标数据的标准化处理；②计算各项参评指标得分；③基于参评要素与指标作用重要性等价的认识，利用等权方法确定综合要素及指标作用的权数；④分别计算 4 个要素的指数；⑤计算竞争力指数并排名。以状态指数及其与经历相应经济转型过程的世界经济体相关数据信息进行比较分析，梳理出各经济体的竞争优势与劣势。

珠三角各经济体总体竞争力指数由经济运行竞争力指数、政府效率竞争力指数、商务效率竞争力指数、基础竞争力指数这四个要素竞争力指数合成。2001 年珠三角各经济体总体竞争力指数是上一年度各经济体现实状态的反映，以此类推。

经济运行竞争力指数由生产与投资、国际贸易与吸引外资、就业、消费与物价 4 个子要素指数合成，每个子要素指数的计算，按照上述指数计算程序前 3 个步骤进行。2001 年珠三角区域内各经济体经济运行竞争力指数，是上一年度各经济体经济运行现实状态的反映，以此类推。

政府效率竞争力指数由公共财政与税收、体制的市场化转型、行政绩效、社会民生 4 个子要素指数合成，每个子要素指数的计算按照上述指数计算程序前 3 个步骤进行。2001 年珠三角区域内各经济体政府效率竞争力指数，是上一年度各经济体政府管理政策对各经济体竞争力影响的现实状态的反映，以此类推。

商务效率竞争力指数由生产率、金融服务、经营效率、企业治理 4 个子要素指数合成，每个子要素指数的计算按照上述指数计算程序前 3 个步骤进行。2001 年珠三角区域内各经济体商务效率竞争力指数是上一年度各经济体商务活动现实状态的反映，以此类推。

基础竞争力指数由基本基础设施、科研与技术开发、教育与人力资本、健康与环境 4 个子要素指数合成，每个子要素指数的计算按照上述指数计算程序前 3 个步骤进行。2001 年珠三角区域内各经济体基础竞争力指数，是上一年度各经济体在公共设施、技术、科研、健康、教育以及生态环境等方面满足企业生产和运营需要程度现实状态的反映，以此类推。

综上所述，构建珠三角区域竞争力的综合评价指数体系，本年度竞争力指数是上年度经济体现实状态的反映，即 2001—2010 各年度竞争力水平指数是根据 2000—2009 年度数据计算的。

1.5.2　珠三角区域竞争力分析方法与工具

一是竞争力要素、子要素与主题评价点分析。一个区域的竞争力总水平是由要素竞争力水平构成，而要素竞争力水平又由主题评价点竞争力水平支撑，形成层级结构，并可作为区域竞争力总水平决定因素分析的基础。

二是竞争力指数分值表及排名表分析。竞争力指数分值表、排名表能够将各个区域在竞争力总水平、要素、子要素、主题评价点四个层面上的大量情况完整集中地加以说明，信息量较大。

三是竞争力指数雷达图分析。使用雷达图对珠三角 9 个经济体的竞争力水平值能够清晰地描述，0—100 分，以 20 为间隔画一个圆，在圆上等角度画出 9 条半径线，分别表示 9 个经济体。半径与圆弧的接点处表示该经济体的得分和优劣势状况，半径与圆心的接点处表示得分最低、弱势最大，排列位置和差异直观可见一目了然。

四是条形图分析。使用条形图对珠三角 9 个经济体竞争力总指数、子要素指数进行描述，每一年份画一个条形图，横轴标注该年份下竞争力总水平、子要素指数的分值，纵轴标注各经济体名称。

五是折线图分析。根据 2001—2010 年 10 年中每一个经济体竞争力总指数、要素指数、子要素指数值，排列出各经济体各年的分值，反映某一经济体在评价区间相对位置的动态变化。

六是时序变动分析。分析 2001—2010 年 10 年中珠三角区域内部每一个经济体竞争力总水平、要素、子要素和各主题评价点指数及排名变化。整合柱状图和折线图信息，对状态特征和变化趋势进行分析。

七是要素贡献率分析。通过计算每一个经济体各要素对其总体竞争力指数的贡献，考察各要素贡献程度大小以及变化情况，进而考察要素的相对优劣势对提升总体竞争力方面的作用。可将其信息结合柱状图、折线图进行比较分析。

八是竞争优势与劣势的划分。在区域竞争力评价中，一般将区域内各经济体按竞争力排位分类评价。存在两种分类评价方法：其一，按竞争力排位划分三类。称位居前列的为区域竞争力优势经济体或称它为区域竞争力优势资产，称位居后列的为区域竞争力劣势经济体或称它为区域竞争力劣势负债。其二，按竞争力排位划分四—五类。称位居前列的为区域竞争力绝对优势经济体或称它为区域竞争力绝对优势资产；称位居前列之后，中位之前的为区域竞争力相对优势经济体或称它为区域竞争力相对优势资产；称位居后列的为区域竞争力绝对劣势经济体或称它为区域竞争力绝对劣势负债；称位居中位之后，后列之前的经济体为区域竞争力相对劣势经济体或称它为区域竞争力相对劣势负债。在本研究中，针对不同情况分别采用了以上两种分类进行评价。

2 珠三角经济社会发展
总体竞争力研究

2.1 珠三角各经济体总体竞争力指数

本节通过总体竞争力指数表、排名表、基于指数数据形成的各经济体竞争力比较条形图与比较雷达图、基于各年度指数数据形成的各经济体竞争力时序变动图，提供珠三角区域各经济体总体竞争力的相关信息。

2.1.1 珠三角区域各经济体总体竞争力指数分值表

珠三角区域9个经济体2001—2010年经济社会发展总体竞争力指数见表2-1-1。

表2-1-1 珠三角各经济体经济社会发展总体竞争力指数分值表（2001—2010）

经济体 年份	广州	深圳	珠海	佛山	惠州	东莞	中山	江门	肇庆
2010	92.70	84.77	37.10	69.56	23.35	53.27	45.60	24.52	19.13
2009	88.20	85.89	38.67	71.91	29.09	52.87	40.56	27.28	15.52
2008	83.42	84.65	42.46	70.58	24.00	55.26	42.68	27.35	19.60
2007	82.18	86.02	43.99	71.16	23.69	51.43	45.09	29.33	17.10
2006	83.57	83.45	40.56	68.11	31.44	48.25	46.09	26.63	21.88
2005	84.87	82.26	42.22	67.32	32.31	42.80	49.76	26.01	22.45
2004	86.54	82.00	45.61	65.93	34.09	41.22	43.56	29.96	21.09

续表

经济体\年份	广州	深圳	珠海	佛山	惠州	东莞	中山	江门	肇庆
2003	85.35	75.04	45.02	62.69	37.05	39.75	41.55	36.08	27.47
2002	83.59	76.77	42.76	63.21	37.43	39.92	42.74	35.05	28.53
2001	85.69	69.63	44.76	65.20	39.52	37.36	35.74	39.90	32.19

2.1.2 珠三角区域各经济体总体竞争力指数排名

珠三角区域 9 个经济体 2001—2010 年经济社会发展总体竞争力指数排名见表 2-1-2。

表 2-1-2 珠三角各经济体经济社会发展总体竞争力指数分值排名（2001—2010）

经济体\年份	广州	深圳	珠海	佛山	惠州	东莞	中山	江门	肇庆
2010	1	2	6	3	8	4	5	7	9
2009	1	2	6	3	7	4	5	8	9
2008	2	1	6	3	8	4	5	7	9
2007	2	1	6	3	8	4	5	7	9
2006	1	2	6	3	8	4	5	7	9
2005	1	2	6	3	7	5	4	8	9
2004	1	2	4	3	7	6	5	8	9
2003	1	2	4	3	7	6	5	8	9
2002	1	2	4	3	7	6	5	8	9
2001	1	2	4	3	6	7	8	5	9

2.1.3 珠三角区域各经济体总体竞争力指数条形图

图 2-1-1 至图 2-1-10 给出了 2010—2001 年各经济体用于比较分析的条形图。

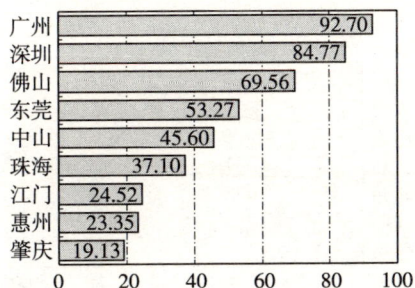

图 2-1-1　经济社会发展竞争力总指数（2010）

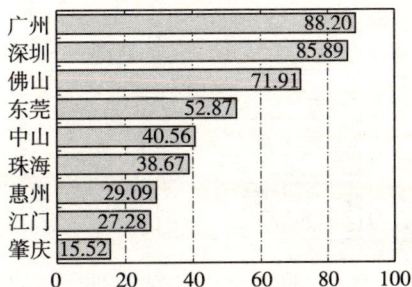

图 2-1-2　经济社会发展竞争力总指数（2009）

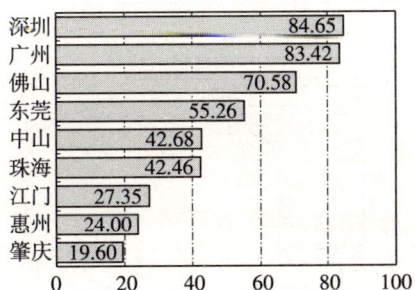

图 2-1-3　经济社会发展竞争力总指数（2008）

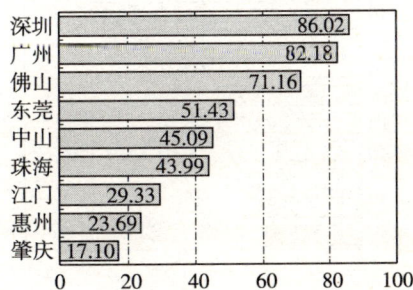

图 2-1-4　经济社会发展竞争力总指数（2007）

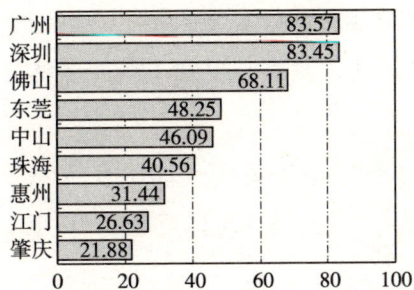

图 2-1-5　经济社会发展竞争力总指数（2006）

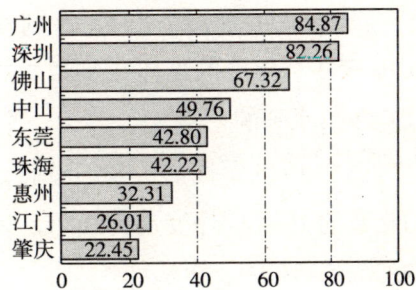

图 2-1-6　经济社会发展竞争力总指数（2005）

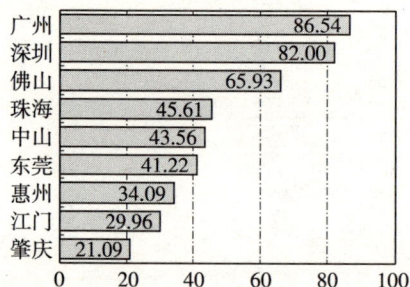

图 2-1-7　经济社会发展竞争力总指
　　　　　数（2004）

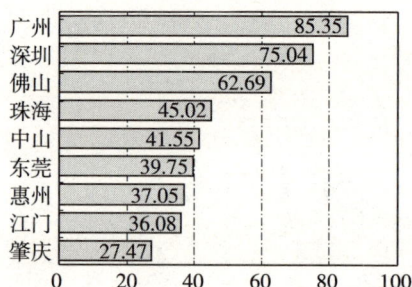

图 2-1-8　经济社会发展竞争力总指
　　　　　数（2003）

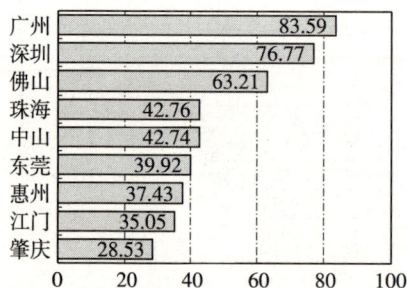

图 2-1-9　经济社会发展竞争力总指
　　　　　数（2002）

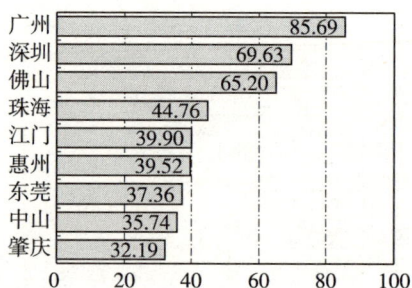

图 2-1-10　经济社会发展竞争力总
　　　　　　指数（2001）

图 2-1-11 至图 2-1-13 分别给出了各经济体 2001 年、2005 年、2010 年 3 个年度的总体竞争力指数雷达图，其直观反映了各经济体之间竞争力水平的差距。

图 2-1-14 至图 2-1-22 分别给出了各经济体 2001—2010 年度竞争力指数的 10 年时序变动折线图，其提供了各经济体总体竞争力 10 年中的变动趋势信息。

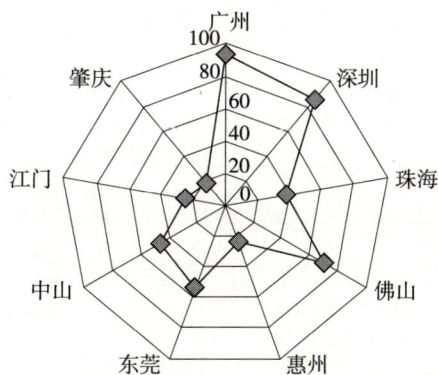

图 2-1-11 珠三角区域经济社会总体竞争力雷达图 (2010)

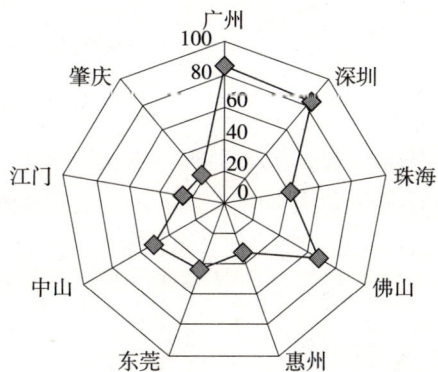

图 2-1-12 珠三角区域经济社会总体竞争力雷达图 (2005)

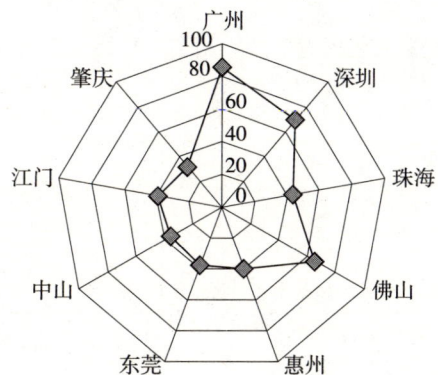

图 2-1-13 珠三角区域经济社会总体竞争力雷达图 (2001)

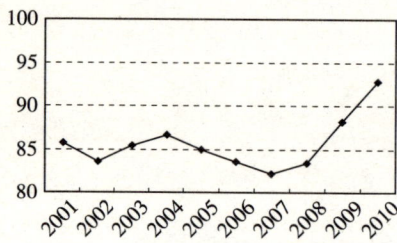

图 2-1-14　广州经济社会发展竞争力
总指数（2001—2010）

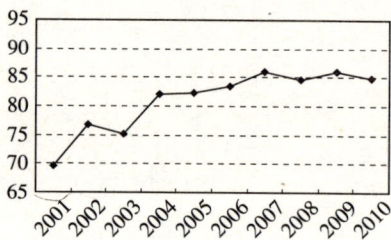

图 2-1-15　深圳经济社会发展竞争力
总指数（2001—2010）

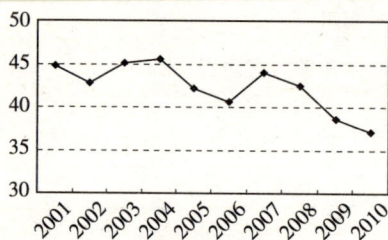

图 2-1-16　珠海经济社会发展竞争力
总指数（2001—2010）

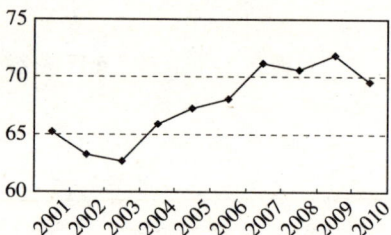

图 2-1-17　佛山经济社会发展竞争力
总指数（2001—2010）

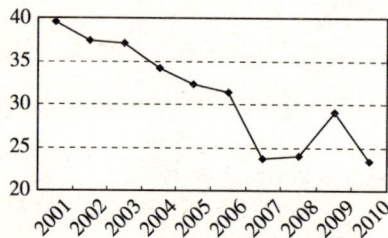

图 2-1-18　惠州经济社会发展竞争力
总指数（2001—2010）

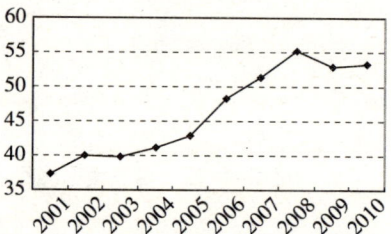

图 2-1-19　东莞经济社会发展竞争力
总指数（2001—2010）

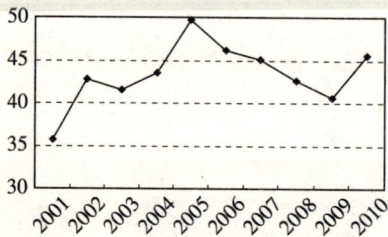

图 2-1-20　中山经济社会发展竞争力
总指数（2001—2010）

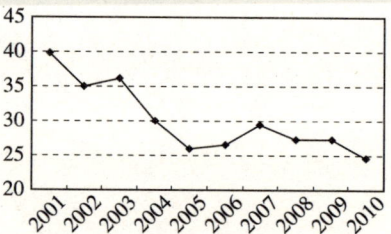

图 2-1-21　江门经济社会发展竞争力
总指数（2001—2010）

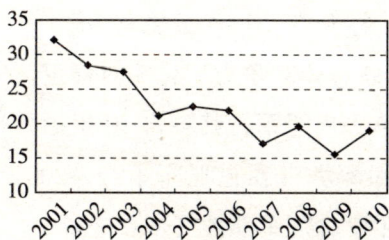

图 2-1-22　肇庆经济社会发展竞争力
总指数（2001—2010）

2.2　珠三角经济社会发展总体
竞争力状态与基本特征

表 2-1-1、2-1-2，图 2-1-1 至图 2-1-22 的指数状态及变化信息表明，珠三角区域各经济主体经济社会发展竞争力表现出如下总体状态与基本特征。

（1）2010 年珠三角经济社会发展总体竞争力排名

2010 年珠三角区域经济社会发展总体竞争力排名为：广州、深圳、佛山、东莞、中山、珠海、江门、惠州、肇庆。其中：

①广州、深圳、佛山是区域竞争优势经济体，平均指数为 82.34。第一位广州的竞争力指数在 90 以上。深圳以 84.77 紧随其后。佛山虽然位居第三，但指数为 69.56，仅相当于广州竞争力水平的 75%，与前两位尚存在明显差距。

②指数集聚在中低位水平 55-35 区间的有 3 个经济体，分别是东莞 53.27、中山 45.60、珠海 37.10，指数平均为 45.32，与区域优势经济体相比有较大差距，优劣比为 1.82。指数集聚在低端劣势水平 25-15 区间的也有 3 个经济体，分别是江门 24.52、惠州 23.35、肇庆 19.13，指数平均为 22.33。与区域中间水平经济体的差距是 2 倍，与优势经济体的优劣比为 3.69。

（2）珠三角经济社会发展总体竞争力 10 年变化格局

① 10 年中，各经济体经济社会发展总体竞争力变化相对稳定。广州、深圳、佛山一直包揽前 3 名，属第一集团军。其各自 10 年指数平均水平为 85.61、81.05、67.57。广州和深圳存在冠亚军争夺，2007—2008 年深圳占据年度冠军，其余 7 个年度总冠军都被广州收进囊中。

② 10 年中，东莞、中山、珠海位居中间位置的第二集团军。其各自 10 年指数平均水平分别为 46.21、43.34、42.32。三者的第 4—6 名排位竞争激烈。其中东莞在 2006 年以后占据第二集团的前端，珠海则从 2005 年起落后两位至该集团尾部垫后。

③惠州、江门、肇庆则归入属第 7—9 名的第三集团军，在珠三角区域经济体竞争力格局中处劣势地位。其各自 10 年指数平均水平为 31.20、30.21、22.50。惠州和江门相互比争，位次居前的年份惠州略多于江门。肇庆则一直稳定落居末位，远远跟在队伍后面，没有任何变化。

④总体看第二集团军、第三集团军与第一集团军的差距，略显动态扩大趋势。从条形图观察分布格局的动态变化，2006 年可以大致作为转折的界限，2001—2005 年，广州、深圳、佛山在指数 60 以上区间聚集，其余 7 个经济体则在指数 50—20 区间聚集。2006—2010 年，因处于第二集团军和第三集团军边缘的经济体具有不同竞争表现，使得原排位分布出现微妙变化，大致可分为三个阶梯。广州、深圳、佛山仍可列为第一层级，指数在 70 以上区间变化；东莞、中山、珠海处第二层级，指数在 60-40 区间变化；惠州、江门、肇庆划为第三层级，指数在 30-10 区间变化。

⑤从折线图观察，各经济体变化趋势泾渭分明。广州、深圳、佛山、东莞、中山都有上升趋势。又以东莞、佛山、深圳提升略多，平均有 10-15 个百分点的上升。中山稍有起伏。珠海、惠州、江门、肇庆都呈现明显下降趋势，平均出现 10-15 个百分点的下降。

3 珠三角经济运行竞争力研究

3.1 珠三角经济运行竞争力评价体系及指标选择

3.1.1 珠三角经济运行竞争力评价体系构成

经济运行竞争力能综合反映珠三角区域内各经济体在落实经济四大目标，即增长、就业、物价、国际收支方面所表现出的竞争实力，它也反映出各经济体能够为保持与提升企业竞争力提供什么样的总体环境与支撑。对该模块评价的基本原则：是考察该区域的经济实力是否雄厚，运转是否有效，是否有利于经济发展和人民生活水平的提高，为系统地反映经济运行要素的内部结构及其相互关系。本研究基于 IMD 的理论与方法，针对珠三角经济发展现状以及数据可得性，建立了生产与投资、国际贸易与吸收外资、就业、消费与物价 4 个方面子要素，以及 10 个主题评价点，作为深度考察的珠三角区域内各经济体经济运行竞争力测度理论框架。其相关内容已在第 1 章中做了较深入的讨论，现简要列示如表 3–1–1 所示。

①生产与投资子要素反映区域生产与新增国民财富的规模，以及支持它的投资活动能力。包括生产、投资 2 个主题评价点。

②国际贸易与吸收外资将各经济体参与国际经济活动的状态直接地反映出来，并进行评判，鲜明地描述了各经济体对外开放的竞争水平和能力。包括国际贸易、贸易条件、吸引外资 3 个主题评价点。

③就业首要是民生问题，是老百姓安居乐业、生存发展的前提，

也是劳动力再生产的基础。就业规模不断扩大，就业人员增加是经济体内社会稳定，和谐发展，可持续增长的重要体现。包括就业规模、失业率 2 个主题评价点。

表 3-1-1   珠三角经济运行竞争力评价体系

评价要素	子要素	主题评价点
1-经济运行	1.1 生产与投资	1.1.1 生产 1.1.2 投资
	1.2 国际贸易与吸引外资	1.2.1 国际贸易 1.2.2 贸易条件 1.2.3 吸引外资
	1.3 就业	1.3.1 就业规模 1.3.2 失业率
	1.4 消费与物价	1.4.1 消费规模 1.4.2 消费水平 1.4.3 价格变动

④消费与物价状态是一个经济体平稳运行的另一重要表现形式。消费市场规模能反映内需扩大的政策效果。物价稳定则是各经济体的金融财政政策在生产、流通、分配等各方面合理调控能力的综合反映。包括消费规模、消费水平、价格波动 3 个主题评价点。

3.1.2 经济运行主题评价点测度指标选择

经济运行竞争力各子要素的主题评价点是可以从许多视角测度的。同时珠三角转型过程各阶段也存在着同一主题，需要测度不同关键问题的特点，本研究为主题评价点安排一个由若干相关同类指标构成的测度空间。针对不同时期的突出问题，在同一测度空间中选择相应指标信息支持相关主题的竞争力状态评价。当然，在测度空间诸多统计指标中，如何恰当选择针对性代表指标测度经济运行要素的竞争力水平，仍然是一项较为复杂困难的工作。我们基于第 1 章讨论的六方面原则，进行测度空间的建立与代表指标的筛选，结果如下。

（1）生产主题评价点

统计测度指标空间：生产总值、生产总值增长率、人均地区生产总值、人均地区生产总值增长率、三次产业产值、产业结构等相关指标10多项。

（2）投资主题评价点

统计测度指标空间：资本形成总额、固定资本形成总额、存货增加、人均资本形成总额、人均固定资本形成总额、投资率、固定资本形成总额占 GDP 比例、全社会固定资产投资完成额、国有单位固定资产投资、基本建设、更新改造、其他投资、房地产开发投资情况等相关指标13项。

（3）国际贸易主题评价点

统计测度指标空间：经常项目出口总量、经常项目出口增速、经常项目进口总量、经常项目进口增速、按贸易方式、按经济类型、按产品类型分的各进出口额等30余项。

（4）贸易条件主题评价点

统计测度指标空间：进口总额占 GDP 比重、出口总额占 GDP 比重、进出口总额占 GDP 比重、出口价格指数比进口价格指数等。

（5）吸引外资主题评价点

统计测度指标空间：签订项目数、外商直接投资、外商其他投资、合同外资额、实际利用外资、外资利用效率等10多项。

（6）就业规模主题评价点

统计测度指标空间：从业人员数、城镇以上单位在岗职工人数、城镇私营企业和个体工商业从业人数、从业人员增长率、就业率、就业的产业结构分布等相关指标10多项。

（7）失业率主题评价点

统计测度指标空间：年末城镇登记失业人数、年末城镇登记失业率等相关指标。

（8）消费规模主题评价点

统计测度指标空间：最终消费支出、最终消费支出占 GDP 比重、消费率、居民消费支出、政府消费支出、居民消费率、政府消费率、农村居民消费、城镇居民消费等。

（9）消费水平主题评价点

统计测度指标空间：人均最终消费支出、人均最终消费支出增长率、农村居民人均消费支出、城镇居民人均消费支出等6项。

（10）价格变动主题评价点

统计测度指标空间：主要包括居民消费价格指数、商品零售价格指数、农业生产资料价格指数、工业品出厂价格指数、原材料、燃料和动力购进价格指数、农产品生产价格指数和固定资产投资价格指数7类价格指数。

3.2 珠三角经济运行竞争力总体评价

3.2.1 珠三角各经济体经济运行竞争力总指数

（1）珠三角各经济体经济运行竞争力总指数的计算

基于经济运行评价指标体系选择代表性统计指标可获得数据，通过计算经济运行竞争力及其四个子要素的指数，实现珠三角区域内各经济体经济运行竞争力状态的比较测度。本年度竞争力是上年度经济体经济运行现实状态的反映，即 2001—2010 年各年度经济运行竞争力指数是根据 2000—2009 年数据计算的。

（2）珠三角各经济体经济运行竞争力总指数分值表

珠三角区域内 9 个经济体 2001—2010 年的经济运行竞争力总指数见表 3-2-1。

表 3-2-1 珠三角各经济体经济运行竞争力总指数分值表（2001—2010）

年份\经济体	广州	深圳	珠海	佛山	惠州	东莞	中山	江门	肇庆
2010	99.73	93.92	40.22	43.30	37.78	65.18	37.40	9.09	23.38
2009	99.67	99.23	44.46	54.02	47.33	62.43	14.03	15.91	12.92
2008	82.36	99.24	45.27	56.66	26.61	81.52	19.82	13.32	25.21
2007	83.02	99.85	50.70	52.48	25.37	66.49	37.95	22.56	11.58
2006	93.74	99.19	38.71	53.50	33.96	56.08	41.50	14.75	18.57
2005	99.93	95.72	37.00	49.43	29.14	46.98	37.44	25.36	28.99
2004	99.19	97.43	52.77	42.39	21.05	37.49	40.67	26.62	32.39
2003	99.67	82.66	54.63	39.25	32.75	40.40	37.94	27.89	34.81
2002	99.24	87.31	53.61	39.44	28.99	42.97	44.05	21.89	32.50
2001	99.08	74.80	58.85	39.67	32.60	31.74	27.23	44.49	41.54

（3）珠三角各经济体经济运行竞争力总指数排名

珠三角9个经济体2001—2010年的经济运行竞争力总指数排名见表 3-2-2。

表 3-2-2 珠三角各经济体经济运行竞争力总指数分值排名（2001—2010）

年份\经济体	广州	深圳	珠海	佛山	惠州	东莞	中山	江门	肇庆
2010	1	2	5	4	6	3	7	9	8
2009	1	2	6	4	5	3	8	7	9
2008	2	1	5	4	6	3	8	9	7
2007	2	1	5	4	7	3	6	8	9
2006	2	1	6	4	7	3	5	9	8
2005	1	2	6	3	7	4	5	9	8

经济体 年份	广州	深圳	珠海	佛山	惠州	东莞	中山	江门	肇庆
2004	1	2	3	4	9	6	5	8	7
2003	1	2	3	5	8	4	6	9	7
2002	1	2	3	6	8	5	4	9	7
2001	1	2	3	6	7	8	9	4	5

（4）珠三角各经济体经济运行竞争力总指数条形图

图 3-2-1 至图 3-2-10 为 2001—2010 年珠三角各经济体经济运行竞争力总指数条形图。

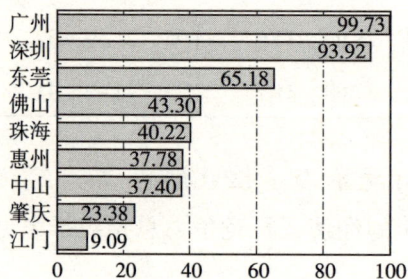

图 3-2-1 年经济运行竞争力总指数（2010）

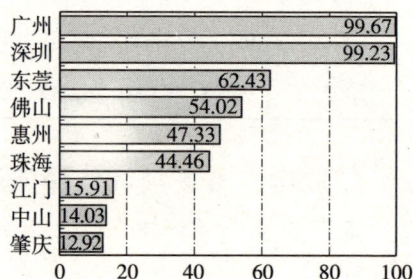

图 3-2-2 年经济运行竞争力总指数（2009）

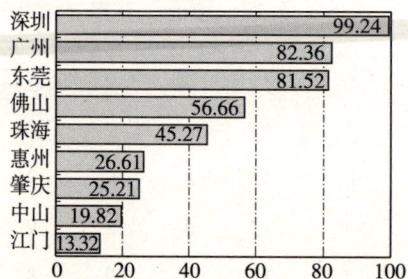

图 3-2-3 经济运行竞争力总指数（2008）

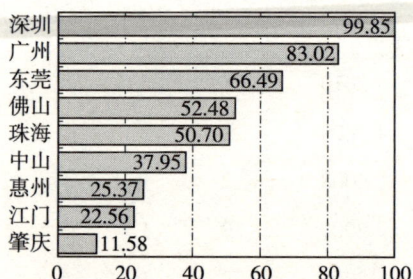

图 3-2-4 经济运行竞争力总指数（2007）

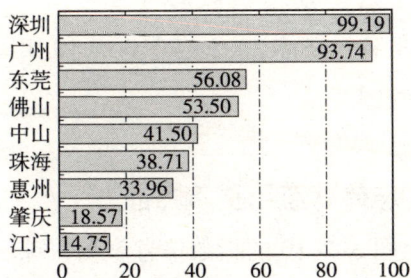

图 3-2-5　经济运行竞争力总指数
（2006）

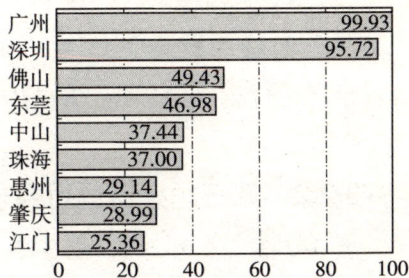

图 3-2-6　经济运行竞争力总指数
（2005）

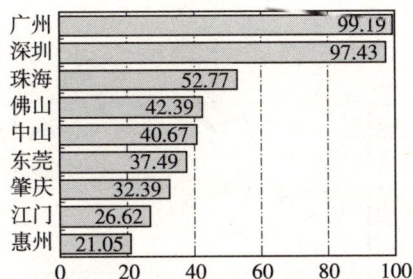

图 3-2-7　经济运行竞争力总指数
（2004）

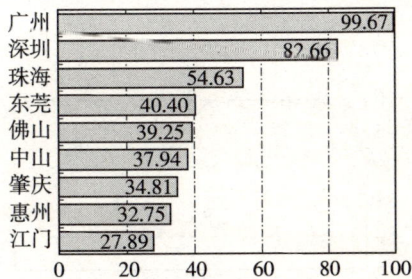

图 3-2-8　经济运行竞争力总指数
（2003）

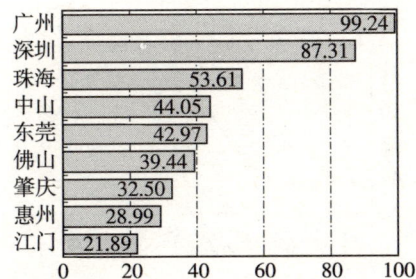

图 3-2-9　经济运行竞争力总指数
（2002）

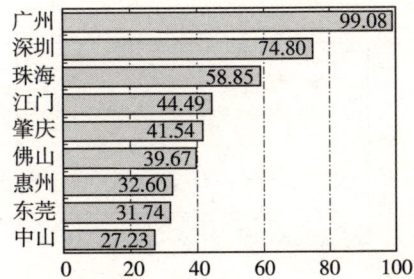

图 3-2-10　经济运行竞争力总指数
（2001）

（5）珠三角各经济体经济运行竞争力总指数时序图

图 3-2-11 至图 3-2-19 给出珠三角各经济体 2001—2010 年 10 年间各自经济运行竞争力总指数的时序折线图。

3.2.2 珠三角经济运行竞争力总体状态与基本特征

表 3-2-2、表 3-2-3，图 3-2-1 至图 3-2-19 的指数信息表明，珠三角区域各经济体经济运行竞争力的总体状态与基本特征如下。

（1）2010 年珠三角区域经济运行竞争力排名

2010 年珠三角区域各经济体经济运行竞争力排名为：广州、深圳、东莞、佛山、珠海、惠州、中山、肇庆、江门。其中：

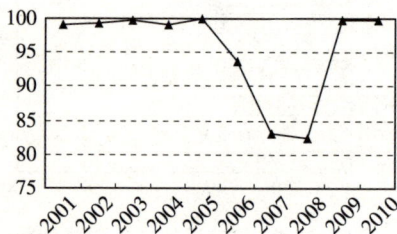

图 3-2-11　广州经济运行竞争力总指数（2001—2010）

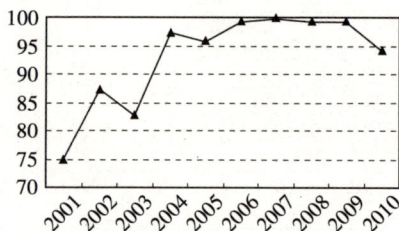

图 3-2-12　深圳经济运行竞争力总指数（2001—2010）

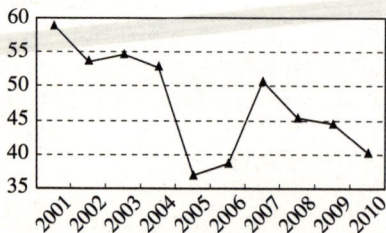

图 3-2-13　珠海经济运行竞争力总指数（2001—2010）

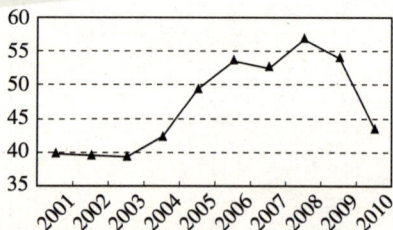

图 3-2-14　佛山经济运行竞争力总指数（2001—2010）

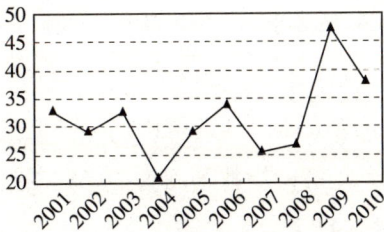

图 3-2-15　惠州经济运行竞争力总
　　　　　指数（2001—2010）

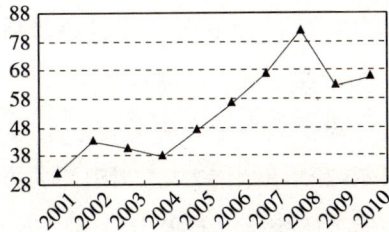

图 3-2-16　东莞经济运行竞争力总
　　　　　指数（2001—2010）

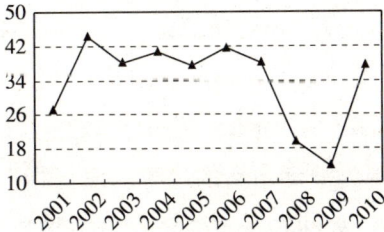

图 3-2-17　中山经济运行竞争力总
　　　　　指数（2001—2010）

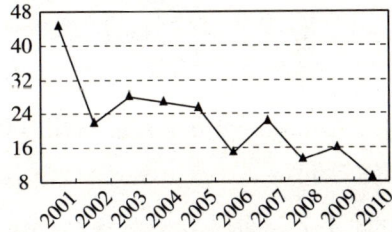

图 3-2-18　江门经济运行竞争力总
　　　　　指数（2001—2010）

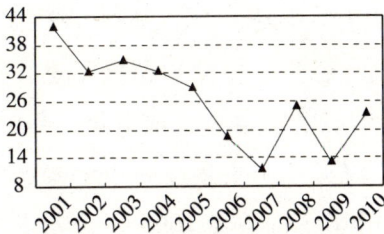

图 3-2-19　肇庆经济运行竞争力总
　　　　　指数（2001—2010）

　　①广州和深圳这两个副省级行政级别竞争力位居前两位，其
指数都在 90 以上的高位水平。广州高达 99.73，深圳紧跟在后为

93.92，二者指数平均为96.82。东莞位居第3，但指数为65.18，处中上水平，与前两个优势经济体存在相当差距，指数相差近30个百分点，优劣比为1.49。

②指数集聚在中低位水平的有4个经济体，分别是佛山43.30、珠海40.22、惠州37.78、中山37.40，四个经济体指数平均为39.68，与优势经济体相比也有很大差距，优劣比是2.44。

③两个经济体肇庆、江门被甩在最后，肇庆指数23.38，江门指数9.09，其平均为16.23，与广州、深圳差距高达5.97倍。

（2）珠三角区域经济运行竞争力10年变化格局

①从10年总体看，广州和深圳始终保持在前两位。广州7次占据首位，深圳仅在2006—2008年与广州换位居首。深圳、佛山、东莞持续奔驰在上升通道中，但均在2008年后略小幅走低。中山指数在40上下波动起伏。珠海、肇庆、江门则表现为波动下滑的趋势。应当指出，2008年全球金融危机对各经济体都有较大冲击，其经济竞争力指数基本上都有一定波动。其中广州、中山、肇庆经济竞争力出现明显下跌的状态。

② 10年中，深圳经济竞争力表现出强力提升的发展态势，实现了指数从74—99的火箭发射式直线上升，直逼广州，其中有3年超越了广州。佛山和东莞同样表现出上升态势，但动力稍显不足，没能进入第一梯队。珠海、肇庆、江门的经济竞争力出现下降。其中，肇庆和江门指数下降近一半幅度，珠海虽然下滑幅度略小于肇庆和江门，但排位变化从2001—2004年的第3位，至2005年开始下降2—3位后，一直徘徊在中低水平的5—6位，未能再实现晋级冲刺局面。

③ 10年中，若以2007年为界，可以观察到两种分布格局的变化。2007年之前，9个经济体基本分布在两个层级中，第一层级是广州和深圳。其余7个经济体集中在在第二层级中竞争变位。2007年

开始，各经济体之间的差距显现出均匀排列。此后，因东莞产业特征原因，受金融危机冲击造成的波动较大，虽然竞争排位未发生变化，但是竞争力水平指数已出现向下滑落趋势。2009年珠三角经济运行竞争力分布变为三个层次，广州、深圳仍保持第一层次高位，东莞、佛山、惠州、珠海在中等水平聚集，江门、中山、肇庆落后在第三层次。2010年第二层次中除东莞外，其他经济体又显示出下行向第三层次靠拢的趋势。第二、三层次经济运行竞争力水平动能不足，甚至有所恶化。

（3）珠三角经济运行竞争力影响因素与作用

①支撑深圳和广州始终保持经济竞争力前两位的因素并不相同。其中深圳经济竞争力来自国际贸易与吸引外资、就业两个力量。广州因生产与投资、就业、消费市场与消费价格三个作用因素的合力支撑。

②中间层次的东莞，主要基于国际贸易和吸引外资上表现的相对竞争优势，以及就业的提升，使其经济竞争力不断进步。佛山经济竞争力的推进力主要来自就业、生产与投资上的发展，但其他两个因素表现欠佳，且不稳定，故总体上进展缓慢。珠海的滑落是4个因素综合作用的结果，其中国际贸易与吸引外资的优良表现与就业因素位居末位的对冲，以及生产与投资、消费与物价两个因素在中上区间的波动，综合产生出珠海经济竞争力滑落的负向作用力。

③惠州、中山、肇庆、江门基本在后4位腾挪变化。其实在2000年后，江门和肇庆在就业、消费与物价、生产与投资方面还一度位居中上水平。但在各种因素合力负向作用下，经济竞争力水平被挤进下降通道。惠州各因素虽有略微变化与不同，但力量微弱且不稳定；中山4个竞争力因素的正负作用抵消了它的努力，因此它和惠州始终挣扎在第三梯队边缘。

3.3 珠三角生产与投资竞争力分析

3.3.1 珠三角生产与投资竞争力指数

（1）生产与投资竞争力指数分值表

表3-3-1　珠三角各经济体生产与投资竞争力指数分值表（2001—2010）

经济体 年份	广州	深圳	珠海	佛山	惠州	东莞	中山	江门	肇庆
2010	93.95	61.64	62.96	65.18	49.11	26.45	50.57	0.62	39.53
2009	87.01	56.91	50.35	99.99	34.59	37.32	33.57	7.52	42.74
2008	66.90	58.27	83.59	99.73	30.95	29.51	41.43	2.85	36.77
2007	93.90	72.65	73.59	89.75	12.33	44.09	43.96	19.31	0.42
2006	91.39	71.80	57.82	75.52	33.87	42.39	72.28	0.06	4.86
2005	99.31	82.39	42.02	58.77	14.58	40.50	77.70	2.16	32.57
2004	97.75	95.64	56.85	52.35	0.74	39.21	75.09	13.39	18.98
2003	94.55	99.79	54.80	36.84	6.99	36.83	67.60	27.67	24.95
2002	99.43	74.77	51.02	46.16	16.71	33.99	73.14	19.79	34.98
2001	99.48	69.29	48.18	40.33	31.15	20.11	34.23	43.33	63.90

（2）生产与投资竞争力指数排名

表3-3-2　珠三角各经济体生产与投资竞争力指数排名（2001—2010）

经济体 年份	广州	深圳	珠海	佛山	惠州	东莞	中山	江门	肇庆
2010	1	4	3	2	6	8	5	9	7
2009	2	3	4	1	7	6	8	9	5
2008	3	4	2	1	7	8	5	9	6
2007	1	4	3	2	8	5	6	7	9
2006	1	4	5	2	7	6	3	9	8

经济体 年份	广州	深圳	珠海	佛山	惠州	东莞	中山	江门	肇庆
2005	1	2	5	4	8	6	3	9	7
2004	1	2	4	5	9	6	3	8	7
2003	2	1	4	5	9	6	3	7	8
2002	1	2	4	5	9	7	3	8	6
2001	1	2	4	6	8	9	7	5	3

(3) 生产与投资竞争力指数条形图

图 3-3-1 至图 3-3-10 为基于 2001—2010 年珠三角各经济体生产与投资竞争力指数值分别制作的条形图。

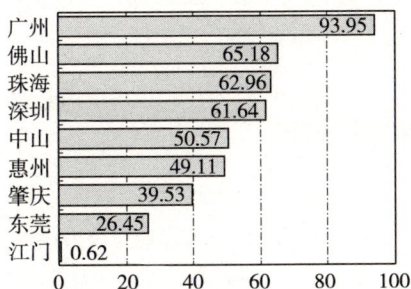

图 3-3-1 生产与投资竞争力指数（2010）

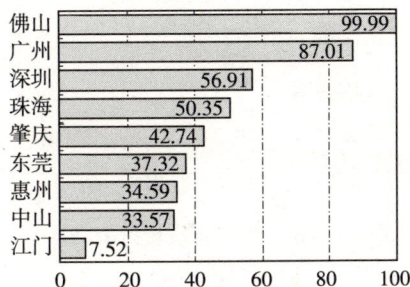

广州 93.95
佛山 65.18
珠海 62.96
深圳 61.64
中山 50.57
惠州 49.11
肇庆 39.53
东莞 26.45
江门 0.62

图 3-3-2 生产与投资竞争力指数（2009）

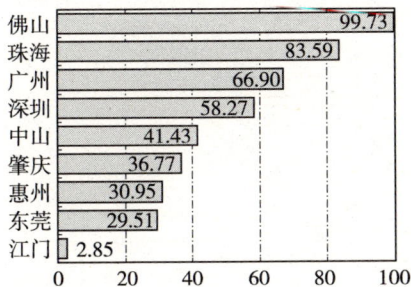

佛山 99.99
广州 87.01
深圳 56.91
珠海 50.35
肇庆 42.74
东莞 37.32
惠州 34.59
中山 33.57
江门 7.52

图 3-3-3 生产与投资竞争力指数（2008）

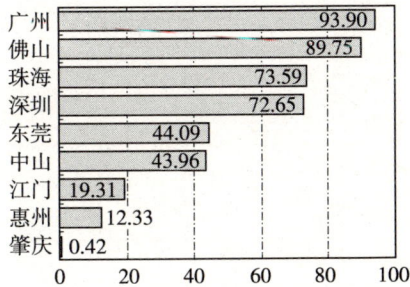

佛山 99.73
珠海 83.59
广州 66.90
深圳 58.27
中山 41.43
肇庆 36.77
惠州 30.95
东莞 29.51
江门 2.85

图 3-3-4 生产与投资竞争力指数（2007）

广州 93.90
佛山 89.75
珠海 73.59
深圳 72.65
东莞 44.09
中山 43.96
江门 19.31
惠州 12.33
肇庆 0.42

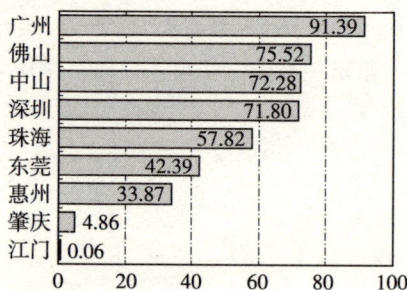

图 3-3-5　生产与投资竞争力指数
（2006）

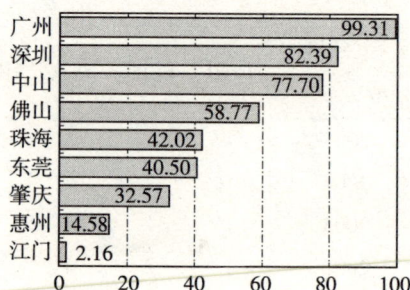

图 3-3-6　生产与投资竞争力指数
（2005）

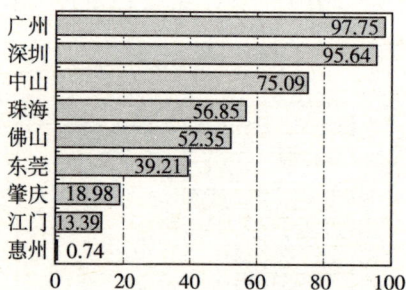

图 3-3-7　生产与投资竞争力指数
（2004）

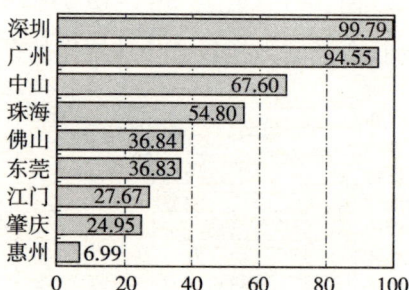

图 3-3-8　生产与投资竞争力指数
（2003）

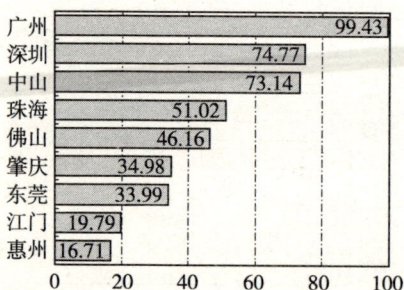

图 3-3-9　生产与投资竞争力指数
（2002）

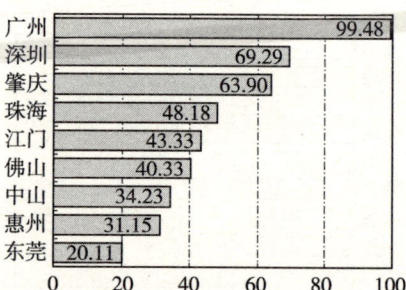

图 3-3-10　生产与投资竞争力指数
（2001）

（4）生产与投资竞争力指数时序折线图

图 3-3-11 至图 3-3-19 是基于 2001—2010 年珠三角各经济体生产与投资竞争力指数数据分别制作的各经济体 10 年时序折线图。

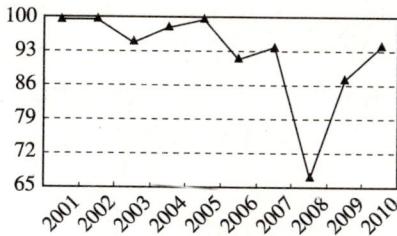

图 3-3-11　广州生产与投资指
　　　　　　数（2001—2010）

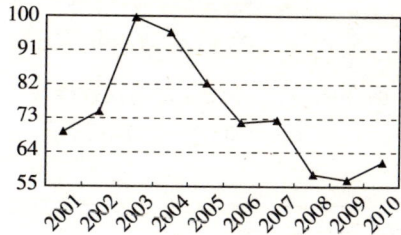

图 3-3-12　深圳生产与投资指
　　　　　　数（2001—2010）

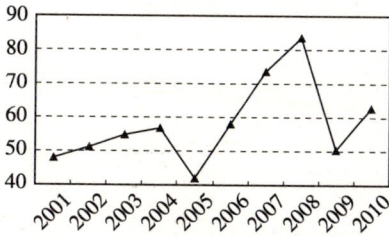

图 3-3-13　珠海生产与投资指数
　　　　　　（2001—2010）

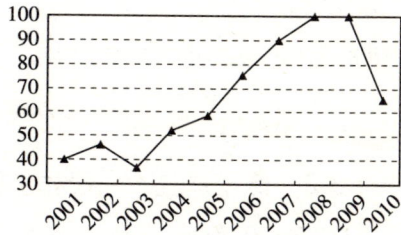

图 3-3-14　佛山生产与投资指数
　　　　　　（2001—2010）

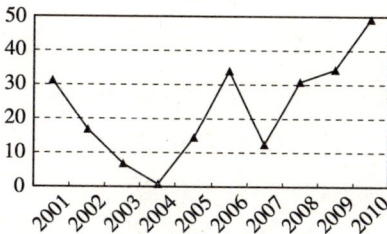

图 3-3-15　惠州生产与投资指数
　　　　　　（2001—2010）

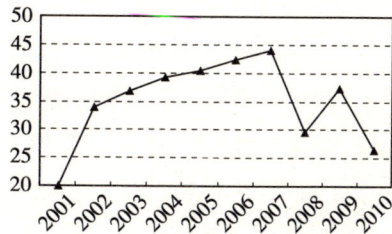

图 3-3-16　东莞生产与投资指数
　　　　　　（2001—2010）

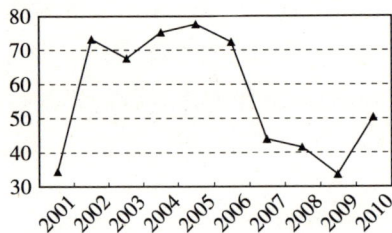

图 3-3-17　中山生产与投资指数
（2001—2010）

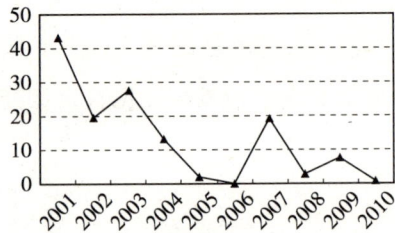

图 3-3-18　江门生产与投资指数
（2001—2010）

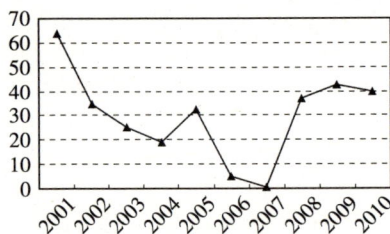

图 3-3-19　肇庆生产与投资指数
（2001—2010）

3.3.2　珠三角生产与投资竞争力分析

（1）2010 年珠三角生产与投资竞争力排名

广州 93.95，佛山 65.18，珠海 62.96，深圳 61.64，中山 50.57，惠州 49.11，肇庆 39.53，东莞 26.45，江门 0.62。

（2）2010 年珠三角生产与投资竞争力基本状态

广州是珠三角区域内生产与投资竞争力唯一的优势经济体。指数在 70—60 区间的中间水平经济体相对集中，即佛山、珠海、深圳 3 个，指数平均 63.26。它们与优势资产广州比较，相差 1.49 倍。中山指数 50.57 正好处于中间水平。指数在 50—40 区间的惠州和肇庆两个经济体，指数平均为 49.84，与广州优势资产差距 1.89 倍。东莞和江门属珠三角区域内生产投资竞争力的劣势负债，指数平均是 13.53。它们与广州的优劣比为 6.94。

（3）珠三角生产与投资竞争力10年变动基本态势

① 10年中9个经济体时序变动分布均有较大变化。各经济体生产与投资指数时序数据的整体分布，呈现出逐渐向中间水平聚拢的态势。

② 10年中，广州、深圳、佛山都有冠军表现。但广州除2003年SARS危机和2008年金融危机中出现下滑状况外，基本位居首位成功连续卫冕。

③珠海、中山、东莞表现出上升趋势。但也有与广州类似地方，受金融危机冲击影响，2007—2008年一度出现较大幅度下降。尤其是东莞，几乎抹杀了前期6年的努力，是金融海啸中呛水最厉害的经济体。

④佛山在2009年前直线上升，2008—2009年还破天荒位居第一，赶超了广州，但2010年就撼失宝座，又跌落至第2位，并且与广州指数相差28分。

⑤肇庆2001—2007年直线下降，2007年降至谷底后又缓慢地开始回升。

⑥惠州呈过山车的W形变化，2004年和2007年是其两个谷底。

⑦江门表现为在40以下指数区间直线跳水下降趋势。

⑧深圳在2001—2003年完成从指数从69—99的跳跃提升，此后进入缓慢下降通道，逐渐下落至略低于原水平状态。

3.3.3　珠三角生产与投资竞争力生产主题评价信息

（1）生产主题评价点排名

表3-3-3　珠三角各经济体生产主题评价点排名（2001—2010）

年份＼经济体	广州	深圳	珠海	佛山	惠州	东莞	中山	江门	肇庆
2010	1	5	7	2	8	6	3	9	4

续表

经济体 年份	广州	深圳	珠海	佛山	惠州	东莞	中山	江门	肇庆
2009	3	2	9	1	8	4	6	7	5
2008	6	3	2	1	8	5	4	9	7
2007	2	3	5	1	8	4	6	7	9
2006	3	5	6	1	8	4	2	7	9
2005	1	3	6	5	8	2	4	9	7
2004	2	1	6	5	7	3	4	8	9
2003	2	1	5	6	7	4	4	8	9
2002	1	3	6	5	7	4	2	8	9
2001	1	2	6	5	7	4	3	8	9

(2) 2010年各经济体生产主题的竞争力评价

位于前三名的分别是广州、佛山、中山；肇庆、深圳、东莞处于中间三位；珠海、惠州、江门则列末尾三位。此序列显示出其提供了佛山、中山、肇庆生产竞争力优于深圳的重要信息，值得关注去究其因。

(3) 生产主题竞争力10年主要动态变化信息

①各经济体排名位次多次变换，呈现你追我赶好景象，竞争颇为激烈。

②广州除2008年金融危机中出现短暂性下滑状况外，基本稳居前三位。生产是其经济竞争力的重要支撑因素。

③深圳除2010年、2006年高台跳水似降到第五位，其余年度也位居在前三位。

④佛山2006年起从中位高歌猛进上升为第一、二位。肇庆在长达七年的末位沉寂之后，2009—2010年有了良好表现，超越深圳升至中位。

⑤惠州、江门基本在后三位徘徊。中山、东莞、珠海则波动震荡，

相互穿插，难有稳定状态。

3.3.4 珠三角生产与投资竞争力投资主题评价信息

（1）投资主题评价点排名

表 3-3-4　珠三角各经济体投资主题评价点排名（2001—2010）

年份 \ 经济体	广州	深圳	珠海	佛山	惠州	东莞	中山	江门	肇庆
2010	1	4	2	5	3	7	6	9	8
2009	1	6	2	3	4	8	7	9	5
2008	1	4	2	3	5	8	7	9	6
2007	1	4	2	3	8	7	6	9	5
2006	1	2	3	5	4	8	6	9	7
2005	1	2	6	5	7	9	3	8	4
2004	1	2	5	6	8	9	3	7	4
2003	1	2	6	7	8	9	3	4	5
2002	1	2	5	6	8	9	3	7	4
2001	1	2	4	6	8	9	5	7	3

（2）2010年各经济体投资主题的竞争力评价

广州、珠海、惠州位于前三名；深圳、佛山、中山处于中间三位；东莞、肇庆、江门分别列末尾三位。

（3）投资主题竞争力10年主要动态变化信息

①广州龙头老大，一直稳居首位，其余经济体排名位次多有竞争而发生变换。

②深圳、中山、江门、肇庆震荡中跌落；珠海、佛山、惠州、东莞却是在震荡中上升，平均有提升2—3位的良好表现。

3.4 珠三角国际贸易与吸引外资竞争力分析

3.4.1 珠三角国际贸易与吸引外资竞争力指数

（1）国际贸易与吸引外资竞争力指数分值表

表 3-4-1 珠三角各经济体国际贸易与吸引外资竞争力指数分值表（2001—2010）

经济体 年份	广州	深圳	珠海	佛山	惠州	东莞	中山	江门	肇庆
2010	49.92	99.89	55.59	34.23	65.97	53.15	39.42	22.61	29.21
2009	47.25	99.84	92.33	26.72	78.94	59.64	13.22	12.08	19.98
2008	40.80	99.93	71.84	37.91	41.44	76.43	16.77	22.81	42.08
2007	43.92	98.89	71.62	30.12	37.56	50.84	41.88	28.65	46.52
2006	51.31	99.33	62.97	30.74	45.51	58.63	45.03	26.89	29.59
2005	49.37	99.77	68.12	28.94	48.97	61.90	25.01	35.01	32.91
2004	40.36	99.45	63.06	31.90	46.82	62.22	59.32	27.85	19.02
2003	35.97	99.95	72.16	21.43	56.97	77.68	50.68	16.20	18.96
2002	37.73	99.41	69.13	28.34	53.32	82.41	58.77	11.02	9.85
2001	44.44	99.50	89.25	32.69	40.10	69.52	39.94	21.61	12.95

（2）国际贸易与吸引外资竞争力指数排名

表 3-4-2 珠三角各经济国际贸易与吸引外资竞争力指数排名（2001—2010）

经济体 年份	广州	深圳	珠海	佛山	惠州	东莞	中山	江门	肇庆
2010	5	1	3	7	2	4	6	9	8
2009	5	1	2	6	3	4	8	9	7
2008	6	1	3	7	5	2	9	8	4
2007	5	1	2	8	7	3	6	9	4
2006	4	1	2	7	5	3	6	9	8

经济体 年份	广州	深圳	珠海	佛山	惠州	东莞	中山	江门	肇庆
2005	4	1	2	8	5	3	9	6	7
2004	6	1	2	7	5	3	4	8	9
2003	6	1	3	7	4	2	5	9	8
2002	6	1	3	7	5	2	4	8	9
2001	4	1	2	7	5	3	6	8	9

（3） 国际贸易与吸引外资竞争力指数条形图

图 3-4-1 至图 3-4-10 为珠三角各经济体国际贸易与吸引外资竞争力指数 2001—2010 年的条形图。

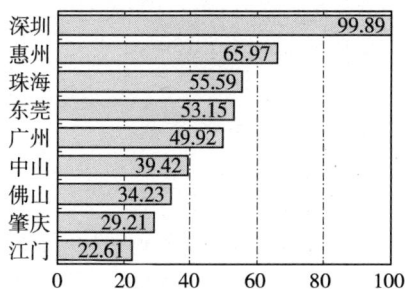

图 3-4-1 国际贸易与吸引外资竞争力指数（2010）

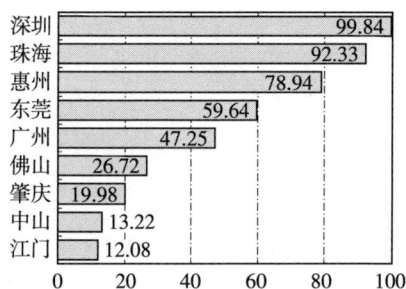

图 3-4-2 国际贸易与吸引外资竞争力指数（2009）

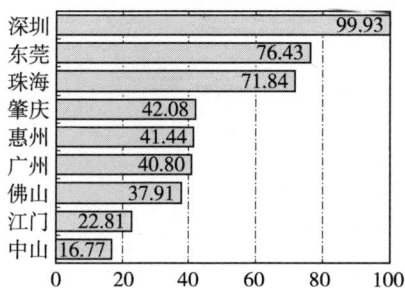

图 3-4-3 国际贸易与吸引外资竞争力指数（2008）

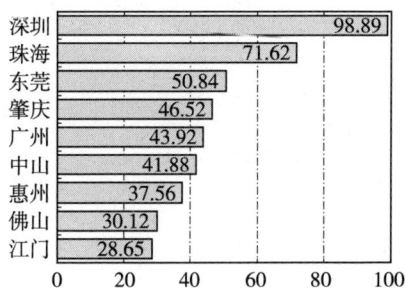

图 3-4-4 国际贸易与吸引外资竞争力指数（2007）

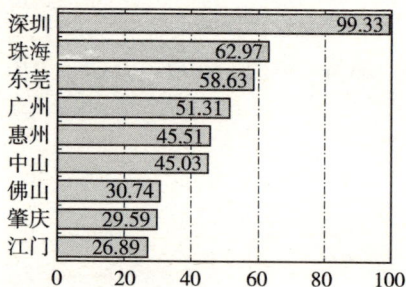

图 3-4-5　国际贸易与吸引外资竞争
力指数（2006）

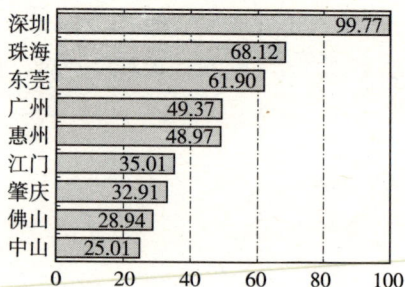

图 3-4-6　国际贸易与吸引外资竞争
力指数（2005）

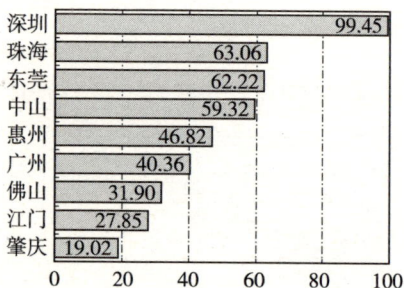

图 3-4-7　国际贸易与吸引外资竞争
力指数（2004）

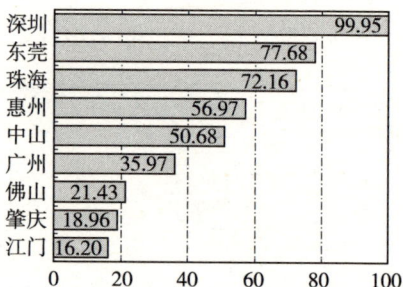

图 3-4-8　国际贸易与吸引外资竞争
力指数（2003）

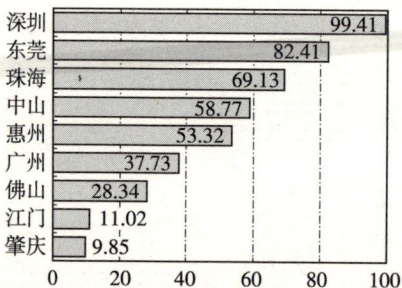

图 3-4-9　国际贸易与吸引外资竞
争力指数（2002）

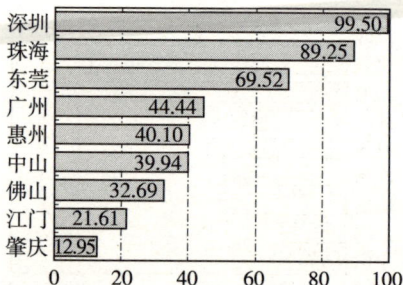

图 3-4-10　国际贸易与吸引外资竞
争力指数（2001）

（4）国际贸易与吸引外资竞争力指数时序折线图

图 3-4-11 至图 3-4-19 为珠三角各经济体国际贸易与吸引外资竞争力指数 2001—2010 年的折线图。

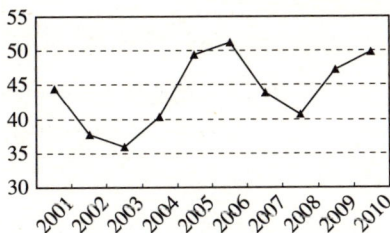

图 3-4-11 广州国际贸易与吸引外资指数（2001—2010）

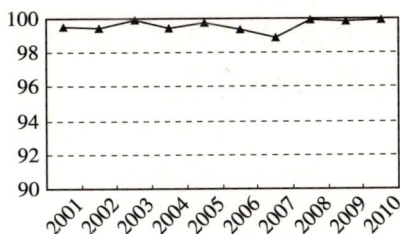

图 3-4-12 深圳国际贸易与吸引外资指数（2001—2010）

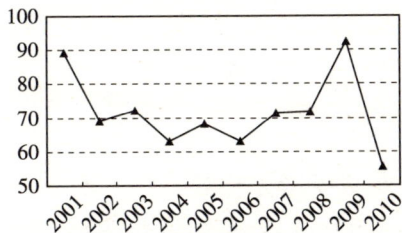

图 3-4-13 珠海国际贸易与吸引外资指数（2001—2010）

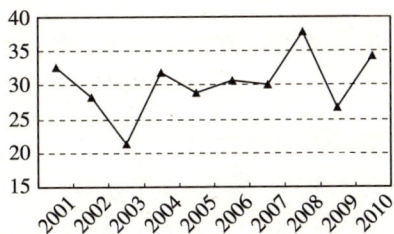

图 3-4-14 佛山国际贸易与吸引外资指数（2001—2010）

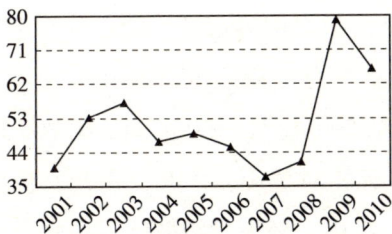

图 3-4-15 惠州国际贸易与吸引外资指数（2001—2010）

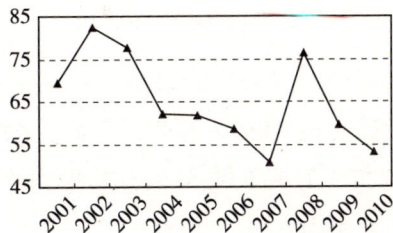

图 3-4-16 东莞国际贸易与吸引外资指数（2001—2010）

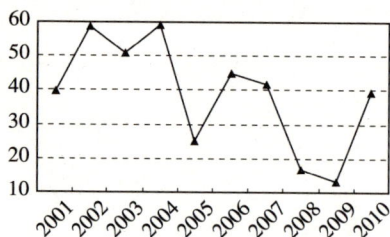

图 3-4-17　中山国际贸易与吸引外
资指数（2001—2010）

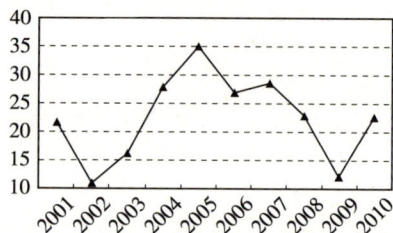

图 3-4-18　江门国际贸易与吸引外
资指数（2001—2010）

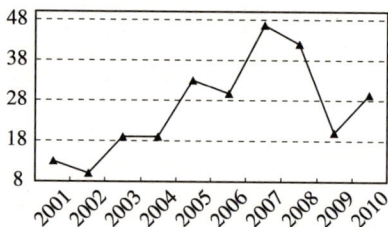

图 3-4-19　肇庆国际贸易与吸引外
资指数（2001—2010）

3.4.2　珠三角国际贸易与吸引外资竞争力分析

（1）2010年珠三角国际贸易与吸引外资竞争力排名

深圳99.89，惠州65.97，珠海55.59，东莞53.15，广州49.52，中山39.42，佛山34.23，肇庆29.21，江门22.61。

（2）2010年珠三角国际贸易与吸引外资竞争力基本状态

深圳作为我国开放较早的经济特区，是全国改革开放的示范区，其在国际贸易与吸引外资方面始终保持竞争力优势地位，2010年竞争力指数高达99.89。惠州、珠海、东莞指数集中在70—50区间，指数平均58.24，为深圳的58%，其平均水平具有相对优势。广州、中山、佛山指数集中在50—30区间，指数平均为41.19，是优势经济体深圳水平的41%，其处于珠三角的相对劣势位置。肇庆、江门指数平均为25.91，与优势经济体深圳的差距较大，优劣比是3.86，属于珠三角的绝对劣势。

（3） 珠三角国际贸易与吸引外资竞争力 10 年变动基本态势

① 10 年中，深圳、珠海、东莞基本在前 3 位变化，其中深圳 10 年指数平均为 99.60，一直是领头羊地位，并遥遥领先位居第 2、3 位的珠海和东莞，在指数上深圳 10 年平均领先约 25—30 个分值。

②广州、惠州、中山在中间位置起伏不定，行进中不断交叉换位，10 年指数平均分别是 44.11、51.56、39.00。惠州最好成绩是在 2010 年发力奋起冲击，挤入第 2 位。中山却在 2005 年、2008 年跌落进第三梯队末尾垫后。佛山、江门、肇庆在低位水平徘徊波动，10 年指数平均分别是 30.30、22.47、26.11。

③条形图反映出 9 个经济体在 10 年中的分布形状较为稳定。深圳作为绝对优势资产，与珠海、东莞 10 年指数平均值的差距是 1.46 倍；深圳与广州、惠州、中山的 10 年指数平均优劣比是 2.17；深圳与佛山、江门、肇庆 10 年指数平均值比较，优劣比是 3.79。各组之间的差距清晰明确一目了然。

3.4.3 珠三角国际贸易与吸引外资竞争力国际贸易主题评价信息

（1） 国际贸易出口主题评价排名

表 3-4-3 珠三角各经济体国际贸易出口主题评价点排名（2001—2010）

年份\经济体	广州	深圳	珠海	佛山	惠州	东莞	中山	江门	肇庆
2010	4	1	7	6	2	5	3	9	8
2009	3	2	4	6	1	5	9	7	8
2008	6	1	4	3	7	2	9	8	5
2007	5	1	2	4	9	7	3	8	6
2006	2	1	7	3	5	6	4	8	9
2005	5	1	6	3	7	4	8	2	9

续表

经济体 年份	广州	深圳	珠海	佛山	惠州	东莞	中山	江门	肇庆
2004	5	1	3	4	8	6	2	7	9
2003	6	1	2	5	7	3	4	9	8
2002	6	1	7	4	5	2	3	9	8
2001	5	1	2	3	6	7	4	8	9

（2）2010年国际贸易出口主题的竞争力评价

位于前三名的分别是深圳、惠州、中山；广州、东莞、佛山分别处于中间三位；珠海、江门、肇庆分别列末尾三位。

（3）国际贸易出口主题竞争力10年动态变化特征

10年中，出口因素竞争力的动态变化具有两个基本特征：一是深圳除2009年下降至第2位外，始终位居首位。江门、肇庆则因产业非外向型而以农业生产为主，只能排在末位垫后。二是其余各经济体排名位次极不稳定，变换纷呈而现胶着状态，没有明显的升或降趋势，在震荡波动态势中前行。

（4）国际贸易进口主题评价点排名

表3-4-4　珠三角各经济体国际贸易进口主题评价点排名（2001—2010）

经济体 年份	广州	深圳	珠海	佛山	惠州	东莞	中山	江门	肇庆
2010	2	1	9	3	4	7	6	8	5
2009	4	1	3	5	2	6	8	9	7
2008	5	1	3	6	7	2	9	8	4
2007	3	1	4	7	9	5	6	8	2
2006	4	1	2	7	9	3	5	8	6
2005	3	1	5	7	4	9	8	6	2
2004	2	1	4	6	8	5	3	7	9
2003	4	1	5	8	3	2	6	9	7

年份 \ 经济体	广州	深圳	珠海	佛山	惠州	东莞	中山	江门	肇庆
2002	6	1	4	7	5	3	2	8	9
2001	3	1	2	4	9	5	8	7	6

（5）2010 年国际贸易进口主题的竞争力评价

深圳、广州、佛山位于前三名；惠州、肇庆、中山分别处于中间三位；东莞、江门、珠海分别列末尾三位。

（6）国际贸易进口主题竞争力 10 年动态变化特征

深圳一直当仁不让地稳居首位，其余经济体排名位次波动较大时超时差，变换纷呈。总体看，珠海、东莞、广州成绩较好且相对稳定，江门基本在末尾垫后，其余 4 个经济体变化飘忽不定，竞争优劣难以即时作出判断。

3.4.4 珠三角国际贸易与吸引外资竞争力贸易条件主题评价信息

（1）贸易条件主题评价排名

表 3-4-5 珠三角各经济体贸易条件主题评价点排名（2001—2010）

年份 \ 经济体	广州	深圳	珠海	佛山	惠州	东莞	中山	江门	肇庆
2010	6	2	1	8	4	3	5	7	9
2009	7	2	1	8	4	3	5	6	9
2008	8	2	1	7	4	3	5	6	9
2007	8	2	1	7	4	3	5	6	9
2006	8	2	1	7	4	3	5	6	9
2005	8	3	1	6	4	2	5	7	9
2004	8	3	2	6	4	1	4	7	9

续表

经济体 年份	广州	深圳	珠海	佛山	惠州	东莞	中山	江门	肇庆
2003	7	3	2	6	4	1	5	8	9
2002	8	2	3	6	4	1	5	7	9
2001	8	2	3	6	4	1	5	7	9

（2）2010年贸易条件主题的竞争力评价

珠海、深圳、东莞位于前三名；惠州、中山、广州分别处于中间三位；江门、佛山、肇庆分别列末尾三位。

（3）贸易条件主题竞争力10年动态变化特征

各经济体竞争力排名位次相对稳定。珠海、深圳、东莞一直包揽前3名，其内部角色又呈现小小的变化，珠海逐渐上升，东莞逐渐下降；惠州和中山稳定在第4位、第5位；广州、佛山、江门3个经济体则一直在6—8位间相互比拼争高；肇庆10年来都甘居末位。

3.4.5 珠三角国际贸易与吸引外资竞争力吸引外资主题评价信息

（1）吸引外资主题评价点排名

表3-4-6　珠三角各经济体吸引外资主题评价点排名（2001—2010）

经济体 年份	广州	深圳	珠海	佛山	惠州	东莞	中山	江门	肇庆
2010	5	1	2	8	3	4	9	7	6
2009	5	1	2	8	4	6	9	7	3
2008	5	1	4	8	3	6	9	7	2
2007	4	1	5	8	3	6	8	7	2
2006	3	2	5	9	1	6	8	7	4
2005	2	3	5	9	4	8	7	6	1

经济体\年份	广州	深圳	珠海	佛山	惠州	东莞	中山	江门	肇庆
2004	6	1	4	9	2	3	7	8	5
2003	7	1	3	9	2	5	8	4	6
2002	3	2	1	9	4	5	6	7	8
2001	3	2	1	9	5	4	6	7	8

（2）2010年吸引外资主题的竞争力评价

深圳、珠海、惠州位于前三名；东莞、广州、肇庆分别处于中间三位；江门、佛山、中山分别列末尾三位。

（3）吸引外资主题竞争力10年动态变化特征

深圳除2005年屈居第三外，其余年度位列冠亚军。除深圳以外的各经济体排名位次则是轮番前行，只能大致划分为两个部分，珠海、惠州、广州基本在前5位中轮换着变化，佛山、中山、江门、肇庆在后4位变化居多。但肇庆有鲤鱼跳龙门跃升进前一个层次的记录。东莞则游走在前后两个部分的中间边缘地带。

3.5　珠三角就业竞争力分析

3.5.1　珠三角就业竞争力指数

（1）就业竞争力指数分值表

表3-5-1　珠三角各经济体就业竞争力指数分值表（2001—2010）

经济体\年份	广州	深圳	珠海	佛山	惠州	东莞	中山	江门	肇庆
2010	98.88	92.88	15.26	51.62	34.58	59.97	29.74	33.30	33.76

续表

经济体 年份	广州	深圳	珠海	佛山	惠州	东莞	中山	江门	肇庆
2009	98.96	95.15	13.91	51.43	33.76	62.40	28.73	33.12	32.53
2008	96.86	99.21	12.31	52.55	33.06	64.42	27.89	32.55	31.14
2007	95.82	99.24	11.32	54.55	33.25	64.44	27.50	32.13	31.75
2006	98.81	91.09	12.31	54.81	35.58	59.43	29.65	34.51	33.80
2005	98.19	81.65	18.76	54.77	40.33	46.47	32.04	39.66	38.13
2004	98.06	75.40	24.57	51.14	45.05	34.17	33.02	44.86	43.74
2003·	97.90	70.57	27.59	46.20	47.62	30.40	34.64	47.90	47.20
2002	99.15	67.90	27.60	46.32	46.29	30.73	34.80	48.97	48.22
2001	98.78	67.12	27.00	46.54	46.45	30.24	34.07	50.66	49.13

（2）就业竞争力指数排名

表3-5-2　珠三角各经济体就业竞争力指数排名（2001—2010）

经济体 年份	广州	深圳	珠海	佛山	惠州	东莞	中山	江门	肇庆
2010	1	2	9	4	5	3	8	7	6
2009	1	2	9	4	5	3	8	6	7
2008	2	1	9	4	5	3	8	6	7
2007	2	1	9	4	5	3	8	6	7
2006	1	2	9	4	5	3	8	6	7
2005	1	2	9	3	5	4	8	6	7
2004	1	2	9	3	4	7	8	5	6
2003	1	2	9	6	4	8	7	3	5
2002	1	2	9	5	6	8	7	3	4
2001	1	2	9	5	6	8	7	3	4

（3）就业竞争力指数条形图

图 3-5-1 至图 3-5-10 是基于 2001—2010 年就业竞争力指数，分别制作的珠三角各经济体就业竞争力指数 10 年时序条形图。

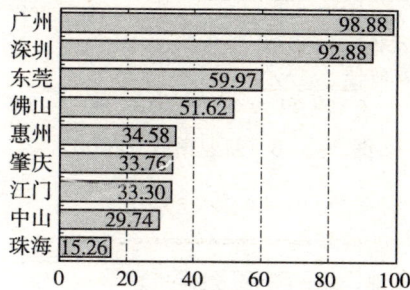

图 3-5-1 就业指数（2010）

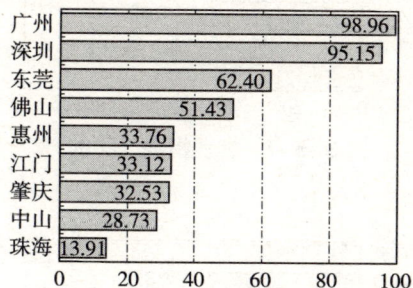

图 3-5-2 就业指数（2009）

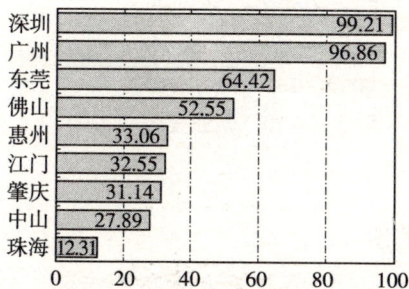

图 3-5-3 就业指数（2008）

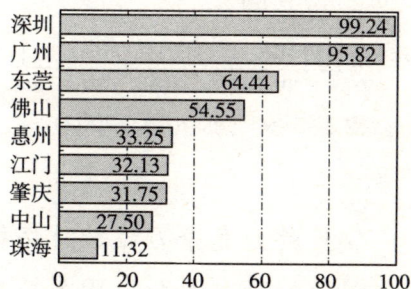

图 3-5-4 就业指数（2007）

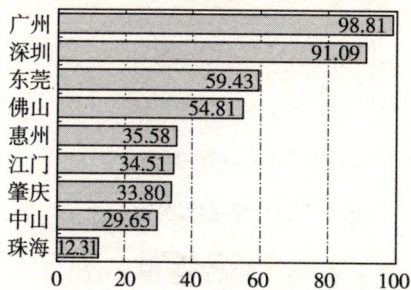

图 3-5-5 就业指数（2006）

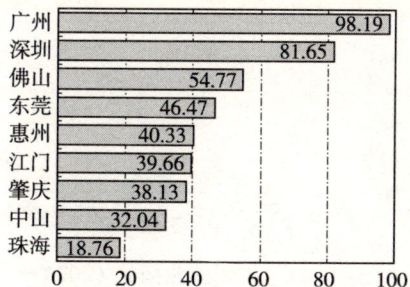

图 3-5-6 就业指数（2005）

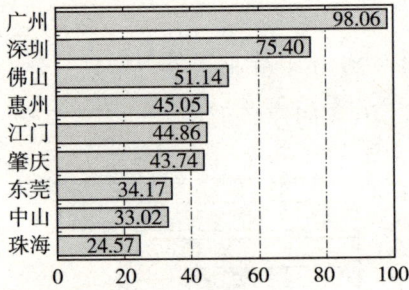

图 3-5-7　就业指数（2004）

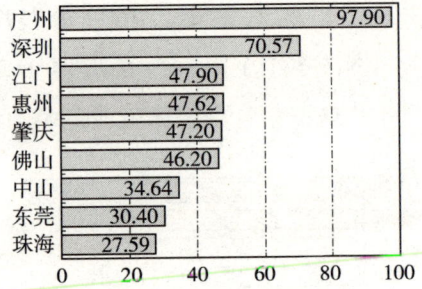

图 3-5-8　就业指数（2003）

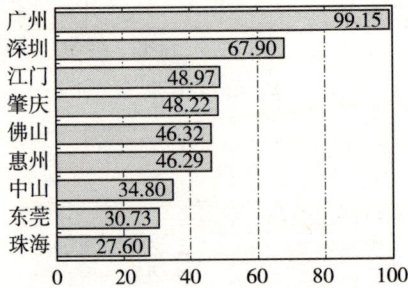

图 3-5-9　就业指数（2002）

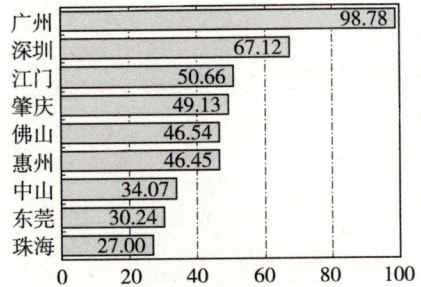

图 3-5-10　就业指数（2001）

（4）就业竞争力指数时序折线图

图 3-5-11 至图 3-5-19 是基于 2001—2010 年就业竞争力指数，分别制作的珠三角各经济体竞争力指数 10 年时序折线图。

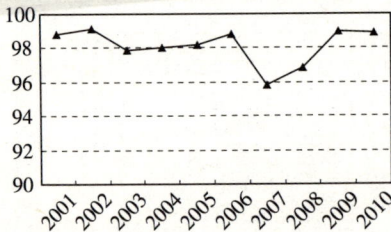

图 3-5-11　广州就业指数（2001—2010）

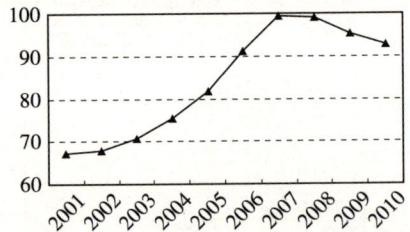

图 3-5-12　深圳就业指数（2001—2010）

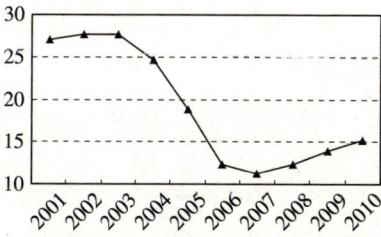

图 3-5-13　珠海就业指数（2001—
　　　　　　2010）

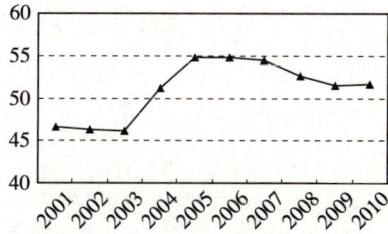

图 3-5-14　佛山就业指数（2001—
　　　　　　2010）

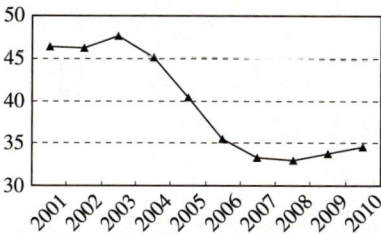

图 3-5-15　惠州就业指数（2001—
　　　　　　2010）

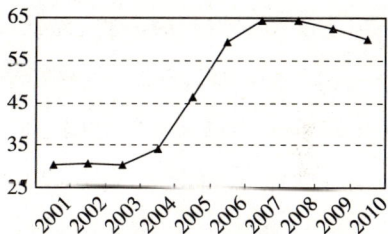

图 3-5-16　东莞就业指数（2001—
　　　　　　2010）

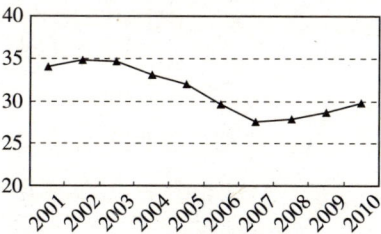

图 3-5-17　中山就业指数（2001—
　　　　　　2010）

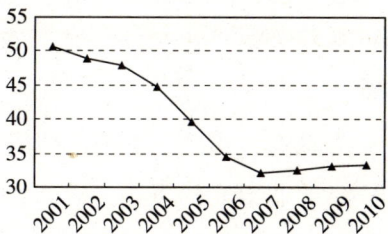

图 3-5-18　江门就业指数（2001—
　　　　　　2010）

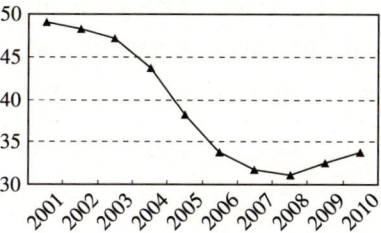

图 3-5-19　肇庆就业指数（2001—
　　　　　　2010）

3.5.2 珠三角就业竞争力分析

（1）2010 年珠三角就业竞争力排名

广州 98.88，深圳 92.88，东莞 59.97，佛山 51.62，惠州 34.58，肇庆 33.76，江门 33.30，中山 29.74，珠海 15.26。

（2）2010 年珠三角就业竞争力基本状态

广州、深圳稳居冠亚军，指数平均为 95.88，是珠三角区域内的竞争力优势资产。东莞虽贵为第三，但与佛山水平相当，指数平均为 55.79，仅为广州、深圳的 58%，相差 1.72 倍。劣势经济体为惠州、肇庆、江门、中山、珠海，指数集中在 35—15 区间，5 个经济体指数平均为 29.33，是珠三角的竞争力劣势负债，优劣比为 3.27。

（3）珠三角就业竞争力 10 年变动的基本特征

① 10 年中，广州始终保持高水平的就业竞争力，携手深圳傲视群雄，其中深圳指数 2007—2008 年曾两度位居首位。

②佛山、东莞有表现出相似的上升趋向，但东莞上升幅度略大佛山，基本实现了近 30 个分值的飚升，在全球金融危机后略有小幅缓慢下降。

③珠海、惠州、中山、江门、肇庆呈现出相似的下降曲线。各有 10—15 个百分点的下降。最显著的特征是都在全球金融危机的 2007 年降至底端后略有小幅缓慢爬升。

④条形图反映 9 个经济体在 10 年中的竞争力分布有所变化。广州和深圳一直在第一梯队中，但深圳逐渐逼近广州而显赶超之势。2001—2004 年，江门、肇庆、佛山、惠州集中在第二梯队中变化自身次序；中山、东莞和珠海在第三梯队中。2005 年及以后，东莞和佛山出现了提升，并逐渐改变分化了第二梯队和第三梯队经济体的次序分布。

⑤整个珠三角就业竞争力可分为四个梯队：第一组是广州和深圳，竞争力指数在 90 以上区间，第二组是东莞和佛山，竞争力指数在 70—50 区间，第三组是惠州、江门、中山、肇庆，竞争力指数在 40—28 区

间，最后一个是珠海，竞争力指数在 20 以下。

3.5.3 珠三角就业竞争力主题评价信息

对于人口分布不均衡的珠三角，在考察就业竞争力水平时，还需考察从业人员在常住人口中的比率，并需加上城镇登记失业率等指标信息。下面给出城镇登记失业率指标信息以作进一步解释，该指标是逆向指标，指标数据越小，说明失业状况越好。

（1）失业率主题评价点排名

表 3-5-3　珠三角各经济体失业主题评价点排名（2001—2010）

年份 \ 经济体	广州	深圳	珠海	佛山	惠州	东莞	中山	江门	肇庆
2010	4	8	9	2	7	1	3	5	5
2009	4	4	9	2	8	1	3	6	6
2008	4	5	9	1	5	1	3	7	7
2007	3	5	9	1	6	2	3	6	6
2006	3	5	9	2	6	1	3	7	7
2005	4	5	7	2	5	1	2	9	7
2004	5	4	7	2	5	1	3	9	7
2003	9	2	5	7	4	1	2	7	6
2002	9	2	5	8	5	1	2	4	5
2001	9	5	8	3	2	1	5	4	7

（2）2010 年珠三角失业率主题的状态

东莞、佛山、中山位于前三名；广州、江门、肇庆分别处于中间三位；惠州、深圳、珠海分别列末尾三位。

（3）失业率主题10年动态变化信息

东莞失业率一直是最低的；江门和肇庆常出现相同数值，所以有排名并列的情形；珠海的失业率偏高；广州的失业率有所下降，而使排名有所提前；佛山的失业率经过慢慢下降，已接近东莞。

3.6 珠三角消费与物价竞争力状态与特征

3.6.1 珠三角消费与物价竞争力指数

（1）消费与物价竞争力指数分值表

表3-6-1 珠三角各经济体消费与物价竞争力指数分值表（2001—2010）

年份＼经济体	广州	深圳	珠海	佛山	惠州	东莞	中山	江门	肇庆
2010	87.87	50.21	62.13	29.83	19.63	99.36	56.46	20.03	24.48
2009	76.45	54.75	66.07	34.19	61.89	68.00	31.23	57.31	0.12
2008	68.20	55.33	42.12	40.63	34.50	99.77	41.18	39.60	28.68
2007	54.80	48.20	63.50	42.25	46.37	86.63	63.15	44.81	0.30
2006	99.53	84.01	45.12	60.66	32.31	52.01	40.15	14.15	22.06
2005	99.44	85.62	51.95	49.68	24.23	43.54	34.61	35.15	25.79
2004	94.67	54.19	97.85	42.11	0.66	31.02	14.25	40.44	74.80
2003	99.54	19.29	86.51	64.72	23.59	38.47	23.69	34.14	60.05
2002	99.86	82.85	95.70	42.15	5.17	48.25	21.56	12.09	42.36
2001	77.58	37.10	99.64	45.93	22.55	39.95	26.01	62.41	38.82

（2）消费与物价竞争力指数排名

表 3-6-2　珠三角消费与物价竞争力指数排名（2001—2010）

年份 \ 经济体	广州	深圳	珠海	佛山	惠州	东莞	中山	江门	肇庆
2010	2	5	3	6	9	1	4	8	7
2009	1	6	3	7	4	2	8	5	9
2008	2	3	4	6	8	1	5	7	9
2007	4	5	2	8	6	1	3	7	9
2006	1	2	5	3	7	4	6	9	8
2005	1	2	3	4	9	5	7	6	8
2004	2	4	1	5	9	7	8	6	3
2003	1	9	2	3	8	5	7	6	4
2002	1	3	2	6	9	4	7	8	5
2001	2	7	1	4	9	5	8	3	6

（3）消费与物价竞争力指数条形图

图 3-6-1 至图 3-6-10 是基于 2001—2010 年消费与物价竞争力指数，分别制作的珠三角各经济体竞争力指数 10 年时序条形图。

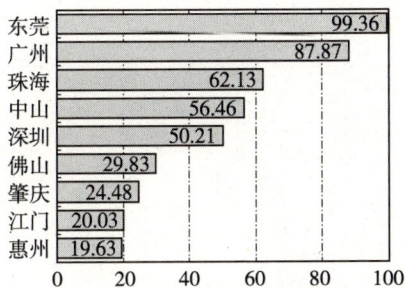

图 3-6-1　消费与物价指数（2010）

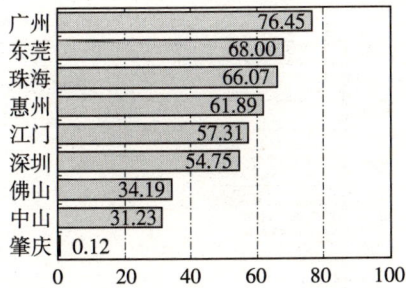

图 3-6-2　消费与物价指数（2009）

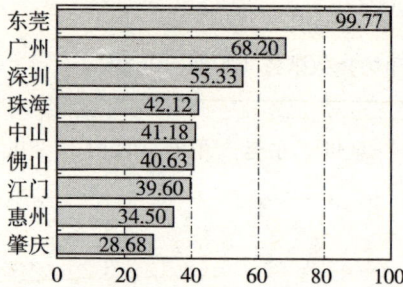

图 3-6-3　消费与物价指数（2008）

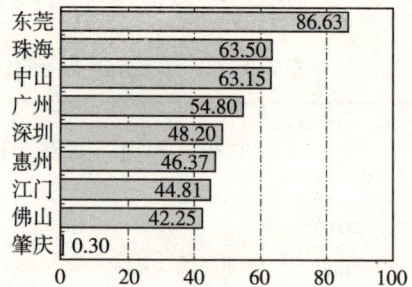

图 3-6-4　消费与物价指数（2007）

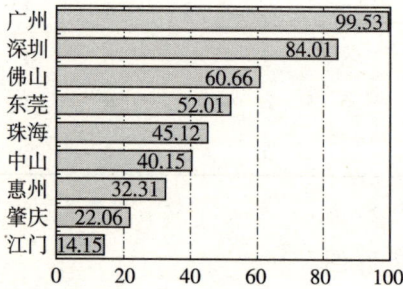

图 3-6-5　消费与物价指数（2006）

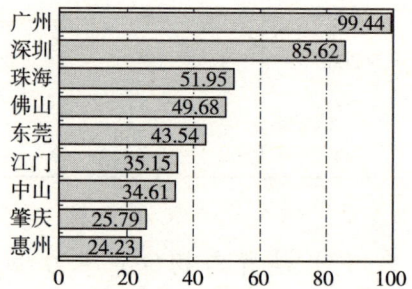

图 3-6-6　消费与物价指数（2005）

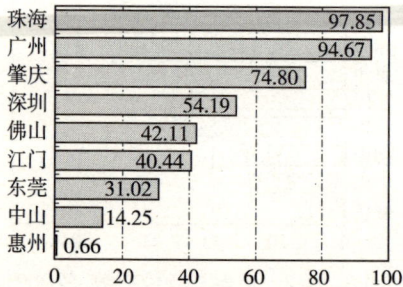

图 3-6-7　消费与物价指数（2004）

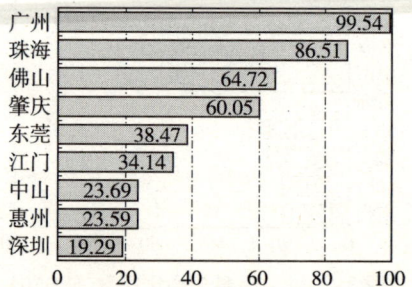

图 3-6-8　消费与物价指数（2003）

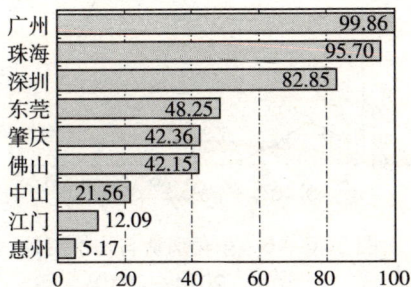

图 3-6-9 消费与物价指数（2002）

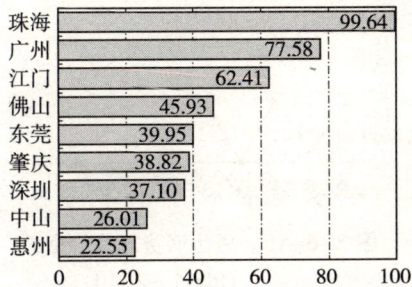

图 3-6-10 消费与物价指数（2001）

（4）消费与物价竞争力指数时序折线图

图 3-6-11 至图 3-6-19 是基于 2001—2010 年消费与物价指数，分别制作的珠三角各经济体竞争力指数 10 年时序折线图。

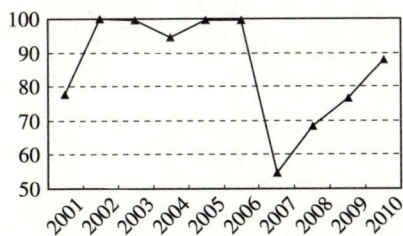

图 3-6-11 广州消费与物价指数
（2001—2010）

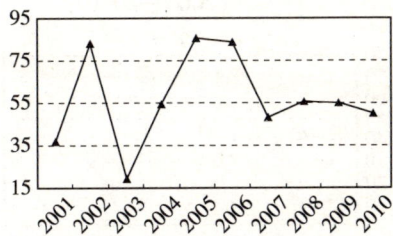

图 3-6-12 深圳消费与物价指数
（2001—2010）

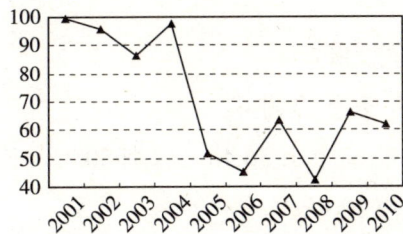

图 3-6-13 珠海消费与物价指数
（2001—2010）

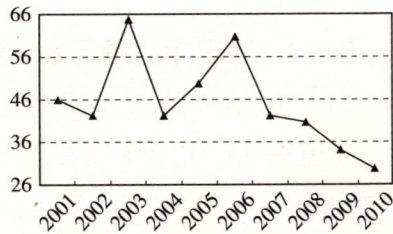

图 3-6-14 佛山消费与物价指数
（2001—2010）

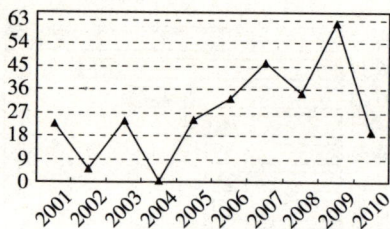

图 3-6-15 惠州消费与物价指数
（2001—2010）

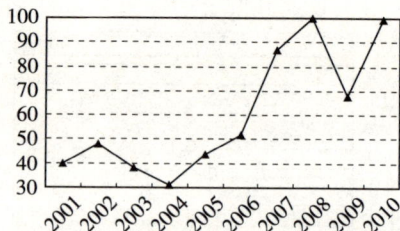

图 3-6-16 东莞消费与物价指数
（2001—2010）

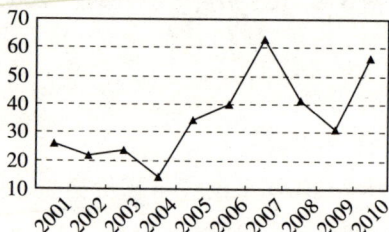

图 3-6-17 中山消费与物价指数
（2001—2010）

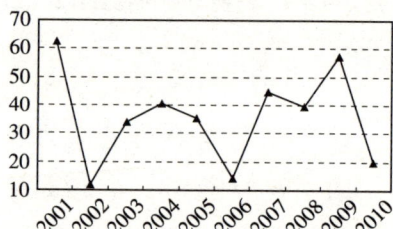

图 3-6-18 江门消费与物价指数
（2001—2010）

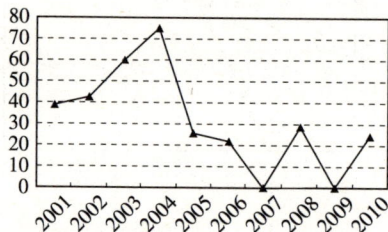

图 3-6-19 肇庆消费与物价指数
（2001—2010）

3.6.2 珠三角消费与物价竞争力分析

（1）2010 年珠三角消费与物价竞争力排名

东莞 99.36，广州 87.87，珠海 62.13，中山 56.46，深圳 50.21，佛山 29.83，肇庆 24.48，江门 20.03，惠州 19.63。

（2）2010 年珠三角消费与物价竞争力基本状态

东莞、广州指数平均为 93.62，是珠三角消费与物价竞争力的优势资产。竞争力劣势经济体为佛山、肇庆、江门、惠州，指数集中在 30—19 区间，指数平均 23.49，与优势经济体的优劣比是 3.98。深圳、珠海、中山属中间水平，指数平均为 56.27，是优势经济体水平的 60%，相差 1.66 倍。

(3) 珠三角消费与物价竞争力 10 年基本态势

① 10 年中，各经济体消费与物价竞争力水平波动剧烈，多数受到全球金融危机影响，拐点特征明显。广州受全球金融危机影响比 SARS 危机冲击更厉害，2007 年是较大拐点年份；深圳非常明显在 2003 年、2007 年两个年度出现拐点；珠海、惠州、中山、东莞拐点略有滞后。

②惠州、中山、东莞在震荡中爬升；珠海、佛山、肇庆则在震荡中滑落；深圳、佛江门分别在 55 和 40 平均线上下震荡。肇庆竞争力指数在 2004 年曾有接近 80 的良好表现，佛山在 2003 年和 2006 年曾冲击 65 指数线，随后都有所下滑。

3.6.3　珠三角消费与物价竞争力消费规模主题评价信息

(1) 消费规模主题评价点排名

表 3-6-3　珠三角各经济体消费规模主题评价点排名（2001—2010）

经济体 \ 年份	广州	深圳	珠海	佛山	惠州	东莞	中山	江门	肇庆
2010	2	3	9	7	4	1	8	6	5
2009	1	3	8	9	5	2	7	4	6
2008	2	5	9	8	4	1	6	3	7
2007	2	5	8	9	3	1	7	4	6
2006	2	5	9	8	7	1	6	3	4
2005	1	6	8	5	9	3	7	4	2
2004	1	5	7	6	9	4	8	3	2
2003	1	5	4	3	9	6	8	7	2

续表

经济体 年份	广州	深圳	珠海	佛山	惠州	东莞	中山	江门	肇庆
2002	1	5	3	4	9	7	8	6	2
2001	1	5	4	3	9	7	8	6	2

（2）2010年消费规模主题评价点的状态

东莞、广州、深圳位于前三名；惠州、肇庆、江门分别处于中间三位；佛山、中山、珠海分别列末尾三位。

（3）消费规模10年动态变化特征

各经济体排名位次有变换。广州基本在前两位轮换；惠州、东莞、深圳都有提升，其中又以惠州、东莞提升辐度较大；珠海、佛山、肇庆都是波动不稳定中下降；江门提升后乏力，又有所下滑。

3.6.4　珠三角消费与物价竞争力消费水平主题评价信息

（1）消费水平主题评价排名

表3-6-4　珠三角各经济体消费水平主题评价点排名（2001—2010）

经济体 年份	广州	深圳	珠海	佛山	惠州	东莞	中山	江门	肇庆
2010	1	2	5	4	7	3	6	8	9
2009	1	2	4	6	7	3	5	8	9
2008	2	1	3	5	7	4	6	8	9
2007	1	2	3	5	7	4	6	8	9
2006	1	2	3	5	8	6	4	7	9
2005	1	3	2	4	9	6	5	7	8
2004	2	3	1	4	9	6	5	7	8
2003	2	3	1	4	9	6	5	8	7
2002	2	3	1	4	9	8	5	7	6
2001	2	4	1	3	8	9	6	7	5

(2) 2010 年消费水平主题评价点的状态

广州、深圳、东莞位于前三名；佛山、珠海、中山分别处于中间三位；惠州、江门、肇庆分别列末尾三位。

(3) 消费水平 10 年动态变化特征

各经济体排名略有不稳定的变换次序。广州、深圳、珠海基本在前3 位变换；佛山、东莞、中山基本处中间地带；惠州、江门、肇庆多在第三梯队中；珠海 2001—2004 年一直位居第一，2005 年开始下滑，向中间地带靠拢；东莞提升很明显，后劲十足，从倒数第一一度闯进前三名；深圳则一直在追赶着广州。

3.6.5　珠三角消费与物价竞争力价格变动主题评价信息

(1) 价格变动主题评价排名

表 3-6-5　珠三角各经济体价格变动主题评价点排名（2001—2010）

经济体\年份	广州	深圳	珠海	佛山	惠州	东莞	中山	江门	肇庆
2010	4	9	2	7	8	1	3	6	5
2009	8	8	3	4	1	6	6	2	5
2008	8	9	5	4	6	1	6	3	2
2007	9	8	4	6	5	1	2	3	7
2006	1	2	5	3	4	7	7	9	5
2005	2	1	6	5	3	7	8	4	8
2004	3	7	2	6	5	7	9	3	1
2003	2	9	2	1	7	6	8	5	4
2002	4	1	3	5	9	2	6	8	7
2001	7	7	2	6	4	3	4	1	9

(2) 2010 年价格变动主题评价点的状态

东莞、珠海、中山位于前三名；广州、肇庆、江门分别处于中间三位；佛山、惠州、深圳分别列末尾三位。

（3）消费价格10年动态变化特征

各经济体排名位次虽然多有剧烈变换，但都在一个梯队中，很难区分优劣势。广州、深圳在国际金融危机阶段时受冲击最厉害，被降至末尾垫后，在国际金融危机中表现最好的是东莞、中山、江门。

4 珠三角政府效率竞争力研究

4.1 珠三角政府效率竞争力评价体系 及指标选择

4.1.1 珠三角政府效率竞争力评价体系

政府效率竞争力，旨在评价政府为企业活动是否提供公平有序的市场经济环境，是否有益于经济主体竞争力提高。在经济运行过程中，政府不仅作为经济活动主体参与经济运行，而且通过制定规则对经济运行过程施加影响，以实现其所制定目标。

本研究基于 IMD 的理论与方法，针对珠三角政府管理活动发展现状以及数据可得性，建立了公共财政与税收、体制的市场化转型、社会民生及行政绩效 4 个方面子要素，以及相应 10 个主题评价点作为深度考察的珠三角各经济体政府效率竞争力测度理论框架。评价体系参见表4-1-1，其相关内容在第 1 章中已作较深入讨论，现简要重复如下。

①公共财政与税收子要素。反映各经济体政府的财政能力，以及政府创造的既有利于本地市场公平竞争、又有利于本地企业在国际竞争中获得竞争优势的财税发展环境的能力与行为。包括财政收入、财政支出两个主题评价点。

②体制市场化转型子要素。反映各经济体在完善区域生产与要素市场竞争体系，培育国际竞争力基础，推进区域城市化进程方面的表现。包括民营企业发展、外资企业发展、城市化、社会保障四个主题评价点。

③社会民生子要素。反映各经济体在关注民生，构建和谐社会方面的竞争力。包括社会公平、生活质量、公共安全三个主题评价点。

④行政绩效子要素。是对政府活动的直接效率评价，是指在公共管理过程中能否以较低的成本、较少的资源消耗实现政府行为较好结果的能力。包括行政管理绩效一个主题评价点。

对各主题评价点基于第一章提出的六方面原则，选择代表性指标进行测度。

表4-1-1　珠三角政府效率竞争力评价体系

评价要素	子要素	主题评价点
2- 政府效率	2.1 公共财政与税收	2.1.1 财政收入 2.1.2 财政支出
	2.2 体制市场化转型	2.2.1 民营企业发展 2.2.2 外资企业发展 2.2.3 城市化 2.2.4 社会保障
	2.3 行政绩效	2.3.1 行政管理绩效
	2.4 社会民生	2.4.1 社会公平 2.4.2 生活质量 2.4.3 公共安全

4.1.2　政府效率主题评价点测度指标选择

（1）财政收入主题评价点

统计测度指标空间：地方财政一般预算收入、地方财政一般预算收入增长率、政府预算收入占 GDP 比重、增值税、营业税等各项税收、行政性收费收入、专项收入、国有企业亏损补贴等。

（2）财政支出主题评价点

统计测度指标空间：地方财政一般预算支出、政府预算盈余/赤字占 GDP 比重，以及财政支出结构的各项：基本建设支出、企业挖潜改造资金、地质勘探费用、科技三项费用、支援农村生产支出、农林水利气象等部门的事业费用、工业交通商业等部门的事业费、文教科学卫生事业费、抚恤和社会福利救济费、国防支出、行政管理费、价格补贴支出等。

（3）民营企业发展主题评价点

统计测度指标空间：非国有企业个数、非国有工业企业总产值、非国有工业企业资产、非国有工业企业资产增长率等。

（4）外资企业发展主题评价点

统计测度指标空间：外资企业个数、外资工业企业总产值、外资工业企业资产、外资工业企业资产增长率等。

（5）城市化主题评价点

统计测度指标空间：城市人口占常住人口比重、城市化进程实现程度。

（6）社会保障主题评价点

统计测度指标空间：社会救济福利事业费、社会基本养老保险征缴额和缴费率、社会失业保险基金征缴额和征缴率、基本养老保险参保人数、失业保险参保人数、医疗保险参保人数、工伤保险参保人数、生育保险参保人数、农村建立社会保障网络乡镇数、社会救济总人数等多项。

（7）行政管理绩效主题评价点

统计测度指标空间：行政机关事业单位创造的 GDP、政府规模、政府行政管理成本等。

（8）社会公平主题评价点

统计测度指标空间：城乡居民收入分配差距、人均收入税、基尼系数等。

（9）生活质量主题评价点

统计测度指标空间：居民家庭每一就业者负担人口、职工平均工资、城镇居民可支配收入、农村居民人均纯收入、城乡居民恩格尔系数、人均生活费支出、居民家庭耐用品拥有量等。

（10）公共安全主题评价点

统计测度指标空间：刑事案件发生率、交通事故死亡率、火灾事故发生率、亿元生产总值生产安全事故死亡率等。

4.2 珠三角政府效率竞争力总体评价

4.2.1 珠三角各经济体政府效率竞争力总指数

（1）珠三角各经济体政府效率竞争力总指数的计算

基于政府效率竞争力评价体系选择代表性指标获取的数据，可以通过计算政府效率竞争力及其四个子要素的指数，实现珠三角区域内各经济体政府效率竞争力水平的比较测度。本年度政府效率竞争力水平是上年度经济体政府活动现实状态的反映，即2001—2010各年竞争力指数是根据2000—2009年数据计算的。

（2）珠三角各经济体政府效率竞争力总指数分值表

珠三角区域内9个经济体2001—2010年的政府效率竞争力总指数见表4-2-1。

表4-2-1 珠三角各经济体政府效率竞争力总指数分值表（2001—2010）

经济体 年份	广州	深圳	珠海	佛山	惠州	东莞	中山	江门	肇庆
2010	81.79	99.69	12.23	85.70	4.61	93.37	52.98	15.25	4.38
2009	68.82	99.35	17.74	81.10	15.61	94.52	52.30	17.72	2.83
2008	66.79	99.67	23.35	74.25	17.70	85.94	49.93	21.15	11.22
2007	66.63	99.73	23.74	71.36	21.78	88.21	48.57	17.05	12.93
2006	63.07	99.47	29.80	61.50	25.57	81.50	47.00	23.55	18.54
2005	55.75	99.66	34.07	61.32	25.38	68.86	63.97	24.07	16.92

经济体 年份	广州	深圳	珠海	佛山	惠州	东莞	中山	江门	肇庆
2004	60.21	99.55	32.71	66.70	26.29	76.93	38.81	28.71	20.09
2003	68.90	99.45	34.83	54.54	23.45	69.46	41.19	34.40	23.78
2002	64.80	99.18	28.39	56.01	31.35	69.23	41.65	37.62	21.77
2001	67.85	99.42	34.67	65.21	25.88	72.49	37.25	32.31	14.92

（3）珠三角各经济体政府效率竞争力总指数排名

珠三角区域内 9 个经济体 2001—2010 年的政府效率竞争力总指数排名见表 4-2-2。

表 4-2-2　珠三角各经济体政府效率总指数分值排名（2001—2010）

经济体 年份	广州	深圳	珠海	佛山	惠州	东莞	中山	江门	肇庆
2010	4	1	7	3	8	2	5	6	9
2009	4	1	6	3	8	2	5	7	9
2008	4	1	6	3	8	2	5	7	9
2007	4	1	6	3	7	2	5	8	9
2006	3	1	6	4	7	2	5	8	9
2005	5	1	6	4	7	2	3	8	9
2004	4	1	6	3	8	2	5	7	9
2003	3	1	6	4	9	2	5	7	8
2002	3	1	8	4	7	2	5	6	9
2001	3	1	6	4	8	2	5	7	9

（4）珠三角各经济体政府效率竞争力总指数条形图

图 4-2-1 至图 4-2-10 为 2001—2010 年珠三角区域内各经济体政府效率竞争力总指数比较条形图。

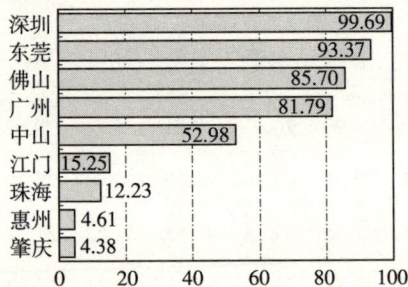

图 4-2-1　政府效率竞争力总指数
（2010）

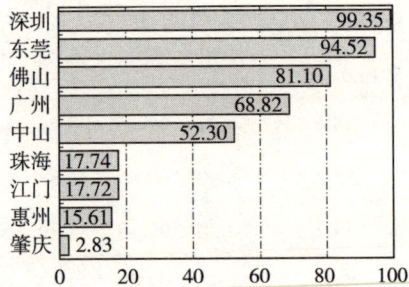

地区	指数
深圳	99.69
东莞	93.37
佛山	85.70
广州	81.79
中山	52.98
江门	15.25
珠海	12.23
惠州	4.61
肇庆	4.38

图 4-2-2　政府效率竞争力总指数
（2009）

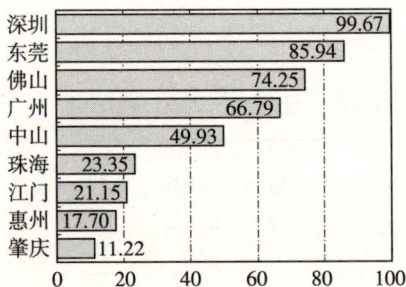

地区	指数
深圳	99.35
东莞	94.52
佛山	81.10
广州	68.82
中山	52.30
珠海	17.74
江门	17.72
惠州	15.61
肇庆	2.83

图 4-2-3　政府效率竞争力总指数
（2008）

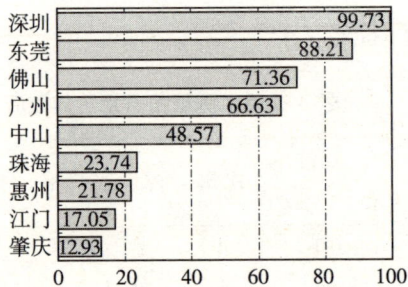

地区	指数
深圳	99.67
东莞	85.94
佛山	74.25
广州	66.79
中山	49.93
珠海	23.35
江门	21.15
惠州	17.70
肇庆	11.22

图 4-2-4　政府效率竞争力总指数
（2007）

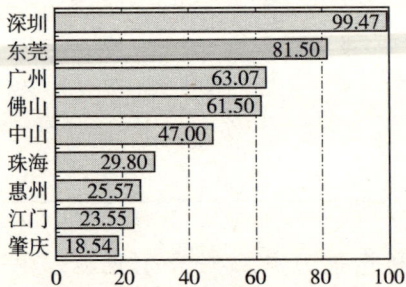

地区	指数
深圳	99.73
东莞	88.21
佛山	71.36
广州	66.63
中山	48.57
珠海	23.74
惠州	21.78
江门	17.05
肇庆	12.93

图 4-2-5　政府效率竞争力总指数
（2006）

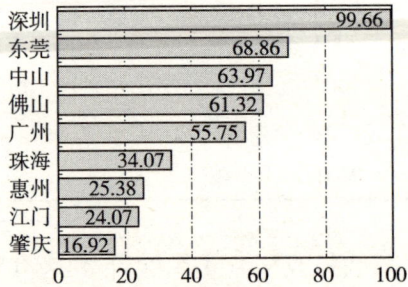

地区	指数
深圳	99.47
东莞	81.50
广州	63.07
佛山	61.50
中山	47.00
珠海	29.80
惠州	25.57
江门	23.55
肇庆	18.54

图 4-2-6　政府效率竞争力总指数
（2005）

地区	指数
深圳	99.66
东莞	68.86
中山	63.97
佛山	61.32
广州	55.75
珠海	34.07
惠州	25.38
江门	24.07
肇庆	16.92

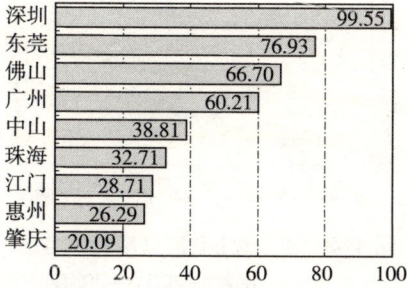

图 4-2-7　政府效率竞争力总指数
（2004）

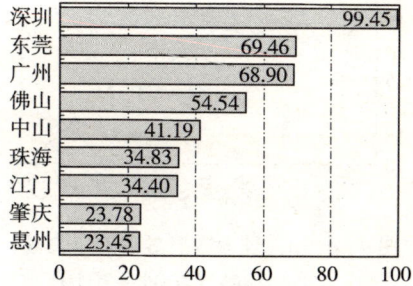

图 4-2-8　政府效率竞争力总指数
（2003）

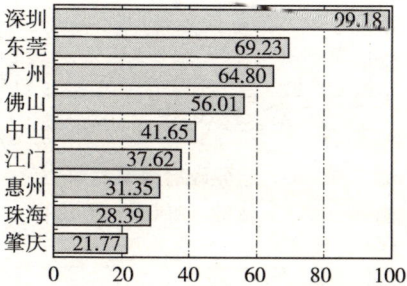

图 4-2-9　经济运行竞争力总指数
（2002）

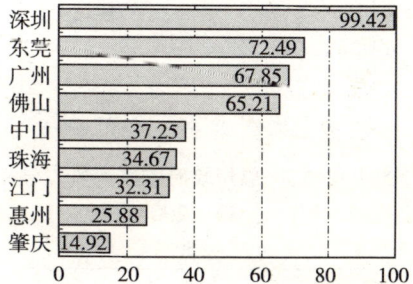

图 4-2-10　经济运行竞争力总指数
（2001）

（5）珠三角各经济体政府效率竞争力总指数时序图

图 4-2-11 至图 4-2-19 为珠三角各经济体 2001—2010 年政府效率力总指数的 10 年时序折线图。

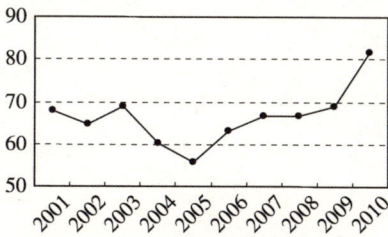

图 4-2-11　广州政府效率竞争力总
指数（2001—2010）

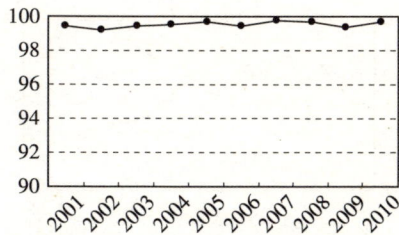

图 4-2-12　深圳政府效率竞争力总
指数（2001—2010）

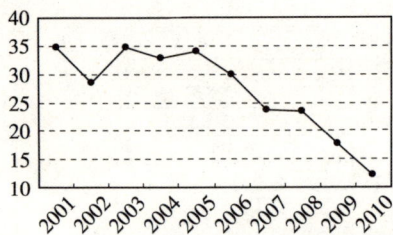

图 4-2-13　珠海政府效率竞争力总
　　　　　指数（2001—2010）

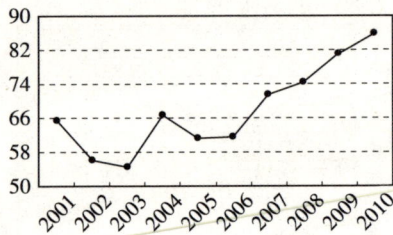

图 4-2-14　佛山政府效率竞争力总
　　　　　指数（2001—2010）

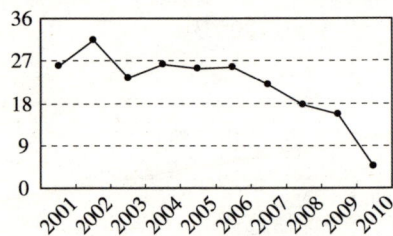

图 4-2-15　惠州政府效率竞争力总
　　　　　指数（2001—2010）

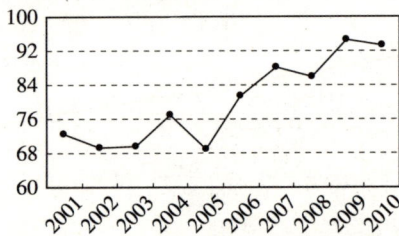

图 4-2-16　东莞政府效率竞争力总
　　　　　指数（2001—2010）

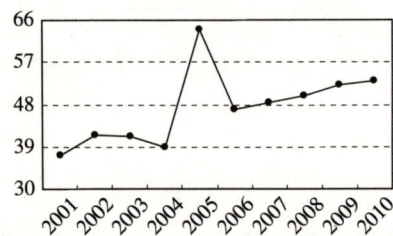

图 4-2-17　中山政府效率竞争力总
　　　　　指数（2001—2010）

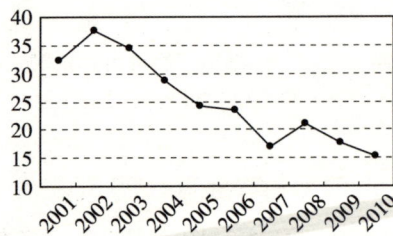

图 4-2-18　江门政府效率竞争力总
　　　　　指数（2001—2010）

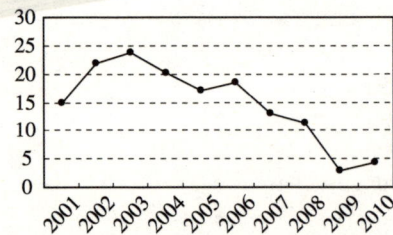

图 4-2-19　肇庆政府效率竞争力总
　　　　　指数（2001—2010）

4.2.2 珠三角政府效率竞争力总体状态与基本特征

表4-2-1、4-2-2，图4-2-1至图4-2-19的指数信息表明，珠三角区域各经济体政府效率竞争力总体状态与基本特征如下。

（1）2010年珠三角政府效率竞争力排名

2010年珠三角区域各经济体政府效率竞争力排名依次为：深圳、东莞、佛山、广州、中山、江门、珠海、惠州、肇庆。其中：

优势经济体政府效率竞争力指数在向高水平集聚。第1位深圳的指数高达99.69，第2位东莞的指数为93.37，第3、4位的佛山和广州指数也分别在85.70和81.79。除了中山指数正好处于中部的52.98外，其余4个劣势经济体在低位集聚，江门、珠海、惠州、肇庆指数分别为15.25、12.23、4.61、4.38。前4位指数平均为90.14，后4位指数平均为9.12，优劣明显，两个集合差距很大，优劣比为9.88。

（2）珠三角政府效率竞争力10年变化态势

① 10年中，以2005年分布状况为分水岭，政府效率竞争力水平分布格局呈现出三种态势。一是2005年深圳以绝对优势领衔首位，东莞、中山、佛山、广州形成第二梯队指数集聚在55—70区间，珠海、惠州、江门、肇庆为第三梯队指数集聚在15—35区间。二是2001—2005年，中山则脱离第二梯队向下收敛和珠海、惠州、江门、肇庆组成第三梯队。三是2006—2010年，第二梯队的东莞、佛山、广州持续攀升追赶深圳，逐渐进入优势经济体行列形成第一梯队；到2010年完全形成了以中山为中界的竞争力两极分化格局。

②深圳和东莞始终携手保持位居在前两位。深圳的高位竞争优势有赖于体制市场化转型和社会民生要素竞争力的支撑。东莞主要依靠体制市场化转型和社会民生要素竞争力的提升，加之公共财政与税收要素竞争力的稳定，形成向上冲击的合力。东莞从2001年与深圳相差近26个分值起步追赶，经过10年的不断努力，终于实现了指数从72.49—93.37的直线飚升，形成直逼深圳，并大有超越可能的态势。

③广州主要是依靠公共财政与税收要素方面的优秀表现，佛山则因为公共财政与税收、体制市场化转型要素竞争力提升的正向作用，紧跟深圳和东莞之后。10 年间，虽然广州、佛山竞争力指数增加了 15—20 个分值，但 2007 年以后竞争力排位却出现下滑一位的状况。表现出指数增加与排位变动方向不一致的情况。

④中山的指数虽有所提升，但排位基本稳定在中间第 5 位。

⑤珠海、惠州、江门、肇庆的指数存在不同幅度下降，大多数年份各自排位次序基本不变，处于后 4 位，在低位徘徊。其中，惠州主要受公共财政与税收要素竞争力下降影响，珠海受社会民生要素竞争力的负向作用，江门受公共财政与税收、体制市场化转型要素竞争力指数降低影响，肇庆因体制市场化转型和社会民生要素竞争力表现欠佳所致。珠海基本稳定在第 6 位，只在 2002 年和 2010 年各有下降两位和一位的绩差表现。其他各经济体指数都出现不同幅度下降，与优势资产的差距呈动态性扩大。

4.3　珠三角公共财政与税收竞争力分析

4.3.1　珠三角公共财政与税收竞争力指数

（1）公共财政与税收竞争力指数分值表

表 4-3-1　珠三角各经济体公共财政与税收竞争力指数分值表（2001—2010）

年份 \ 经济体	广州	深圳	珠海	佛山	惠州	东莞	中山	江门	肇庆
2010	81.60	52.91	0.91	78.22	37.96	63.88	40.58	49.94	44.00
2009	77.19	54.15	0.62	74.14	48.01	66.51	34.27	50.98	44.12
2008	77.68	51.29	0.74	73.11	52.27	62.34	30.17	51.95	50.45

经济体 年份	广州	深圳	珠海	佛山	惠州	东莞	中山	江门	肇庆
2007	73.63	55.13	0.32	64.43	57.80	68.40	31.54	48.88	49.86
2006	71.42	55.74	0.07	58.50	62.70	67.24	30.96	47.63	55.73
2005	66.25	53.36	0.11	52.30	64.81	70.98	35.83	53.71	52.65
2004	72.38	59.59	0.76	46.39	69.50	69.01	21.09	55.19	56.11
2003	75.79	57.94	0.59	43.39	71.71	66.51	19.72	58.18	56.18
2002	75.93	52.79	0.52	42.69	67.82	66.46	32.50	57.31	53.99
2001	75.65	48.76	0.15	47.32	72.62	68.23	37.25	54.21	45.81

（2）公共财政与税收竞争力指数排名

表 4-3-2 珠三角各经济体公共财政与税收竞争力指数排名（2001—2010）

经济体 年份	广州	深圳	珠海	佛山	惠州	东莞	中山	江门	肇庆
2010	1	4	9	2	8	3	7	5	6
2009	1	4	9	2	6	3	8	5	7
2008	1	6	9	2	4	3	8	5	7
2007	1	5	9	3	4	2	8	7	6
2006	1	5	9	4	3	2	8	7	6
2005	2	5	9	7	3	1	8	4	6
2004	1	4	9	7	2	3	8	6	5
2003	1	5	9	7	2	3	8	4	6
2002	1	6	9	7	2	3	8	4	5
2001	1	5	9	6	2	3	8	4	7

（3）公共财政与税收竞争力指数条形图

图 4-3-1 至图 4-3-10 为基于 2001—2010 年公共财政与税收竞争力

指数，分别制作的珠三角各经济体各年度指数条形图。

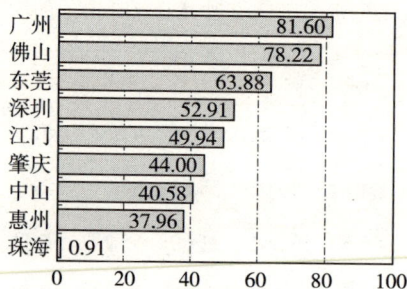

图4-3-1　公共财政与税收指数
（2010）

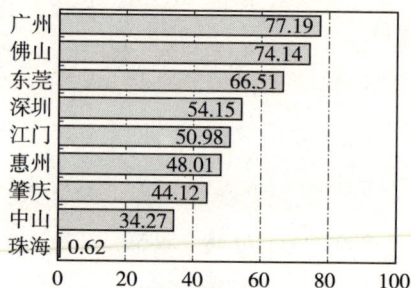

图4-3-2　公共财政与税收指数
（2009）

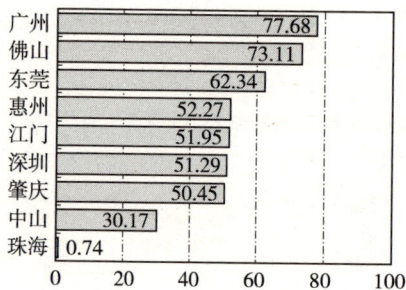

图4-3-3　公共财政与税收指数
（2008）

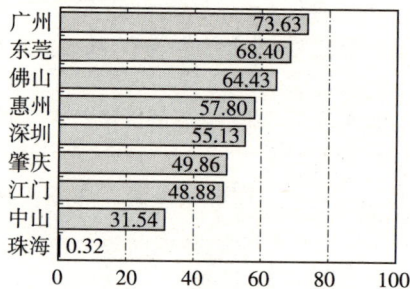

图4-3-4　公共财政与税收指数
（2007）

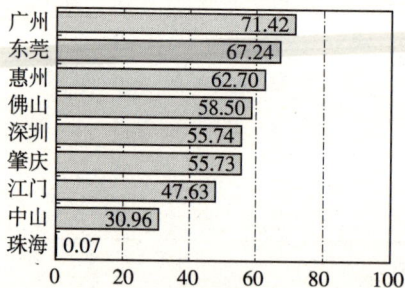

图4-3-5　公共财政与税收指数
（2006）

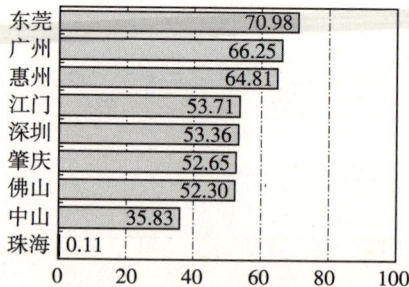

图4-3-6　公共财政与税收指数
（2005）

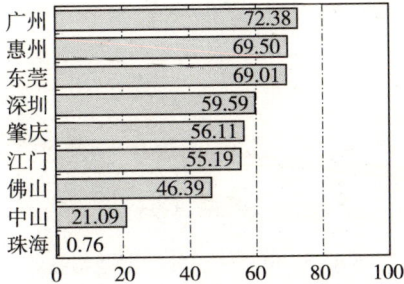

图 4-3-7 公共财政与税收指数
（2004）

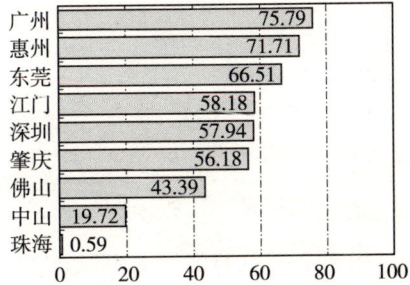

图 4-3-8 公共财政与税收指数
（2003）

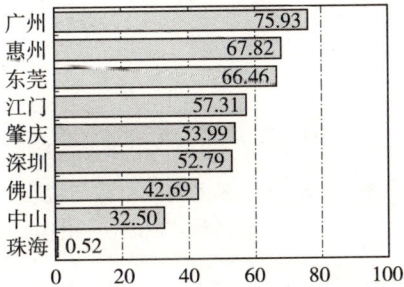

图 4-3-9 公共财政与税收指数
（2002）

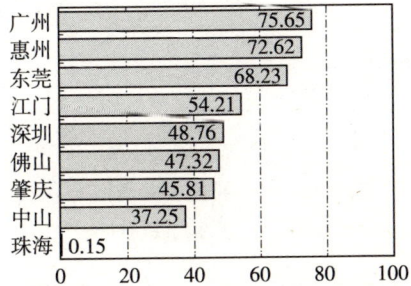

图 4-3-10 公共财政与税收指数
（2001）

（4）公共财政与税收竞争力指数时序折线图

图 4-3-11 至图 4-3-19 是基于 2001—2010 年公共财政与税收竞争力指数分别制作的珠三角各经济体 10 年时序折线图。

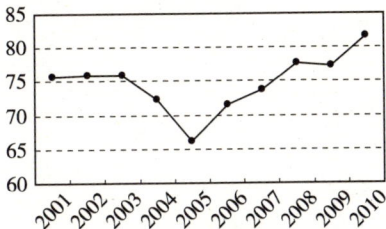

图 4-3-11 广州公共财政与税收
指数（2001—2010）

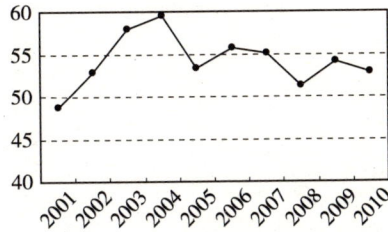

图 4-3-12 深圳公共财政与税收
指数（2001—2010）

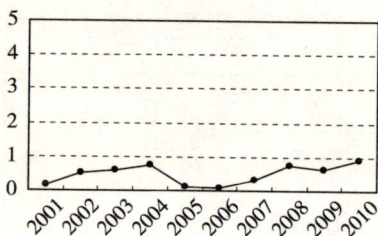

图4-3-13　珠海公共财政与税收
指数（2001—2010）

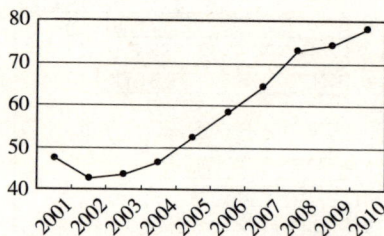

图4-3-14　佛山公共财政与税收
指数（2001—2010）

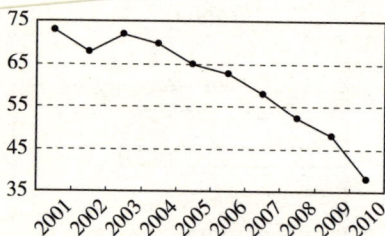

图4-3-15　惠州公共财政与税收
指数（2001—2010）

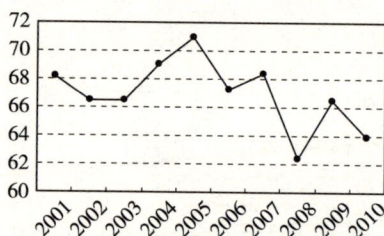

图4-3-16　东莞公共财政与税收
指数（2001—2010）

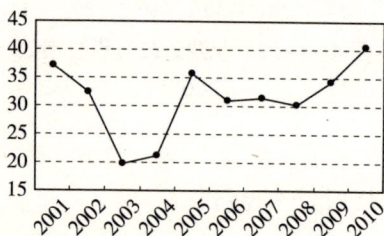

图4-3-17　中山公共财政与税收
指数（2001—2010）

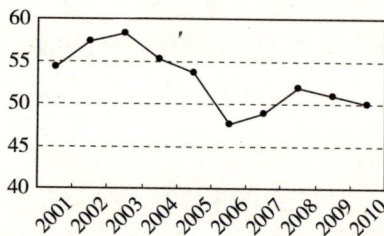

图4-3-18　江门公共财政与税收
指数（2001—2010）

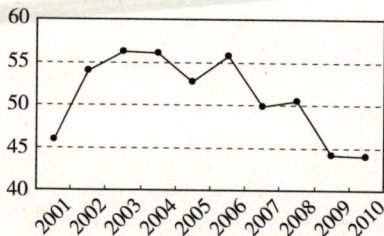

图4-3-19　肇庆公共财政与税收
指数（2001—2010）

4.3.2 珠三角公共财政与税收竞争力分析

（1）*2010 年珠三角公共财政与税收竞争力排名*

广州 81.60，佛山 78.22，东莞 63.88，深圳 52.91，江门 49.94，肇庆 44.00，中山 40.58，惠州 37.96，珠海 0.91。

（2）*2010 年珠三角公共财政与税收竞争力基本状态*

广州、佛山、东莞指数平均为 74.57，是珠三角区域内公共财政与税收竞争力优势经济体。深圳、江门、肇庆、中山、惠州指数集中在 37～53 区间，指数平均为 45.08，属于中下水平，与前三位的差距是 1.65 倍。珠海虽与世界休闲中心的澳门特区几乎已同城化，却独自落单，始终难改停留在最低端的窘境，与前面两组相比较，差距非常之大。

（3）*珠三角公共财政与税收竞争力 10 年变动基本态势*

① 10 年中，广州、东莞保持了强力竞争优势领先的态势。其中，广州除 2005 年降至第 2 位外，一直保持了领头羊地位。东莞 2005—2007 年曾冲击进前两位，此外都居于季军第 3 位置。

② 10 年中，进入竞争优势地位的经济体次序变化很大。最大特征是佛山的跃升和惠州的跌落。佛山 2006 年开始从中下水平一路高歌猛进，提升至第 2 位，实现了大幅跨越的骄人成绩。而惠州 2007 年前还位居前三位，从 2007 年开始慢慢下滑，2010 年指数下滑了 35 个百分点，跌为珠三角的劣势负债。

③深圳和江门在第 4—6 位变换，肇庆在 5—7 位徘徊，中山和珠海属劣势负债，停驻在低端。

④总体看，10 年中除了珠海始终停驻最末位不前，与倒数第 2 位的差距也很明显外，其余 8 个经济体竞争力水平基本聚集在两个区间。2001—2006 年，第一梯队的包括广州、惠州、东莞，指数分布在 60—80 区间；第二梯队包括了江门、肇庆、深圳、佛山、中山，指数分布在 30—60 区间。2007—2010 年，第一梯队包括广州、佛山、东莞，指数

分布在 62—82 区间；第二梯队包括了江门、肇庆、深圳、惠州、中山，指数分布在 30—60 区间。平均指数显示，每一阶段两个区间的差距拉开幅度不是太多。

4.4 珠三角体制市场化转型竞争力分析

4.4.1 珠三角体制市场化转型竞争力指数

（1）体制的市场化转型竞争力指数分值表

表 4-4-1 珠三角各经济体体制市场化转型竞争力指数分值表（2001—2010）

年份 \ 经济体	广州	深圳	珠海	佛山	惠州	东莞	中山	江门	肇庆
2010	68.51	99.75	30.79	71.85	19.98	84.59	48.50	19.21	6.82
2009	67.39	99.11	31.91	69.03	20.68	85.06	48.53	20.93	7.35
2008	66.79	99.11	33.32	64.06	22.61	82.59	49.31	22.40	9.80
2007	69.56	99.24	33.42	65.53	24.09	84.94	48.48	14.77	9.98
2006	58.33	99.27	36.05	59.93	25.04	81.46	48.76	25.93	15.21
2005	59.56	99.18	32.31	51.42	21.02	67.73	84.62	21.94	12.21
2004	59.65	99.35	39.13	56.99	28.04	73.63	45.84	28.79	18.56
2003	60.13	99.22	40.65	56.18	22.91	69.51	44.72	32.78	23.91
2002	61.08	98.71	38.97	60.59	28.20	69.31	42.41	30.60	20.12
2001	60.07	99.59	39.18	62.49	26.33	68.59	41.09	34.09	18.58

(2) 体制市场化转型竞争力指数排名

表4-4-2 珠三角各经济体体制市场化转型竞争力指数排名（2001—2010）

年份 \ 经济体	广州	深圳	珠海	佛山	惠州	东莞	中山	江门	肇庆
2010	4	1	6	3	7	2	5	8	9
2009	4	1	6	3	8	2	5	7	9
2008	3	1	6	4	7	2	5	8	9
2007	3	1	6	4	7	2	5	8	9
2006	4	1	6	3	8	2	5	7	9
2005	4	1	6	5	8	3	2	7	9
2004	3	1	6	4	8	2	5	7	9
2003	3	1	6	4	9	2	5	7	8
2002	3	1	6	4	8	2	5	7	9
2001	4	1	6	3	8	2	5	7	9

(3) 体制市场化转型竞争力指数比较条形图

图4-4-1至图4-4-10为珠三角各经济体体制市场化转型竞争力指数10年比较条形图。

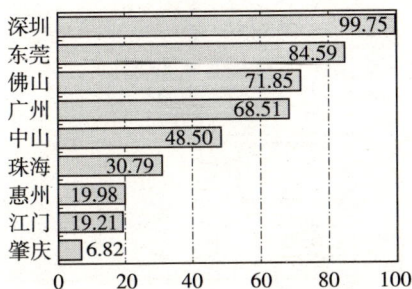

图4-4-1 体制市场化转型竞争力指数（2010）

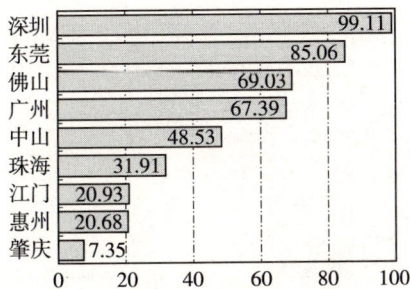

图4-4-2 体制市场化转型竞争力指数（2009）

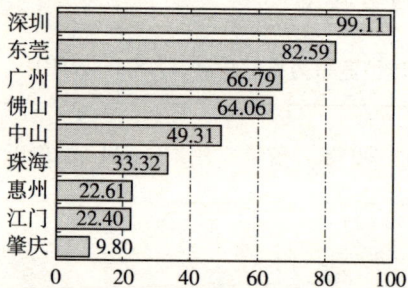

图 4-4-3　体制市场化转型竞争力指
　　　　数（2008）

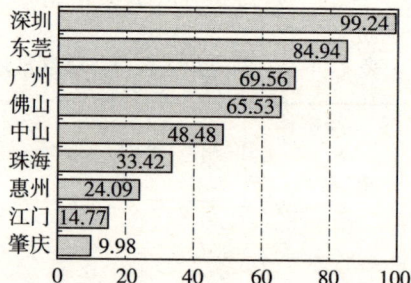

图 4-4-4　体制市场化转型竞争力指
　　　　数（2007）

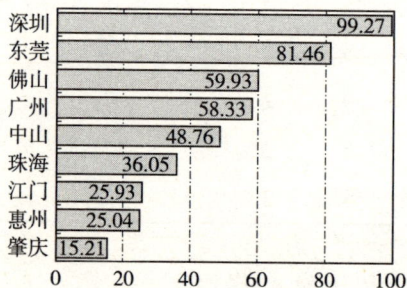

图 4-4-5　体制市场化转型竞争力指
　　　　数（2006）

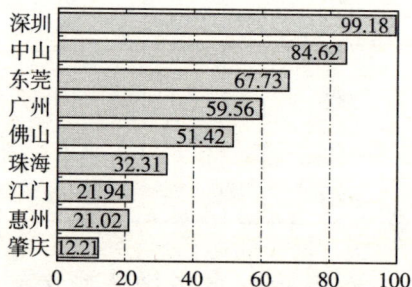

图 4-4-6　体制市场化转型竞争力指
　　　　数（2005）

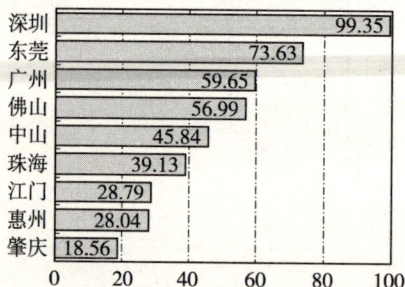

图 4-4-7　体制市场化转型竞争力指
　　　　数（2004）

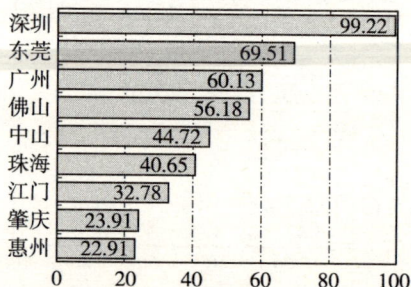

图 4-4-8　体制市场化转型竞争力指
　　　　数（2003）

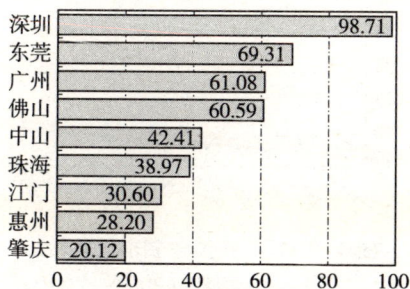

图 4-4-9　体制市场化转型竞争力指数（2002）

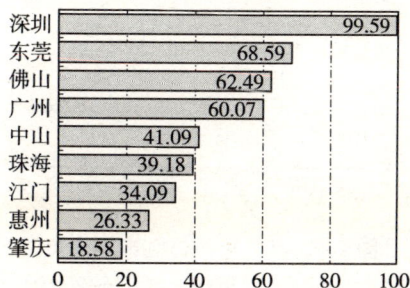

图 4-4-10　体制市场化转型竞争力指数（2001）

（4）体制市场化转型竞争力指数时序折线图

图 4-4-11 至图 4-4-19 为 2001—2010 年珠三角各经济体体制市场化转型竞争力指数 10 年时序变动折线图。

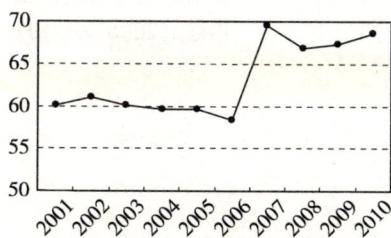

图 4-4-11　广州体制市场化转型指数（2001—2010）

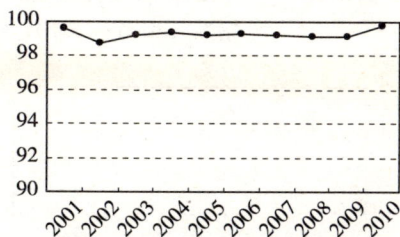

图 4-4-12　深圳体制市场化转型指数（2001—2010）

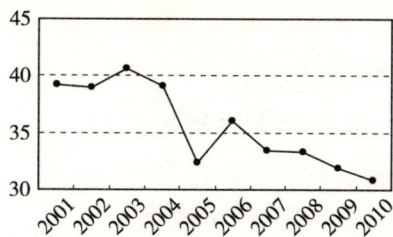

图 4-4-13　珠海体制市场化转型指数（2001—2010）

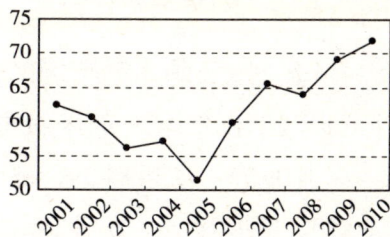

图 4-4-14　佛山体制市场化转型指数（2001—2010）

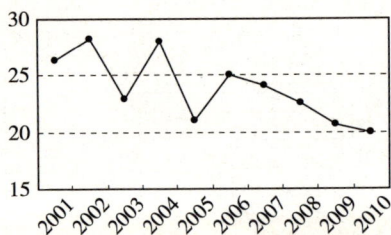

图 4-4-15　惠州体制市场化转型
指数（2001—2010）

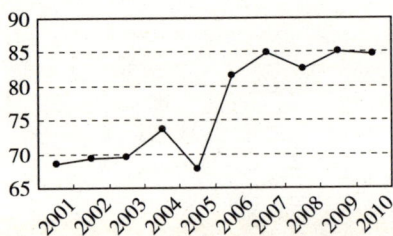

图 4-4-16　东莞体制市场化转型
指数（2001—2010）

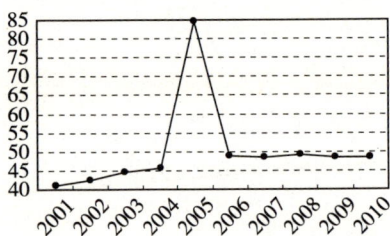

图 4-4-17　中山体制市场化转型
指数（2001—2010）

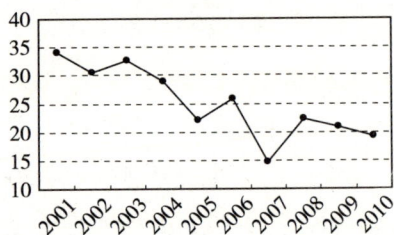

图 4-4-18　江门体制市场化转型
指数（2001—2010）

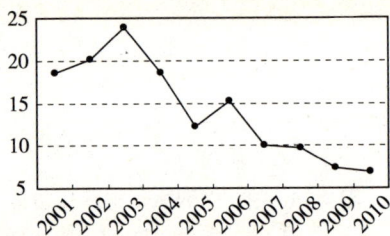

图 4-4-19　肇庆体制市场化转型
指数（2001—2010）

4.4.2　珠三角体制市场化转型竞争力分析

（1）2010 年珠三角体制市场化转型竞争力排名

深圳 99.75，东莞 84.59，佛山 71.85，广州 68.51，中山 48.50，珠海 30.79，惠州 19.98，江门 19.21，肇庆 6.82。

（2）2010 年珠三角体制市场化转型竞争力基本状态

深圳、东莞、佛山，指数平均为 85.40，是珠三角体制市场化转型竞争优势经济体。惠州、江门、肇庆指数集中在 0—20 区间，指数平均为 15.34，是珠三角体制市场化转型竞争劣势经济体。两者优劣比 5.57。广州独自位居中上水平，是优势经济体水平的 80%。中山和珠海则处于中下水平，指数平均为 39.65，与前三位优势经济体的差距较大，仅是其水平的 46%。

（3）珠三角体制市场化转型竞争力 10 年变化基本态势

① 10 年中，深圳和东莞一直保持了前两位的排头兵次序，其中深圳的竞争力指数始终盘踞在 98 以上高位，东莞的竞争力指数则完成了 15 个百分点左右的提升。

②珠海、惠州、江门和肇庆都呈现震荡中下滑态势。广州在 2007 年跳升后以恒定状态保持不变。中山则在 2005 年突然昙花一现，拔地而起后又迅速回落到原水平区间。佛山是以 2005 年为分界，前段缓降，后段缓升。

③条形图反映 9 个经济体体制市场化转型竞争力水平在 10 年中的分布较为稳定。中间水平的差距变化缓慢。优劣两级的差距动态扩大，其中 2001 年，前两位的深圳和东莞指数平均为 84.09，后两位的惠州和肇庆指数平均为 22.45，优劣比是 3.74。2010 年，前两位的深圳和东莞指数平均为 92.17，后两位的江门和肇庆指数平均为 13.02，优劣比是 7.08。

4.4.3 珠三角体制市场化转型竞争力民营和外资企业发展主题评价信息

（1）民营和外资企业发展主题评价点排名

表 4-4-3 珠三角各经济体民营和外资企业发展主题评价点排名（2001—2010）

年份 \ 经济体	广州	深圳	珠海	佛山	惠州	东莞	中山	江门	肇庆
2010	2	1	5	3	7	4	6	8	9

年份＼经济体	广州	深圳	珠海	佛山	惠州	东莞	中山	江门	肇庆
2009	2	1	5	3	7	4	6	8	9
2008	2	1	6	3	7	4	5	8	9
2007	2	1	6	3	7	4	5	8	9
2006	2	1	5	4	8	3	6	7	9
2005	2	1	5	3	8	4	6	7	9
2004	2	1	5	3	8	4	6	7	9
2003	2	1	5	3	8	4	6	7	9
2002	2	1	5	3	8	4	7	6	9
2001	2	1	6	3	8	4	7	5	9

（2）2010年民营和外资企业发展主题评价点信息

位于前三名的分别是深圳、广州、佛山；东莞、珠海、中山分别处于中间三位；惠州、江门、肇庆分别列末尾三位。

（3）民营和外资企业发展主题评价点10年动态变化特征

各经济体排名相对稳定。广州、深圳、佛山基本包揽了前三位。中等水平的珠海和中山两者旗鼓相当，不分伯仲，排名在5—6位之间，并不断互相更替次序。惠州、江门、肇庆一直处于底端劣势状态，难见起色。尽管惠州2007年后上升一位并保持至今，但仅是意义不大的半步之距。江门则经历了从中间排位逐渐下滑，慢慢落在惠州后面，肇庆始终没有改变其最后一名的艰难境况。

从非国有企业资产和外资企业资产指标信息考察，深圳、广州、佛山规模和增速较大。惠州、江门、肇庆的规模仅为优势经济体的1/10—1/20。

4.4.4 珠三角体制市场化转型竞争力城市化主题评价信息

（1）城市化主题评价点排名表

表4-4-4 珠三角各经济体城市化主题评价点排名表（2001—2010）

年份 \ 经济体	广州	深圳	珠海	佛山	惠州	东莞	中山	江门	肇庆
2010	6	1	3	2	7	4	5	8	9
2009	6	1	5	2	7	3	4	8	9
2008	6	1	4	2	7	3	5	8	9
2007	6	1	4	2	7	3	5	8	9
2006	2	1	3	4	8	6	5	7	9
2005	4	1	1	1	5	8	6	7	9
2004	4	3	1	1	5	8	6	7	9
2003	3	1	2	4	6	8	5	7	9
2002	3	1	2	4	6	8	7	5	9
2001	3	1	2	4	7	6	5	8	9

（2）2010年城市化主题评价点信息

位于前三名的分别是深圳、佛山、珠海；东莞、中山、广州分别处于中间三位；惠州、江门、肇庆分别列末尾三位。

（3）城市化主题评价点10年动态变化特征

各经济体排名位次多有变换。深圳作为中国改革开放的标志性成果，很早就完成城市化进程。东莞和佛山进步最大，并形成竞争优势。珠海和广州在这一进程中逐步被挤退到梯队下游。当然，相对水平最低的仍是惠州、江门和肇庆。

4.5 珠三角行政绩效竞争力分析

4.5.1 珠三角行政绩效竞争力行政管理绩效主题评价信息

（1）行政管理绩效主题评价点排名

表4-5-1 珠三角各经济体行政管理绩效主题评价点排名（2001—2010）

经济体 年份	广州	深圳	珠海	佛山	惠州	东莞	中山	江门	肇庆
2010	5	3	6	2	8	1	4	7	9
2009	5	2	6	3	8	1	4	7	9
2008	5	2	6	3	8	1	4	7	9
2007	5	2	6	3	7	1	4	8	9
2006	5	2	6	3	7	1	4	8	9
2005	6	3	5	4	7	2	1	8	9
2004	6	2	5	4	8	1	3	7	9
2003	6	2	5	4	9	1	3	7	8
2002	6	2	5	3	8	1	4	7	9
2001	6	1	5	3	8	2	4	7	9

（2）2010年行政管理绩效主题评价点信息

位于前三名的分别是东莞、佛山、深圳；中山、广州、珠海分别处于中间三位；江门、惠州、肇庆分别列末尾三位。

（3）行政管理绩效评价点10年动态变化特征

各经济体排名位次多有变换。第一梯队为东莞、佛山、深圳，基本保持了前三位，但是相互之间竞争激烈：深圳大多年份居于第2位，不过在2001年曾居首位，2005年和2010年也两度下滑到第3位；东莞曾在 2001 年和 2005 年从首位下跌至第 2 位；佛山在东莞、深圳之后紧随，在 2003—2005 年间曾滑入第二梯队。第二梯队为中山、广州和珠海，其中中山最佳表现是在 2005 年进入第一梯队赶超东莞而居首位；广州和珠海自 2006 年有互换。惠州、江门、肇庆依然长期停滞在第三梯队。

4.6　珠三角社会民生竞争力分析

4.6.1　珠三角社会民生竞争力指数

（1）社会民生竞争力指数分值表

表 4-6-1　珠三角各经济体社会民生竞争力水平指数分值表（2001—2010）

经济体 年份	广州	深圳	珠海	佛山	惠州	东莞	中山	江门	肇庆
2010	60.82	89.95	46.61	69.18	0.59	85.12	70.88	13.45	13.40
2009	37.96	96.34	54.06	72.69	8.19	91.67	78.51	9.84	0.73
2008	40.26	99.80	55.36	67.78	7.66	79.55	70.01	17.06	12.52
2007	40.31	99.85	57.16	67.24	8.09	77.98	67.03	18.43	13.91
2006	52.75	99.30	62.17	57.51	12.97	69.30	60.74	19.51	15.74
2005	38.26	99.43	74.21	73.47	19.13	54.95	47.11	23.25	20.19
2004	33.92	84.12	76.07	95.66	0.31	60.59	55.60	24.17	19.56
2003	67.07	97.34	67.59	57.50	0.63	55.10	61.45	28.71	14.61
2002	49.52	99.60	49.77	52.58	21.06	54.28	56.06	46.46	20.68
2001	63.98	99.87	71.09	75.17	2.71	65.20	39.28	23.46	9.23

（2）社会民生竞争力指数排名

表4-6-2　珠三角各经济体社会民生竞争力指数排名（2001—2010）

经济体 / 年份	广州	深圳	珠海	佛山	惠州	东莞	中山	江门	肇庆
2010	5	1	6	4	9	2	3	7	8
2009	6	1	5	4	8	2	3	7	9
2008	6	1	5	4	9	2	3	7	8
2007	6	1	5	3	9	2	4	7	8
2006	6	1	3	5	9	2	4	7	8
2005	6	1	2	3	9	4	5	7	8
2004	6	2	3	1	9	4	5	7	8
2003	3	1	2	5	9	6	4	7	8
2002	6	1	5	4	8	3	2	7	9
2001	5	1	3	2	9	4	6	7	8

（3）社会民生竞争力指数条形图

　　图4-6-1至图4-6-10是基于2001—2010年社会民生竞争力指数分别制作的珠三角各经济体10年比较条形图。

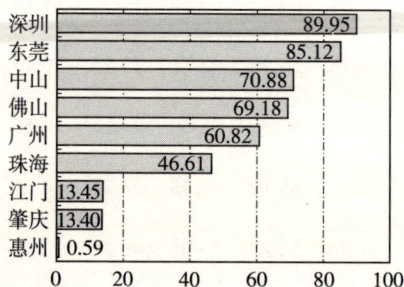

图4-6-1　社会民生指数（2010）

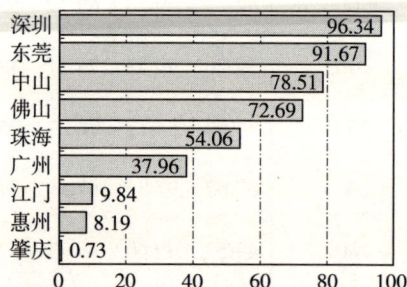

图4-6-2　社会民生指数（2009）

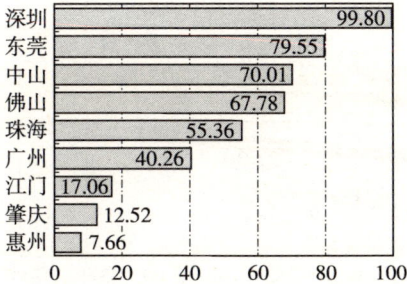

图 4-6-3　社会民生指数（2008）

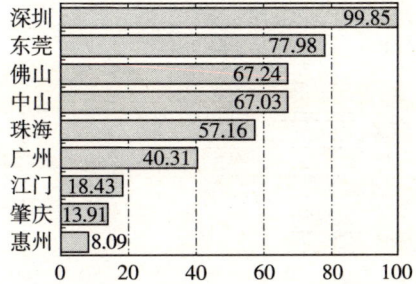

图 4-6-4　社会民生指数（2007）

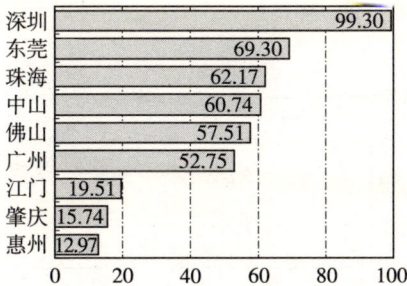

图 4-6-5　社会民生指数（2006）

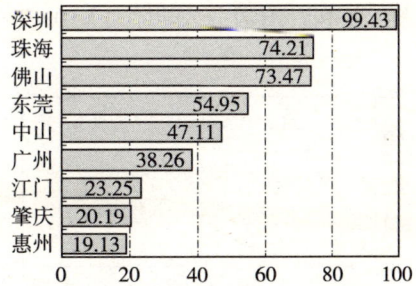

图 4-6-6　社会民生指数（2005）

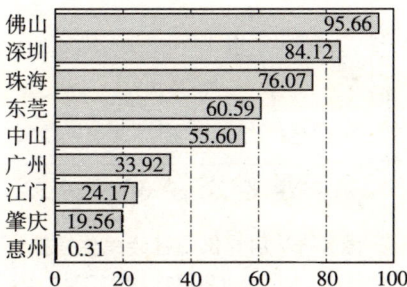

图 4-6-7　社会民生指数（2004）

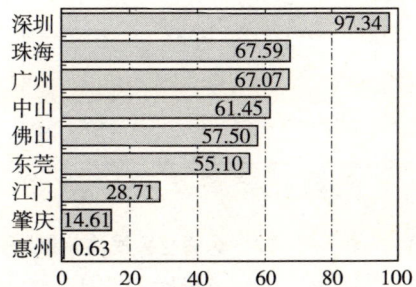

图 4-6-8　社会民生指数（2003）

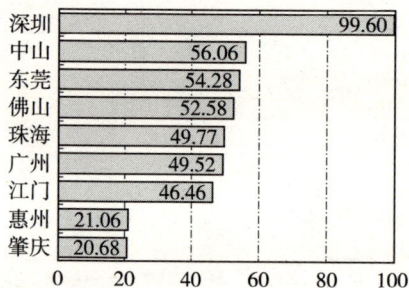

图4-6-9　社会民生指数（2002）

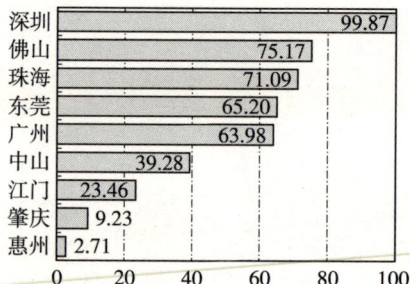

图4-6-10　社会民生指数（2001）

（4）社会民生竞争力指数时序折线图

图4-6-11至图4-6-19是基于2001—2010年珠三角各经济体社会民生竞争力指数分别制作的10年时序变动折线图。

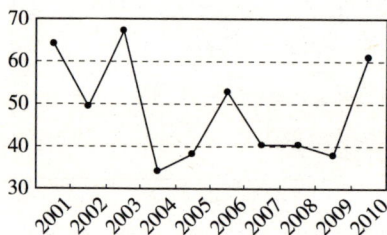

图4-6-11　广州社会民生指数
（2001—2010）

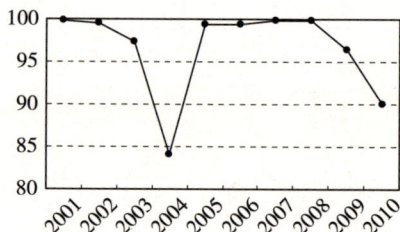

图4-6-12　深圳社会民生指数
（2001—2010）

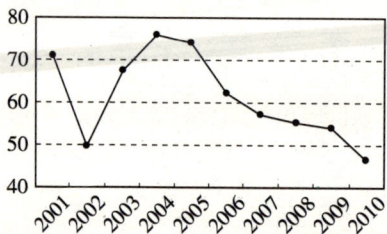

图4-6-13　珠海社会民生指数
（2001—2010）

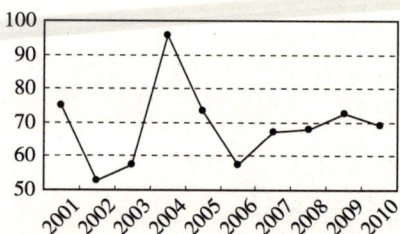

图4-6-14　佛山社会民生指数
（2001—2010）

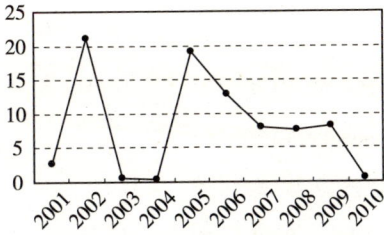

图 4-6-15 惠州社会民生指数
（2001—2010）

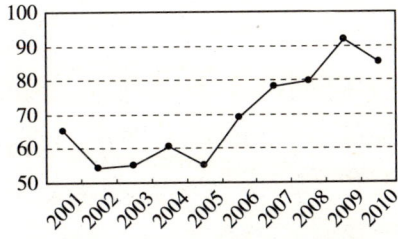

图 4-6-16 东莞社会民生指数
（2001—2010）

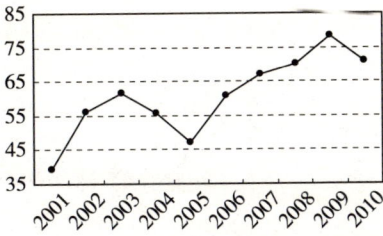

图 4-6-17 中山社会民生指数
（2001—2010）

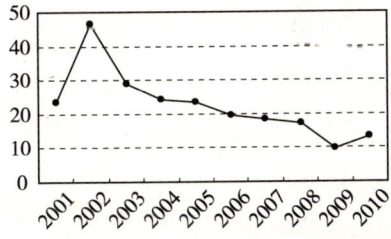

图 4-6-18 江门社会民生指数
（2001—2010）

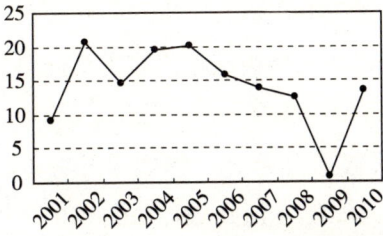

图 4-6-19 肇庆社会民生指数
（2001—2010）

4.6.2 珠三角社会民生竞争力分析

（1）2010 年珠三角社会民生竞争力排名

深圳 89.95，东莞 85.12，中山 70.88，佛山 69.18，广州 60.82，珠海 46.61，江门 13.45，肇庆 13.40，惠州 0.59。

（2）2010 年珠三角社会民生竞争力基本状态

深圳、东莞、中山，指数平均为 81.98，是珠三角社会民生竞争力的优势经济体。江门、肇庆、惠州，指数集中在 0—15 区间，三者指数平均仅为 9.15，是珠三角区域内社会民生竞争力的劣势经济体。两者优劣比为 8.96。佛山和广州位居中上水平，佛山和第 3 位的中山仅存微弱差距，佛山和广州的指数平均值为 65，是优势经济体水平的 79%。珠海独自处中下水平，与中高水平的经济体的差距较大，是优势经济体水平的 56%。

（3）珠三角社会民生竞争力 10 年变动基本态势

① 10 年中，深圳除 2004 年降至第 2 以外始终独占鳌头，表现非凡。

②其余经济体竞争力水平分布变化较大。2001 年分布格局是：佛山、珠海、东莞、广州四地指数聚集在 60—75 区间，中山、江门、肇庆、惠州处底端劣势位置。2002 年出现逆转态势，中山、江门挤入上一梯队中，中山、东莞、佛山、珠海、广州、江门一起密布在 45—60 指数区间，惠州、肇庆仍处底端位置。从 2003 年开始，江门跌回底端后未见起色，不再前进，其余中间位置的经济体的指数从集聚靠拢到逐渐分化，而且上下位进出竞争激烈。

③中山、东莞 10 年间呈现明显缓慢上升趋势，指数提升幅度较大。广州、珠海、佛山属震荡起伏，指数分别在 50、60、70 平均水平线上下波动。惠州、江门、肇庆基本在 25 以下指数区间震荡下滑。

4.6.3 珠三角社会民生竞争力社会公平主题评价信息

（1）社会公平主题评价点排名

表4-6-3　珠三角各经济体社会公平主题评价点排名（2001—2010）

经济体 年份	广州	深圳	珠海	佛山	惠州	东莞	中山	江门	肇庆
2010	9	5	8	6	7	3	2	4	1
2009	8	6	9	5	7	3	1	4	2
2008	9	5	8	6	7	3	2	4	1
2007	9	5	8	6	7	3	4	2	1
2006	9	5	8	6	7	3	4	2	1
2005	8	6	9	5	7	3	4	2	1
2004	6	9	8	5	7	3	4	2	1
2003	6	9	8	5	7	2	3	4	1
2002	7	8	9	5	6	4	2	3	1
2001	7	8	9	5	6	4	3	2	1

（2）2010年社会公平主题评价点信息

位于前三名的分别是肇庆、中山、东莞；江门、深圳、佛山分别处于中间三位；惠州、珠海、广州分别列末尾三位。

（3）社会公平主题评价点10年动态变化特征

各经济体排名位次多有变换。肇庆、中山、东莞、江门一直在前4位相互轮换位置；深圳、佛山、惠州、珠海、广州5个经济体则一直在后5位竞争比拼。深圳经过努力从末尾逐渐上升至中位，广州反其道却从中下水平逐渐降落至末尾垫后。

4.6.4 珠三角社会民生竞争力生活质量主题评价信息

（1）生活质量主题评价点排名

表4-6-4 珠三角各经济体生活质量主题评价点排名（2001—2010）

经济体 年份	广州	深圳	珠海	佛山	惠州	东莞	中山	江门	肇庆
2010	3	2	6	5	9	1	4	8	7
2009	6	2	4	5	9	1	3	7	8
2008	6	1	4	5	9	2	3	7	8
2007	6	1	4	5	9	2	3	7	8
2006	6	1	3	5	8	2	4	9	7
2005	6	1	3	5	9	2	4	8	7
2004	6	1	3	5	9	2	4	7	8
2003	6	1	2	5	8	3	4	7	9
2002	8	1	4	5	7	2	3	6	9
2001	5	1	2	4	9	3	8	6	7

（2）2010年生活质量主题评价点信息

位于前三名的分别是深圳、佛山、珠海；东莞、中山、广州分别处于中间三位；惠州、江门、肇庆分别列末尾三位。

（3）生活质量主题评价点10年动态变化特征

深圳和东莞成绩单靓丽最美，排名基本在前列。进步最大的中山从最初的第8位跃居并稳定在第3、4位。佛山稳居第5位。令人意外的是依傍美丽壮阔珠江的珠海和广州，在生活质量主题上没有表现出应有的竞争优势。当然，相对水平最低的仍是惠州、江门和肇庆。

5 珠三角商务效率竞争力研究

5.1 珠三角商务效率竞争力评价体系及指标选择

5.1.1 珠三角商务效率竞争力评价指标体系

商务效率用于评估激励企业创新、盈利和承担社会责任的环境与条件。为系统反映商务效率要素的内部结构及其相互关系，本研究基于IMD的理论与方法，针对珠三角经济社会发展现状以及数据可得性，建立起包括四个子要素及四个主题评价内容的珠三角各经济体商务效率竞争力测度理论框架（参见表5-1-1）。为了研究和阅读方便，将第一章中商务效率竞争力评价体系的内容重述如下。

表 5-1-1　珠三角商务效率竞争力评价体系

评价要素	子要素	主题评价点
3-商务效率	3.1 生产率	3.1.1 生产率
	3.2 金融服务	3.2.1 金融服务
	3.3 经营效率	3.3.1 资本投入效率
	3.4 企业治理	3.4.1 企业治理

①生产率子要素。生产率是商务竞争力的基础，综合反映企业商务活动的效率水平。包括生产率一个主题评价点。

②金融服务子要素。金融服务活动是当代市场经济运行的润滑剂和加速器，在商务活动中不可或缺。金融服务是商务活动竞争力的核心。健康的金融体系不仅能够提供充分的资金，而且有助于建立起更为

有效的公司治理结构。在目前金融部门的国际化成熟度落后于制造业的成熟度情况下，需避免出现大的金融动荡的可能。包括金融服务一个主题评价点。

③经营效率子要素。经营效率与企业治理是商务竞争力的经典组合，直接反映商务效率成果。包括资本投入效率一个主题评价点。

④企业治理子要素。反映企业的社会责任，中高级管理人员自由流动度。具体包括企业治理一个主题评价点。因该主题评价点的测度没有形成较一致的认识，也没有公布相应的统计指标数据，根据本研究主题评价测度指标的选择原则，该评价点信息不参与竞争力指数计算。

对各主题评价点基于第一章提出的六方面原则选择代表性指标进行测度。

5.1.2　商务效率竞争力主题评价点测度指标选择

（1）生产率主题评价点

统计测度指标空间：综合生产率、各部门生产率、工业、农业、建筑业、服务业等行业生产率等。

（2）金融服务主题评价点

统计测度指标空间：金融机构数、金融机构网点密度、金融机构现金投放回笼差额、中外资金融机构本外币存贷款、金融机构年末从业人员、财产保险公司、上市公司数等。

（3）资本投入效率主题评价点

统计测度指标空间：农业资本投入效率、工业资本投入效率、服务业资本投入效率等。

（4）企业治理主题评价点

统计测度指标空间：企业中高级管理人员数、企业职工五项与福利支出、广告支出、慈善捐款等。

5.2 珠三角商务效率竞争力总体评价

5.2.1 珠三角各经济体商务效率竞争力总指数

（1）珠三角各经济体商务效率竞争力总指数的计算

基于商务效率竞争力评价指标体系数据，可以通过计算商务效率竞争力水平及其4个子要素的指数，实现珠三角区域内各经济体商务效率竞争力状态的比较测度。本年度商务效率竞争力水平是上年度经济体商务活动现实状态的反映，即2001—2010各年商务效率竞争力指数是根据2000 ~2009年数据计算的。

（2）珠三角各经济体商务效率竞争力总指数分值表

珠三角9个经济体2001—2010年的商务效率竞争力指数见表5-2-1。

表5-2-1 珠三角各经济体商务效率竞争力指数分值表（2001—2010）

年份 \ 经济体	广州	深圳	珠海	佛山	惠州	东莞	中山	江门	肇庆
2010	89.73	46.52	52.66	99.41	19.42	15.40	55.45	43.99	27.41
2009	84.91	47.08	51.41	99.22	21.60	18.57	57.01	45.19	25.01
2008	84.69	44.47	59.02	99.85	20.11	18.57	60.36	42.62	20.30
2007	79.33	48.25	57.66	98.95	15.28	21.65	57.17	46.94	24.77
2006	78.26	48.00	49.35	99.17	28.50	27.07	58.09	35.82	25.75
2005	84.55	50.71	50.19	99.14	35.54	29.26	62.37	21.08	17.15
2004	87.10	49.25	49.73	99.23	48.92	24.65	57.77	30.02	3.32
2003	73.51	39.98	41.46	99.76	56.00	26.46	45.15	46.31	21.36
2002	70.74	39.28	41.88	99.08	58.87	26.28	41.91	44.83	27.13
2001	76.05	35.11	40.01	99.70	68.02	19.32	31.25	46.34	34.21

（3）珠三角各经济体商务效率竞争力总指数排名

珠三角 9 个经济体 2001—2010 年的商务效率竞争力指数排名见表 5-2-2。

表 5-2-2　珠三角各经济体商务效率竞争力指数排名（2001—2010）

年份 \ 经济体	广州	深圳	珠海	佛山	惠州	东莞	中山	江门	肇庆
2010	2	5	4	1	8	9	3	6	7
2009	2	5	4	1	8	9	3	6	7
2008	2	5	4	1	8	9	3	6	7
2007	2	5	3	1	9	8	4	6	7
2006	2	5	4	1	7	8	3	6	9
2005	2	4	5	1	6	7	3	8	9
2004	2	5	4	1	6	8	3	7	9
2003	2	7	6	1	3	8	5	4	9
2002	2	7	6	1	3	9	5	4	8
2001	2	6	5	1	3	9	8	4	7

（4）珠三角各经济体商务效率竞争力总指数条形图

图 5-2-1 至图 5-2-10 给出了 2001—2010 年珠三角各经济体商务效率竞争力指数比较条形图。

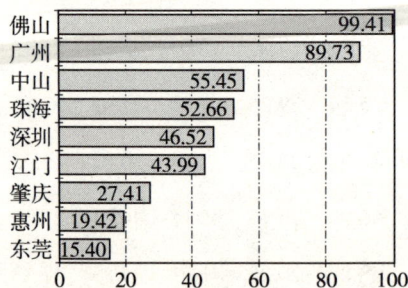

图 5-2-1　商务效率竞争力总指数
（2010）

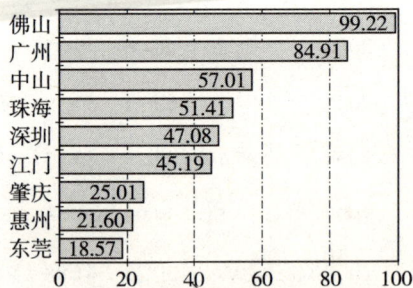

图 5-2-2　商务效率竞争力总指数
（2009）

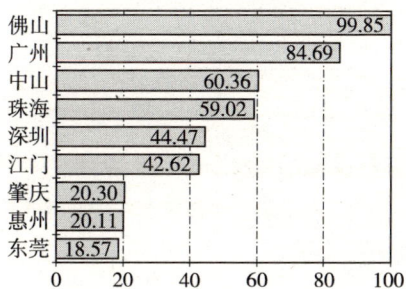

图 5-2-3　商务效率竞争力总指数
（2008）

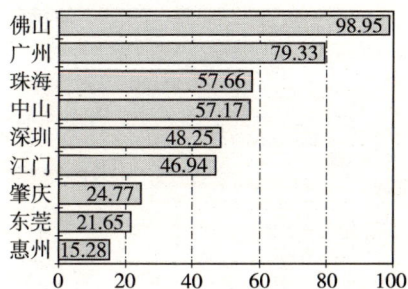

图 5-2-4　商务效率竞争力总指数
（2007）

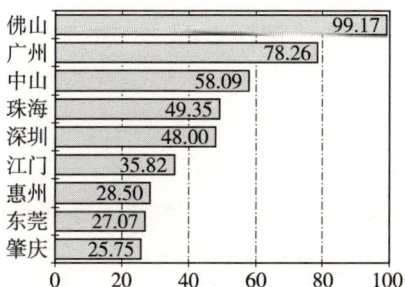

图 5-2-5　商务效率竞争力总指数
（2006）

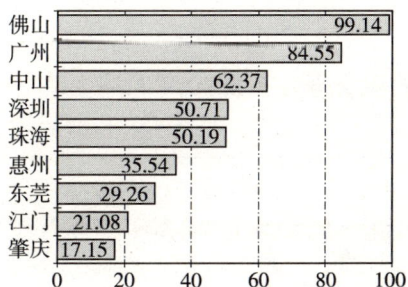

图 5-2-6　商务效率竞争力总指数
（2005）

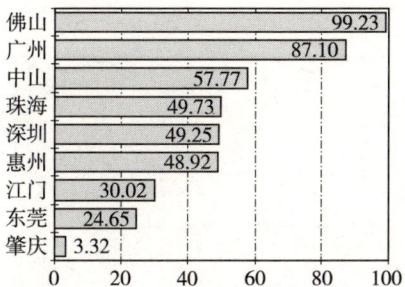

图 5-2-7　商务效率竞争力总指数
（2004）

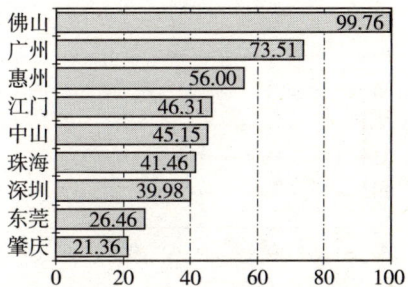

图 5-2-8　商务效率竞争力总指数
（2003）

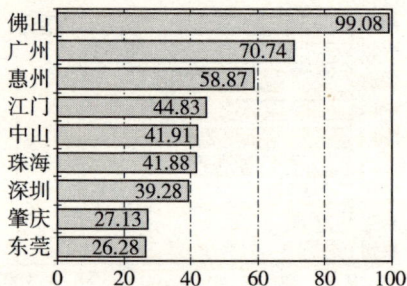

图 5-2-9　商务效率竞争力总指数
（2002）

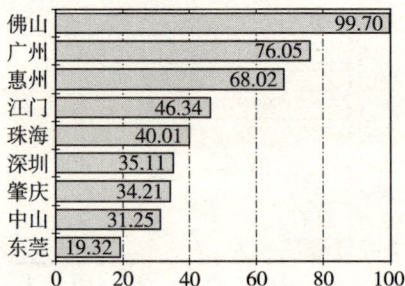

图 5-2-10　商务效率竞争力总指数
（2001）

（5）珠三角各经济体商务效率竞争力指数时序折线图

图 5-2-11 至图 5-2-19 给出了珠三角各经济体 2001—2010 年商务
效率竞争力指数 10 年时序变动折线图。

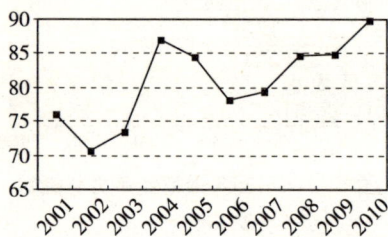

图 5-2-11　广州商务效率竞争力总
指数（2001—2010）

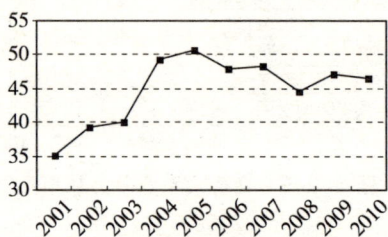

图 5-2-12　深圳商务效率竞争力总
指数（2001—2010）

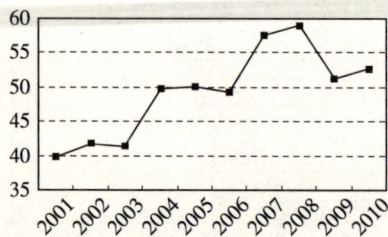

图 5-2-13　珠海商务效率竞争力总
指数（2001—2010）

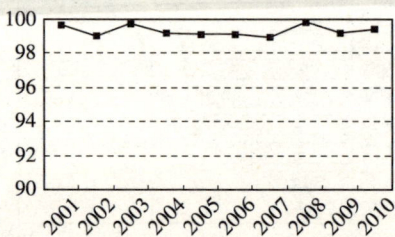

图 5-2-14　佛山商务效率竞争力总
指数（2001—2010）

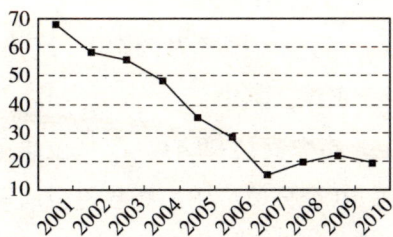

图 5-2-15 惠州商务效率竞争力总
指数（2001—2010）

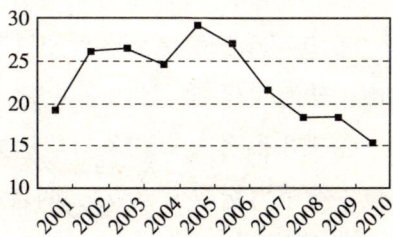

图 5-2-16 东莞商务效率竞争力总
指数（2001—2010）

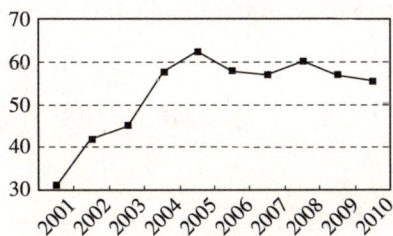

图 5-2-17 中山商务效率竞争力总
指数（2001—2010）

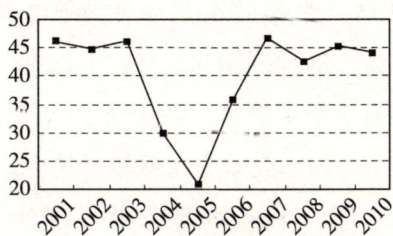

图 5-2-18 江门商务效率竞争力总
指数（2001—2010）

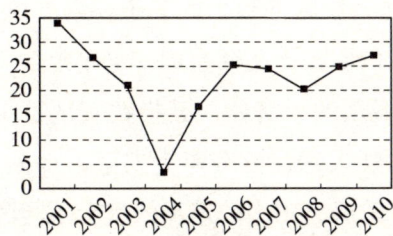

图 5-2-19 肇庆商务效率竞争力总
指数（2001—2010）

5.2.2 珠三角商务效率竞争力总体状态与基本特征

表 5-2-1、5-2-2，图 5-2-1 至图 5-2-19 的指数信息表明，珠三角区域各经济体商务效率竞争力的总体状态与基本特征如下。

（1）2010年珠三角商务效率竞争力排名

2010年珠三角区域各经济体商务效率竞争力排名为：佛山、广州、中山、珠海、深圳、江门、肇庆、惠州、东莞。其中：

①佛山商务效率竞争力位居第一位，指数高达99.41。广州位居第二位，竞争力指数为89.73。两者相差近10个分值。佛山指数是位居第三位的中山指数55.45的1.79倍，是排名最后一位的东莞指数15.40的6.45倍。

②商务效率竞争力指数在50—60区间的有两个经济体，即中山55.45、珠海52.66。商务效率竞争力指数在40—50区间的也有两个经济体，即深圳46.52、江门43.99。商务效率竞争力指数在15—30区间的有3个经济体，即肇庆27.41、惠州19.42、东莞15.40。三组竞争力指数反映出竞争力水平相对集中。

（2）珠三角商务效率竞争力10年变化状态

① 10年中，佛山和广州始终保持了前两位。佛山指数以骄人之态一直保持在99高位，竞争优势主要来自生产率、金融服务、经营效率子要素的强力支撑。广州一直甘居第2位，并且实现了指数从76—89的稳步持续上升。其竞争优势主要依托金融服务和生产率子要素支撑。广州生产率和经营效率子要素的作用与佛山相比还存在着一定差距。

②深圳、珠海、中山属于有进步表现的经济体，其指数实现了平均15个百分点左右的提升，但仍然差强人意，没有能进入第一梯队，中山处于一、二梯队中间地带。深圳、珠海、中山的进步依赖于不同因素。其中深圳生产率和金融服务子要素竞争力的小幅提升，使得深圳商务效率竞争力处于第二梯队的中间状态。珠海在第二梯队中实现位次提升，有赖于生产率和金融服务子要素竞争力的提升。中山从竞争劣势转为优势，主要得益于生产率和经营效率的良好成绩。

③惠州和东莞指数出现下降，其中惠州受经营效率子要素竞争力下降的影响，使得指数直线大幅度地下降，从2001年第3位的68.02

降至 2010 年第 8 位的 19.42，成为珠三角竞争力劣势负债。东莞处于完全劣势状态，并在努力与肇庆竞争。其在 2003—2007 年艰难地从末位爬升进位，最好的记录是 2005 年至第 7 位，但终究没能持续保持，后劲不足又跌落回去。

④江门和肇庆呈现 V 字形变化态势。2001—2003 年处于第二梯队中顶端的江门，主要因为生产率和金融服务子要素表现欠佳，在 2004年和 2005 年曾跌至第三梯队中，随后指数虽然有所回升，但排位自2006 年开始一直停在第二梯队中底端边缘的第 6 位。肇庆本属于落后经济体，因生产率和金融服务子要素竞争力都属于劣势，指数下降幅度虽只有 7 个百分点，但排名却曾从 2001 年的第 7 位下降至最后一位，直到 2007 年才回到初始位置。

5.3 珠三角生产率竞争力分析

5.3.1 珠三角生产率竞争力指数

（1）生产率竞争力指数分值表

表 5-3-1 珠三角各经济体生产率竞争力水平指数分值表（2001—2010）

经济体 年份	广州	深圳	珠海	佛山	惠州	东莞	中山	江门	肇庆
2010	77.63	52.69	91.24	98.77	19.09	22.26	46.91	28.04	13.37
2009	73.54	51.47	86.32	99.87	18.26	25.35	51.66	29.42	14.12
2008	72.61	48.81	92.90	98.91	16.01	24.42	52.63	29.08	14.64
2007	67.46	47.78	75.33	99.65	21.33	30.74	54.55	34.45	18.72
2006	66.59	51.96	71.23	99.57	18.02	40.20	52.25	30.98	19.20

续表

经济体 年份	广州	深圳	珠海	佛山	惠州	东莞	中山	江门	肇庆
2005	65.65	55.11	70.69	99.41	19.27	43.32	55.96	27.00	13.59
2004	70.79	52.47	73.97	99.95	21.35	34.27	58.45	34.10	4.65
2003	59.86	46.95	55.11	98.97	39.99	32.94	42.37	48.40	25.41
2002	54.22	44.70	54.14	98.75	48.79	35.49	37.39	49.72	26.81
2001	54.31	40.46	56.83	99.38	58.39	31.57	25.21	61.20	19.60

（2）生产率竞争力指数排名

表5-3-2　珠三角各经济体生产率竞争力指数排名（2001—2010）

经济体 年份	广州	深圳	珠海	佛山	惠州	东莞	中山	江门	肇庆
2010	3	4	2	1	8	7	5	6	9
2009	3	5	2	1	8	7	4	6	9
2008	3	5	2	1	8	7	4	6	9
2007	3	5	2	1	8	7	4	6	9
2006	3	5	2	1	9	6	4	7	8
2005	3	5	2	1	8	6	4	7	9
2004	3	5	2	1	8	6	4	7	9
2003	2	5	3	1	7	8	6	4	9
2002	2	6	3	1	5	8	7	4	9
2001	5	6	4	1	3	7	8	2	9

（3）生产率竞争力指数比较条形图

图5-3-1至图5-3-10为基于2001—2010年珠三角各经济体生产率竞争力指数分别制作的比较条形图。

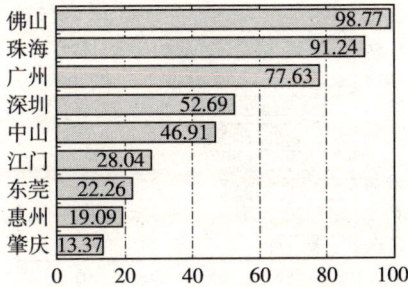

图 5-3-1　生产率竞争力指数（2010）

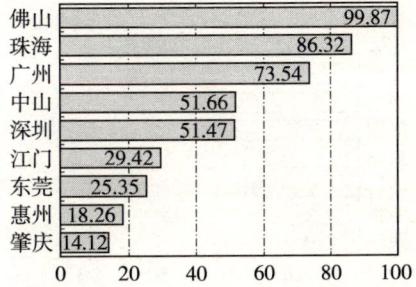

图 5-3-2　生产率竞争力指数（2009）

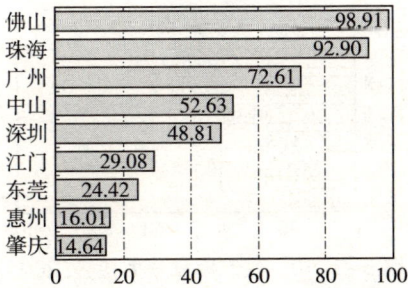

图 5-3-3　生产率竞争力指数（2008）

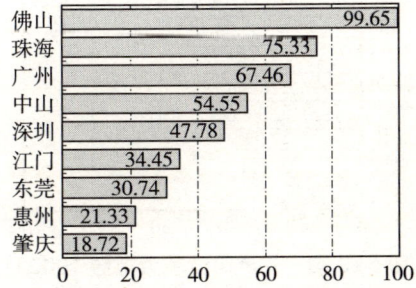

图 5-3-4　生产率竞争力指数（2007）

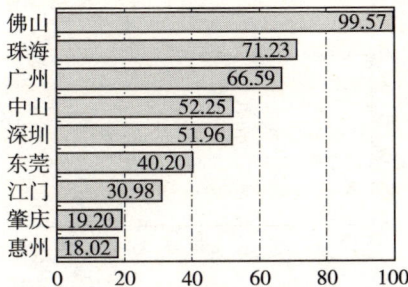

图 5-3-5　生产率竞争力指数（2006）

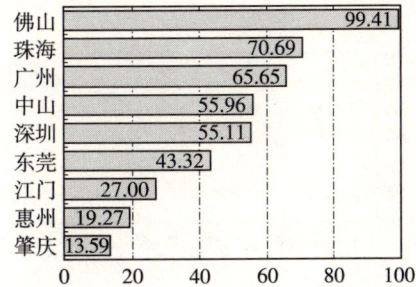

图 5-3-6　生产率竞争力指数（2005）

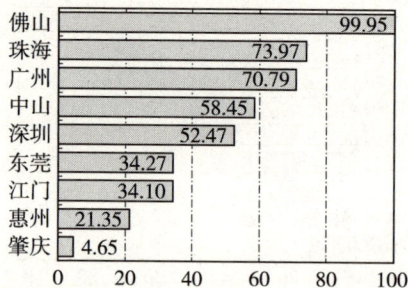

图 5-3-7　生产率竞争力指数（2004）

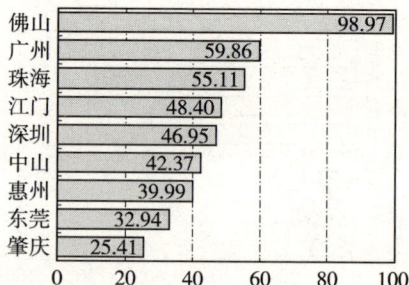

图 5-3-8　生产率竞争力指数（2003）

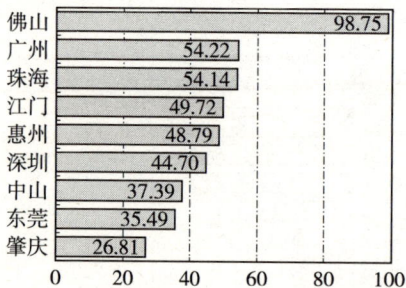

图 5-3-9　生产率竞争力指数（2002）

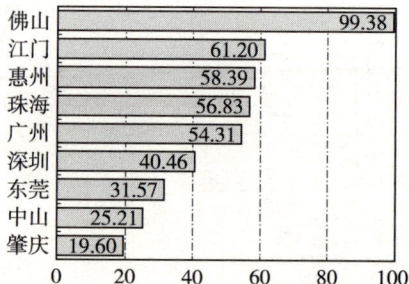

图 5-3-10　生产率竞争力指数（2001）

（4）生产率竞争力指数时序折线图

　　图 5-3-11 至图 5-3-19 是基于 2001—2010 年珠三角各经济体生产率竞争力指数分别制作的 10 年时序折线图。

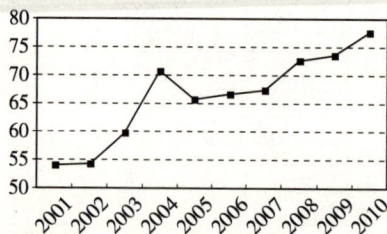

图 5-3-11　广州生产率竞争力指数
（2001—2010）

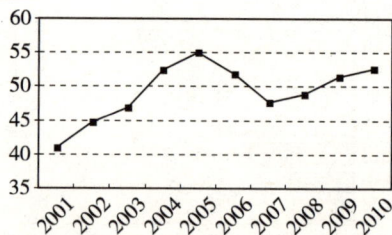

图 5-3-12　深圳生产率竞争力指数
（2001—2010）

120

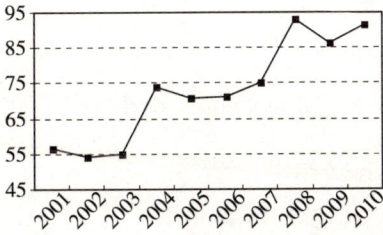

图 5-3-13　珠海生产率竞争力指数
（2001—2010）

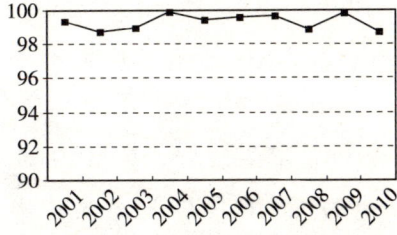

图 5-3-14　佛山生产率竞争力指数
（2001—2010）

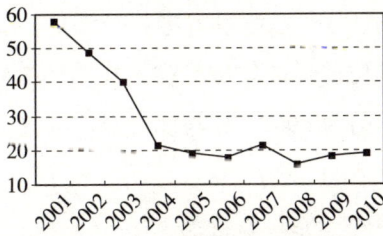

图 5-3-15　惠州生产率竞争力指数
（2001—2010）

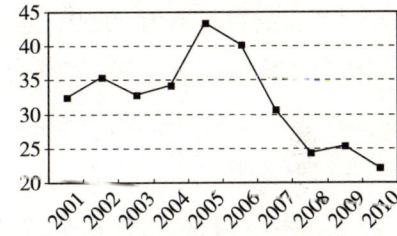

图 5-3-16　东莞生产率竞争力指数
（2001—2010）

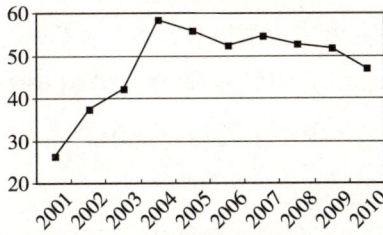

图 5-3-17　中山生产率竞争力指数
（2001—2010）

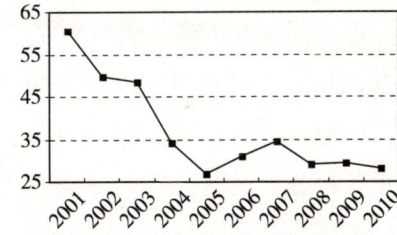

图 5-3-18　江门生产率竞争力指数
（2001—2010）

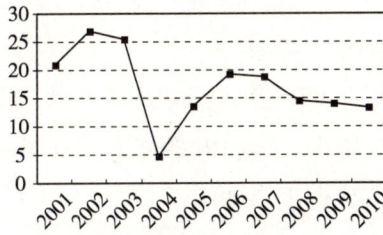

图 5-3-19　肇庆生产率竞争力指数
（2001—2010）

121

5.3.2 珠三角生产率竞争力分析

（1）2010 年珠三角生产率竞争力排名

佛山 98.77，珠海 91.24，广州 77.63，深圳 52.69，中山 46.91，江门 28.04，东莞 22.26，惠州 19.09，肇庆 13.37。

（2）2010 年珠三角生产率竞争力基本状态

佛山、珠海、广州指数平均为 89.21，是珠三角生产率竞争力优势经济体。但广州与首位的佛山之间指数相差近 20 个分值。江门、东莞、惠州、肇庆指数平均为 20.69，是珠三角生产率竞争力劣势经济体。优劣之比为 4.31 倍。排位第一的佛山与排位最后的肇庆优劣之比高达 7.38倍。深圳和中山处于中间层次，指数平均为 49.8，其与优势经济体之间也存在很大差距，是优势经济体平均水平的 56%。

（3）珠三角生产率竞争力 10 年变动基本状态

① 10 年中，佛山一直是生产率竞争力的领头羊，成绩骄人，指数保持在 98 以上高位。广州、珠海、江门都曾有晋升为第 2 位的光荣经历。但江门直线下降，颜面不保，很快退出了竞争优势行列。而广州和珠海却相互比拼赶超，10 年中指数分别实现了从 54 到 77、56 到 91 的稳步持续地上升，从 2004 年起，珠海终于锁定了其相对竞争优势，与广州各自分别稳固在第 2、3 位状态。

②深圳和中山原属中下水平，10 年间实现了指数约 15—25 个分值的小幅提升，处在第二和第三层次边缘地带。2001 年两者的指数平均为 32.84，2010 年两者的指数平均为 49.8，与优势经济体佛山的差距虽然有所缩减，但仍然很大。

③东莞在 2001—2006 年缓慢上升后，2007 年又开始逐渐下滑，指数与 2006 年最高峰相比降低了近一半。肇庆一直属劣势负债，10 年间过山车似的呈 V 型变化，指数在 20 以下低位震荡徘徊。

④比较典型的是江门和惠州的倒退，指数从 2001 年的 61.20 和58.39 降至 2010 年的 28.04 和 19.09。

珠三角区域生产率主题评价点与子要素相同，不再赘述。

5.4 珠三角金融服务竞争力分析

5.4.1 珠三角金融服务竞争力指数

（1）金融服务竞争力指数分值表

表 5-4-1 珠三角各经济体金融服务竞争力指数分值表（2001—2010）

经济体 年份	广州	深圳	珠海	佛山	惠州	东莞	中山	江门	肇庆
2010	99.05	63.35	60.57	84.79	21.28	42.18	45.55	30.41	2.83
2009	99.80	61.69	61.71	83.95	22.21	36.22	44.56	33.41	6.43
2008	99.00	59.67	60.76	86.94	21.54	34.94	42.69	34.88	9.58
2007	99.78	55.48	61.92	85.60	21.99	36.20	41.15	36.68	11.20
2006	99.12	56.87	66.65	98.85	15.57	32.77	42.98	34.89	2.30
2005	99.91	52.87	62.16	90.72	20.12	33.52	42.81	37.85	10.02
2004	99.91	53.26	63.70	94.97	18.31	33.96	42.19	39.83	3.89
2003	99.14	46.18	60.88	91.31	14.59	32.02	45.50	50.33	10.04
2002	99.49	44.09	59.93	92.77	12.46	29.96	47.52	55.30	8.48
2001	99.20	45.86	61.34	93.41	16.90	31.06	44.89	47.98	9.36

（2）金融服务竞争力指数排名

表 5-4-2 珠三角各经济体金融服务竞争力指数排名（2001—2010）

经济体 年份	广州	深圳	珠海	佛山	惠州	东莞	中山	江门	肇庆
2010	1	3	4	2	8	6	5	7	9
2009	1	4	3	2	8	6	5	7	9
2008	1	4	3	2	8	6	5	7	9
2007	1	4	3	2	8	5	5	6	9

年份 \ 经济体	广州	深圳	珠海	佛山	惠州	东莞	中山	江门	肇庆
2006	1	4	3	2	8	7	5	6	9
2005	1	4	3	2	8	7	5	6	9
2004	1	4	3	2	8	7	5	6	9
2003	1	5	3	2	8	7	6	4	9
2002	1	6	3	2	8	7	5	4	9
2001	1	5	3	2	8	7	6	4	9

（3）金融服务竞争力指数条形图

图 5-4-1 至图 5-4-10 为珠三角各经济体 2001—2010 年的金融服务竞争力指数比较条形图。

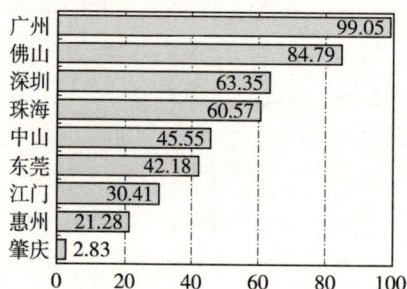

图 5-4-1 金融服务竞争力指数
（2010）

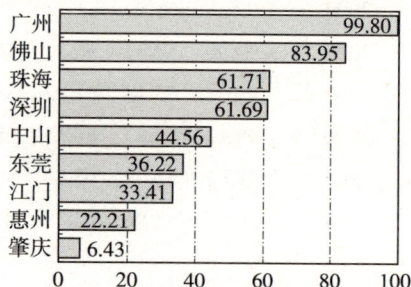

图 5-4-2 金融服务竞争力指数
（2009）

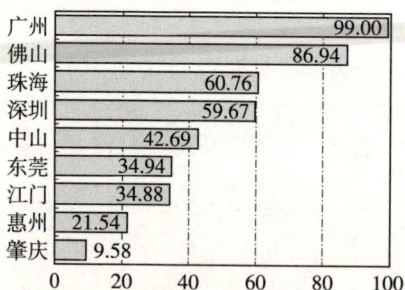

图 5-4-3 金融服务竞争力指数
（2008）

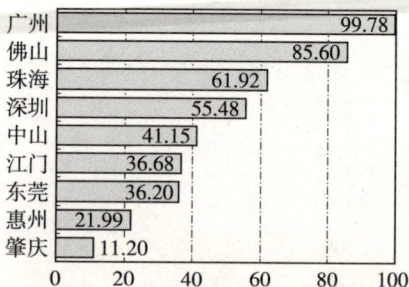

图 5-4-4 金融服务竞争力指数
（2007）

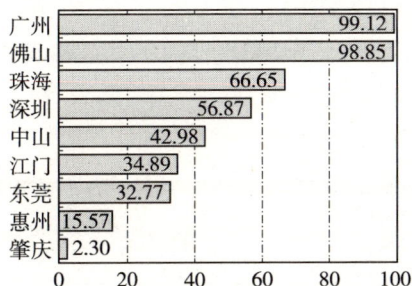

图 5-4-5　金融服务竞争力指数
（2006）

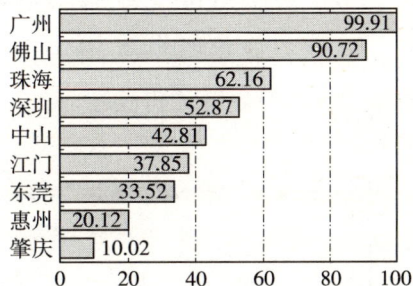

城市	指数
广州	99.12
佛山	98.85
珠海	66.65
深圳	56.87
中山	42.98
江门	34.89
东莞	32.77
惠州	15.57
肇庆	2.30

图 5-4-6　金融服务竞争力指数
（2005）

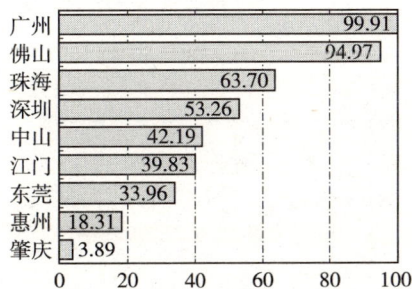

城市	指数
广州	99.91
佛山	90.72
珠海	62.16
深圳	52.87
中山	42.81
江门	37.85
东莞	33.52
惠州	20.12
肇庆	10.02

图 5-4-7　金融服务竞争力指数
（2004）

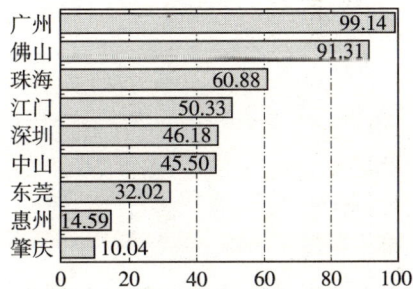

城市	指数
广州	99.91
佛山	94.97
珠海	63.70
深圳	53.26
中山	42.19
江门	39.83
东莞	33.96
惠州	18.31
肇庆	3.89

图 5-4-8　金融服务竞争力指数
（2003）

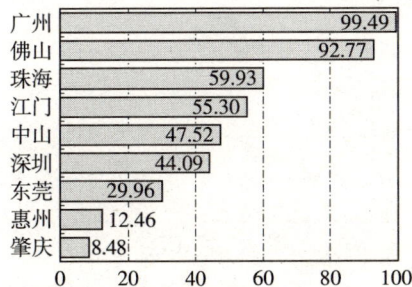

城市	指数
广州	99.14
佛山	91.31
珠海	60.88
江门	50.33
深圳	46.18
中山	45.50
东莞	32.02
惠州	14.59
肇庆	10.04

图 5-4-9　金融服务竞争力指数
（2002）

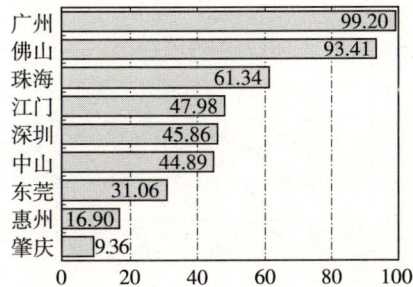

城市	指数
广州	99.49
佛山	92.77
珠海	59.93
江门	55.30
中山	47.52
深圳	44.09
东莞	29.96
惠州	12.46
肇庆	8.48

图 5-4-10　金融服务竞争力指数
（2001）

城市	指数
广州	99.20
佛山	93.41
珠海	61.34
江门	47.98
深圳	45.86
中山	44.89
东莞	31.06
惠州	16.90
肇庆	9.36

（4）金融服务竞争力指数时序折线图

图 5-4-11 至图 5-4-19 为珠三角各经济体 2001—2010 年金融服务竞争力指数时序变动折线图。

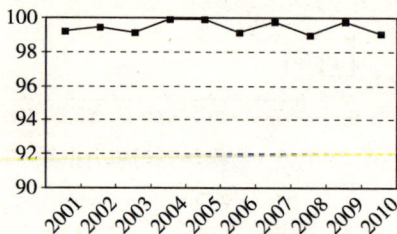

图 5-4-11　广州金融服务竞争力
指数（2001—2010）

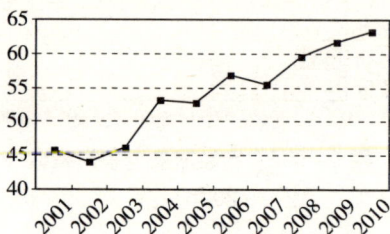

图 5-4-12　深圳金融服务竞争力
指数（2001—2010）

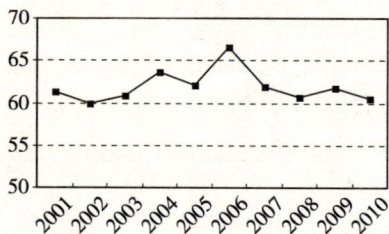

图 5-4-13　珠海金融服务竞争力
指数（2001—2010）

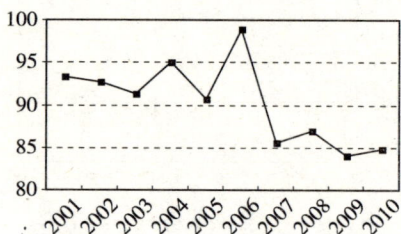

图 5-4-14　佛山金融服务竞争力
指数（2001—2010）

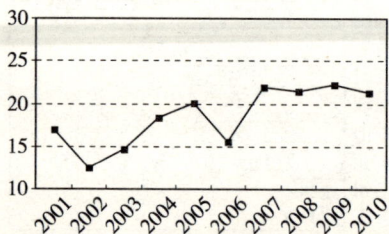

图 5-4-15　惠州金融服务竞争力
指数（2001—2010）

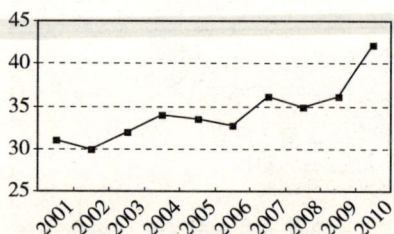

图 5-4-16　东莞金融服务竞争力
指数（2001—2010）

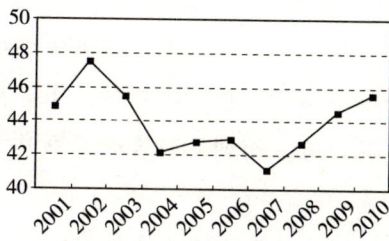

图 5-4-17　中山金融服务竞争力
指数（2001—2010）

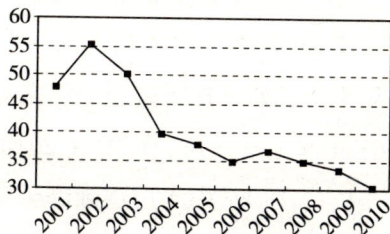

图 5-4-18　江门金融服务竞争力
指数（2001—2010）

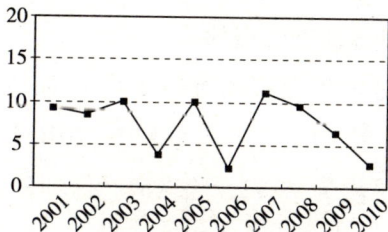

图 5-4-19　肇庆金融服务竞争力
指数（2001—2010）

5.4.2　珠三角金融服务竞争力分析

（1）2010 年珠三角金融服务竞争力排名

广州 99.05，佛山 84.79，深圳 63.35，珠海 60.57，中山 45.55，东莞 42.18，江门 30.41，惠州 21.28，肇庆 2.83。

（2）2010 年珠三角金融服务竞争力基本状态

广州、佛山、深圳三市指数呈递减序列状，指数平均为 82.39，是珠三角金融服务竞争力优势经济体。但第 3 名深圳和第 1 名广州指数相差近 35 个分值。珠海排名第 4，与第 3 位的深圳指数却非常接近，两者水平只有广州的 64%。中山、东莞、江门处于中下游的劣势水平，指数平均为 39.38，与优势经济体比较，优劣之比达 2.09 倍。惠州和肇庆是劣势负债，指数平均为 12.05，优劣比为 6.84。

(3) 珠三角金融服务竞争力 10 年变动基本态势

① 10 年中，广州和佛山一直保持了前两位水平。惠州和肇庆却是难兄难弟，始终在末尾垫后。东莞和中山基本稳定在中间水平，东莞在2008 年起上升一位，珠海在 2010 年下降一位。深圳从第 5 位逐渐升至第 3 位，江门从第 4 位逐渐降至第 7 位。

②深圳上升趋势明显，指数增加了 17 分，从中下水平晋升至优势行列。而江门下降趋势很明显，指数减少了 17 分，由中间水平又退至到劣势行列。佛山虽然一直保持在第 2 位，但是从 2007 年起指数也呈下降态势，指数跌破 90，与首位广州的差距在慢慢加大。

③ 2001 年，广州和佛山作为绝对优势经济体指数平均为 96.30，除珠海外的其余 6 个经济体指数平均为 32.67，优劣比为 2.95。2010 年，广州和佛山作为绝对优势经济体指数平均为 91.92，除珠海、深圳外的其余 5 个劣势经济体指数平均为 28.45，优劣比为 3.23，可见，差距有扩大趋势。

珠三角区域金融服务主题评价点与子要素相同，无须再述。

5.5　珠三角区域经营效率竞争力分析

5.5.1　珠三角经营效率竞争力指数

（1）经营效率竞争力指数分值表

表 5-5-1　**珠三角各经济体经营效率竞争力指数分值表**（2001—2010）

年份＼经济体	广州	深圳	珠海	佛山	惠州	东莞	中山	江门	肇庆
2010	67.83	25.56	0.55	81.85	38.11	4.46	70.96	78.84	81.82
2009	62.22	29.59	0.74	83.61	41.99	12.62	71.00	77.57	70.67

年份 \ 经济体	广州	深圳	珠海	佛山	惠州	东莞	中山	江门	肇庆
2008	65.47	20.28	0.20	92.34	40.25	4.20	90.51	77.63	59.12
2007	59.82	40.55	18.89	92.83	12.13	0.43	78.95	82.59	63.82
2006	66.71	34.65	0.72	80.99	63.93	10.34	77.73	49.15	65.79
2005	68.91	40.05	0.37	72.32	93.85	16.30	89.42	11.18	57.59
2004	63.60	43.59	17.17	67.11	99.56	26.55	65.00	32.39	35.04
2003	50.65	36.06	19.45	65.93	98.61	34.64	51.92	44.15	48.59
2002	55.25	36.59	19.46	70.51	99.00	28.77	48.75	34.81	56.87
2001	53.89	35.28	18.61	59.84	99.37	26.60	41.78	36.12	78.49

(2) 经营效率竞争力指数排名

表 5-5-2 珠三角各经济体经营效率竞争力指数排名（2001—2010）

年份 \ 经济体	广州	深圳	珠海	佛山	惠州	东莞	中山	江门	肇庆
2010	5	7	9	1	6	8	4	3	2
2009	5	7	9	1	6	8	3	2	4
2008	4	7	9	1	6	8	2	3	5
2007	5	6	7	1	8	9	3	2	4
2006	3	7	9	1	5	8	2	6	4
2005	4	6	9	3	1	7	2	8	5
2004	4	5	9	2	1	8	3	7	6
2003	4	7	9	2	1	8	3	6	5
2002	4	6	9	2	1	8	5	7	3
2001	4	7	9	3	1	8	5	6	2

(3) 经营效率竞争力指数条形图

图 5-5-1 至图 5-5-10 是基于 2001—2010 年珠三角各经济体经营效率竞争力指数分别制作的比较条形图。

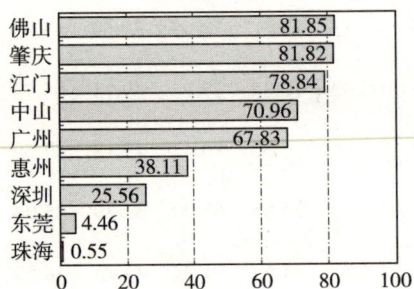

图 5-5-1　经营效率指数（2010）

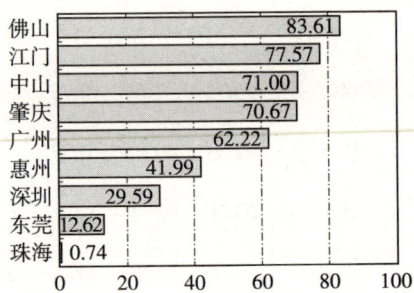

图 5-5-2　经营效率指数（2009）

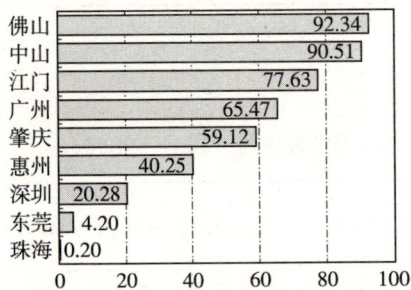

图 5-5-3　经营效率指数（2008）

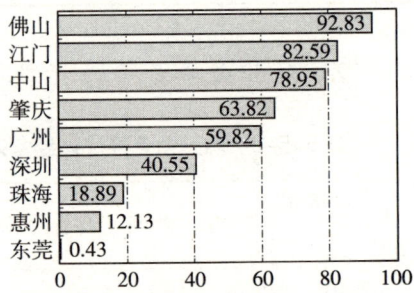

图 5-5-4　经营效率指数（2007）

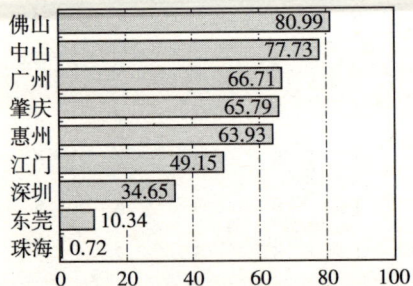

图 5-5-5　经营效率指数（2006）

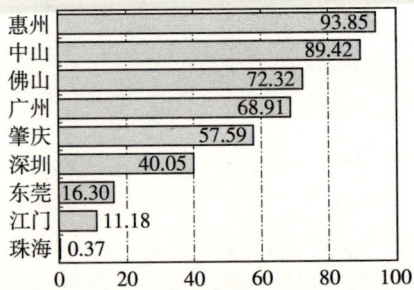

图 5-5-6　经营效率指数（2005）

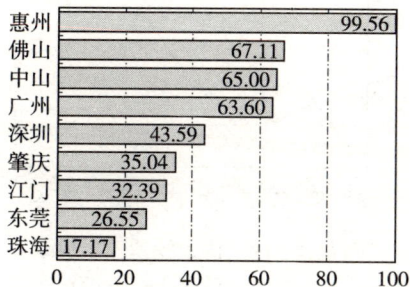

图 5-5-7　资本经营效率指数（2004）

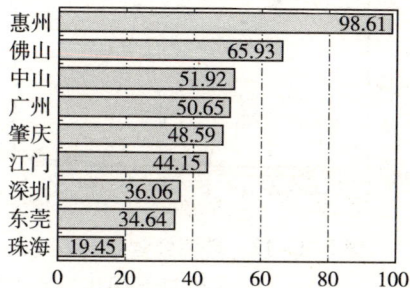

图 5-5-8　资本经营效率指数（2003）

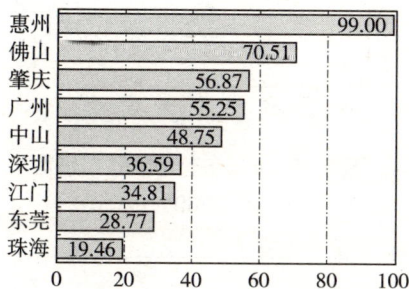

图 5-5-9　资本经营效率指数（2002）

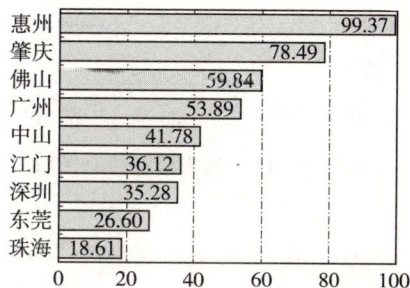

图 5-5-10　资本经营效率指数（2001）

（4）经营效率竞争力指数时序折线图

图 5-5-11 至图 5-5-19 是基于 2001—2010 年珠三角各经济体经营效率竞争力指数分别制作的 10 年时序变动折线图。

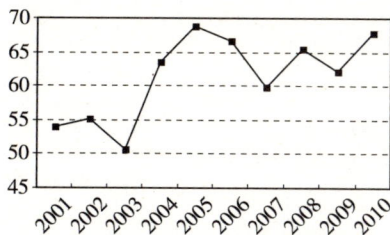

图 5-5-11　广州经营效率指数
（2001—2010）

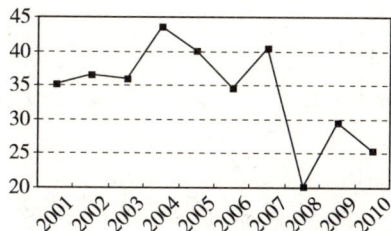

图 5-5-12　深圳经营效率指数
（2001—2010）

131

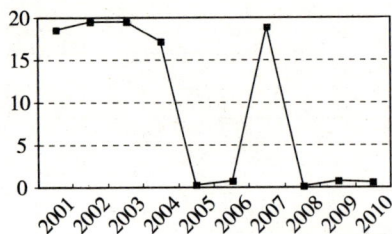

图 5-5-13　珠海经营效率指数
（2001—2010）

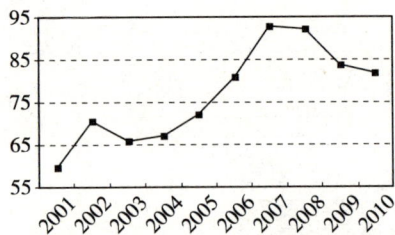

图 5-5-14　佛山经营效率指数
（2001—2010）

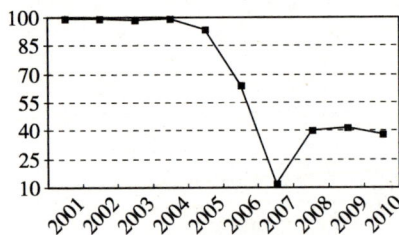

图 5-5-15　惠州经营效率指数
（2001—2010）

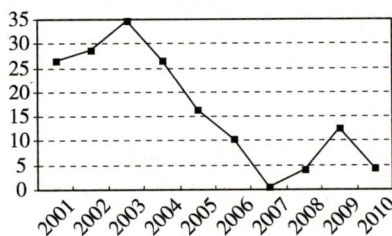

图 5-5-16　东莞经营效率指数
（2001—2010）

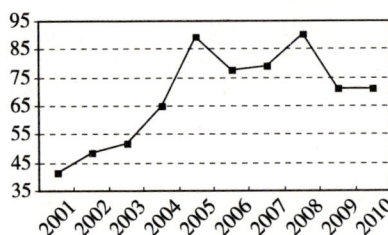

图 5-5-17　中山经营效率指数
（2001—2010）

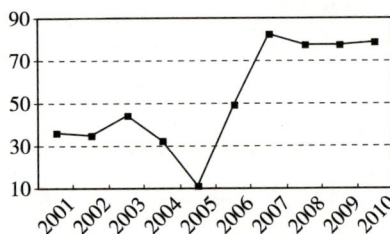

图 5-5-18　江门经营效率指数
（2001—2010）

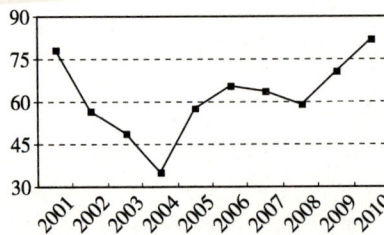

图 5-5-19　肇庆经营效率指数
（2001—2010）

5.5.2 珠三角经营效率竞争力分析

（1）2010 年珠三角经营效率竞争力排名

佛山 81.85，肇庆 81.82，江门 78.84，中山 70.96，广州 67.83，惠州 38.11，深圳 25.56，东莞 4.46，珠海 0.55。

（2）2010 年珠三角经营效率竞争力基本状态

经营效率竞争力指数分布优劣两极化，是珠三角区域内经营效率竞争力的基本状态。5 个优势经济体佛山、肇庆、江门、中山、广州集聚在中高端，指数平均为 72.26。4 个劣势经济体惠州、深圳、东莞、珠海集聚在低端，指数平均为 17.17。两极之间的优劣比为 4.44。其中珠三角经营效率竞争力绝对优势经济体佛山和绝对劣势经济体珠海之间的优劣比，竟然难以想象达到近百倍。

（3）珠三角经营效率竞争力 10 年变动基本态势

① 10 年中，各经济体指数和排位都有剧烈波动，状态极不稳定，分布格局有很大变化。总体考察，佛山、广州、中山和江门呈波动中不断上升趋势，深圳、珠海、惠州、东莞在 2007—2008 年全球金融危机阶段，在剧烈振荡中降至最低水平，珠海在 2007 年前后发生两次震荡。整体来看，中高水平和低水平的经济体向二边各自集聚。

②进入竞争优势的经济体变化很大。2001 年是惠州、肇庆和佛山；2006 年变为佛山、中山、广州；2010 年变为佛山、肇庆和江门。佛山的上升持续且明显的，指数从 2001 年的 59.84 至 2007 年的 92.83，增加了 32 分，虽然 2008 年后略有下降，但一直保持在前 3 位行列。肇庆曾在 2003—2009 年间位次下降。中山和江门完成了 30—40 分提升的过程。其中江门的良好表现使得其从第 6 位以下创纪录的鲤鱼跳龙门，跃升至第 2 位。

③深圳、珠海、东莞经营效率竞争力水平基本保持在劣势负债行列，存在下降的趋势。

珠三角区域资本投入效率主题评价点与子要素相同，亦不再赘述。

6 珠三角基础竞争力研究

6.1 珠三角基础竞争力评价体系及指标选择

6.1.1 珠三角基础竞争力评价体系

基础设施是支撑经济社会运行发展基础的概念。与传统的直接服务于生产、生活的基础设施概念不同，本研究采用了 IMD 提出的广义基础设施概念。其不仅包括直接为提高生产效率、深化劳动分工、促进社会化大生产、增加社会福利的物质与技术手段，还包括对社会经济的长远可持续发展起着重要的推动作用的教育、科学研究、环境保护和公共卫生等方面的建设。基础设施要素用于评估一个国家或地区在公共设施、技术、科研、健康、教育以及生态环境等方面满足企业生产和运营需要的程度，从协调性方面来反映一个经济体的可持续发展水平与竞争能力。

应当指出，珠三角在经济社会转型中遭遇的发展瓶颈，仍然主要集中在广义基础设施方面，因此，基础竞争力评价在本项研究中占有特殊地位，我们研究中给出更多的笔墨来叙述，力图通过多层次与更加深入的分析，为珠三角在突破转型经济社会发展瓶颈而提供更多有价值的信息。

针对珠三角经济社会发展现状以及数据可得性，本研究建立了包括基本基础设施、科研与技术开发、教育与人力资本、健康与环境 4 个方面子要素，及 10 个主题评价点的珠三角各经济体基础竞争力评价测度

理论体系（参见表6-1-1）。相关内容已在第一章中做了讨论，现简要
回顾如下：

表6-1-1　珠三角基础竞争力评价体系

评价要素	子要素	主题评价点
4- 基础竞争力	4.1 基本基础设施	4.1.1 土地资源 4.1.2 管网设施 4.1.3 交通运输设施 4.1.4 通信设施
	4.2 科研与技术开发	4.2.1 科技产出 4.2.2 科技投入
	4.3 教育与人力资本	4.3.1 教育投入 4.3.2 人力资本
	4.4 健康与环境	4.4.1 健康保障 4.4.2 环境保障

①基本基础设施子要素。反映经济体发展的基本条件。包括土地
资源、管网设施、交通运输设施与通信设施4个主题评价点。

②科研与技术开发子要素。以R&D活动为中心，反映各经济体的
科学技术实力，以及科技竞争力成长过程中的制度和环境。包括科技产
出、科技投入2个主题评价点。

③教育与人力资本子要素。反映区域劳动力的数量和质量状况。
具体包括教育投入与人力资本2个主题评价点。

④健康与环境子要素。反映科学发展和可持续发展能力。具体包
括健康保障、环境保障2个主题评价点。

鉴于基础设施组成的多类性，以及各类基础设施可以从许多视角测
度，加之在我国科技统计等统计体系并不完善情况下。如何通过代表性
指标合理反映出各类基础设施竞争力水平，是一个相当困难并具挑战性
的工作，我们基于第一章提出的六方面原则选择代表性指标进行测度，
其中强调能充分反映珠三角存在的土地与资源环境约束、区域创新活跃
程度等影响发展后劲和潜力问题、社会公共服务事业发展瓶颈问题。

6.1.2 基础竞争力主题评价点测度指标选择

（1）土地资源主题评价点

统计测度指标空间：土地面积、耕地、林地、园地、牧草地等资源。

（2）管网设施主题评价点

统计测度指标空间：年末供水综合生产能力、年末供水管道长度、供气管道长度、集中供热面积、城市排水管道长度、城市排水管道密度、人均拥有道路面积等 10 多项指标。

（3）交通运输设施主题评价点

统计测度指标空间：铁路营业里程、公路通车里程、内河通航里程、民航航线里程、港口码头泊位、公路桥梁、民用汽车、民用飞机、客运量、旅客周转量、货运量、货物周转量、港口货物吞吐量、航站旅客吞吐量等 20 多项指标。

（4）通讯设施主题评价点

统计测度指标空间：邮路长度、农村投递路线、长途光缆线路长度、长途电话交换机容量、移动电话交换机容量、移动电话用户、数字数据用户、国际互联网用户、函件、快递、本地电话普及率、移动电话普及率等 20 项指标。

（5）科技产出主题评价点

统计测度指标空间：国家级、省级重大、省级及以上科技奖励成果、技术合同成交额、三种专利申请受理量、三种专利申请批准量等 10 项。

（6）科技投入主题评价点

统计测度指标空间：科技活动统计单位数、各级学会及研究会、科技活动经费筹集总额、科技活动经费使用总额、研究与发展经费支出及占生产总值比例、科技活动课题（项目）数、从事科技活动人员等。

（7）教育投入主题评价点

统计测度指标空间：人均教育支出、人均教育支出增长率、财政性教育支出占 GDP 比重、各类学校师生比、高等教育毛入学率、入学率和识字率、平均教育年限等。

（8）人力资本主题评价点

统计测度指标空间：在校学生数、每万人口普通高校在校学生数、各专业技术人员数、受中等以上教育人员规模、科学家与工程师数等。

（9）健康保障主题评价点

统计测度指标空间：卫生事业机构数、卫生事业机构床位数、卫生技术人员数 、卫生工作人员数、执业医师数、平均每千户籍人口医院、卫生院、床位数、平均每千户籍人口有卫生技术人员数、医生数等 12 项指标。

（10）环境保障主题评价点

统计测度指标空间：水环境、大气环境、生态环境、城市环境、农村环境、自然灾害、工业固体废物、工业"三废"综合利用、企事业单位污染治理、环境管理 、环保系统自身建设情况等 11 类指标。具体包括万元 GDP 用水量、万元工业增加值用水量、单位土地面积废水、工业废气、工业固体废物排放量、固体废物综合利用率、城市污水处理率 、城市生活垃圾无害化处理率、农村自来水普及率、地质灾害直接经济损失、单位 GDP 能耗、环保投资占 GDP 比重、环境监测站数等统计指标近百个。

6.2 珠三角基础竞争力总体评价

6.2.1 珠三角各经济体基础竞争力总指数

（1）珠三角各经济体基础竞争力总指数的计算

基于评价指标体系选择的指标数据，可以通过计算基础竞争力及其四个子要素的指数，实现珠三角区域内各经济体基础竞争力状态的比较测度。本年度基础竞争力水平是上年度经济体基础竞争力现实状态的反映，即2001—2010各年度基础竞争力指数是根据2000—2009年度数据计算的。

（2）珠三角各经济体基础竞争力总指数数值表

珠三角9个经济体2001—2010年的基础竞争力总指数见表6-2-1。

表6-2-1　珠三角各经济体基础竞争力总指数分值表（2001—2010）

经济体 年份	广州	深圳	珠海	佛山	惠州	东莞	中山	江门	肇庆
2010	99.55	98.95	43.28	49.82	31.59	39.12	36.56	29.77	21.36
2009	99.41	97.91	41.09	53.29	31.82	35.97	38.88	30.30	21.33
2008	99.83	95.23	42.20	51.57	31.59	35.00	40.60	32.30	21.68
2007	99.75	96.26	43.86	61.85	32.31	29.37	36.68	30.79	19.12
2006	99.23	87.15	44.39	58.30	37.74	28.34	37.79	32.40	24.66
2005	99.26	82.93	47.61	59.37	39.19	26.10	35.28	33.51	26.74
2004	99.67	81.76	47.24	55.38	40.11	25.81	36.99	34.50	28.55
2003	99.34	78.07	49.17	57.22	35.97	22.70	41.91	35.69	29.92
2002	99.56	81.31	47.18	58.31	30.50	21.21	43.35	35.86	32.71
2001	99.80	69.21	45.53	56.20	31.59	25.88	47.25	36.45	38.10

（3）珠三角各经济体基础竞争力总指数排名

珠三角9个经济体10年的基础竞争力总指数排名见表6-2-2。

表6-2-2　珠三角各经济体基础竞争力总指数排名（2001—2010）

经济体 年份	广州	深圳	珠海	佛山	惠州	东莞	中山	江门	肇庆
2010	1	2	4	3	7	5	6	8	9
2009	1	2	4	3	7	6	5	8	9
2008	1	2	4	3	8	6	5	7	9
2007	1	2	4	3	6	8	5	7	9

经济体 年份	广州	深圳	珠海	佛山	惠州	东莞	中山	江门	肇庆
2006	1	2	4	3	6	8	5	7	9
2005	1	2	4	3	5	9	6	7	8
2004	1	2	4	3	5	9	6	7	8
2003	1	2	4	3	6	9	5	7	8
2002	1	2	4	3	8	9	5	6	7
2001	1	2	5	3	8	9	4	7	6

（4）珠三角各经济体基础竞争力总指数条形图

图 6-2-1 至图 6-2-10 为 2001—2010 年珠三角各经济体基础竞争力指数比较条形图。

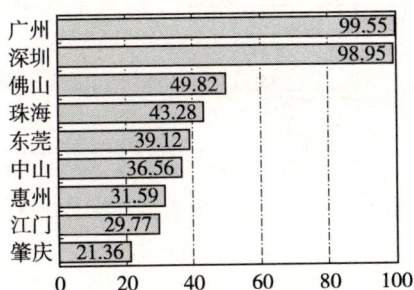

图 6-2-1　基础竞争力总指数（2010）

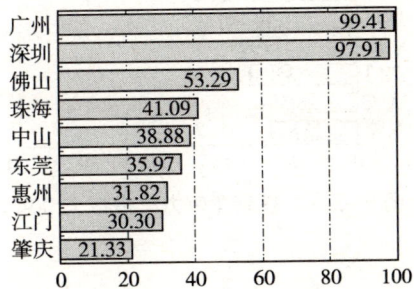

图 6-2-2　基础竞争力总指数（2009）

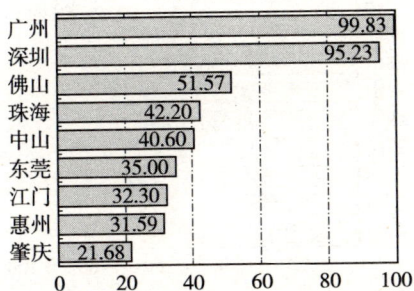

图 6-2-3　基础竞争力总指数（2008）

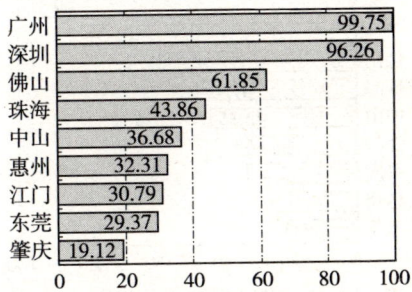

图 6-2-4　基础竞争力总指数（2007）

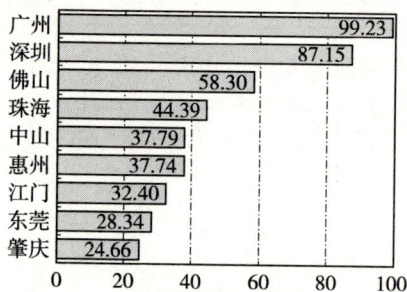

图6-2-5　基础竞争力总指数（2006）

广州　99.23
深圳　87.15
佛山　58.30
珠海　44.39
中山　37.79
惠州　37.74
江门　32.40
东莞　28.34
肇庆　24.66

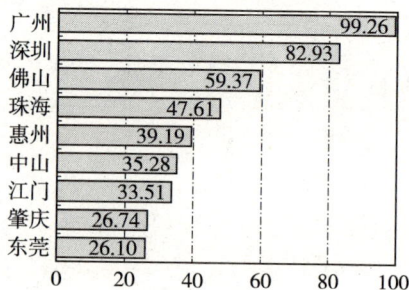

图6-2-6　基础竞争力总指数（2005）

广州　99.26
深圳　82.93
佛山　59.37
珠海　47.61
惠州　39.19
中山　35.28
江门　33.51
肇庆　26.74
东莞　26.10

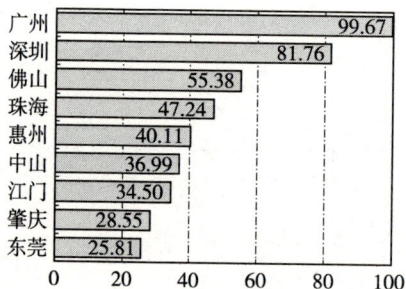

图6-2-7　基础竞争力总指数（2004）

广州　99.67
深圳　81.76
佛山　55.38
珠海　47.24
惠州　40.11
中山　36.99
江门　34.50
肇庆　28.55
东莞　25.81

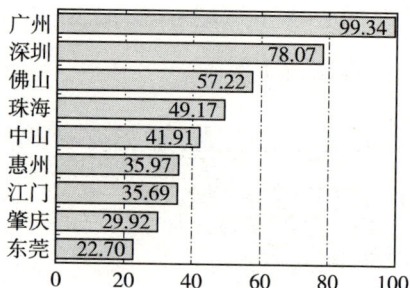

图6-2-8　基础竞争力总指数（2003）

广州　99.34
深圳　78.07
佛山　57.22
珠海　49.17
中山　41.91
惠州　35.97
江门　35.69
肇庆　29.92
东莞　22.70

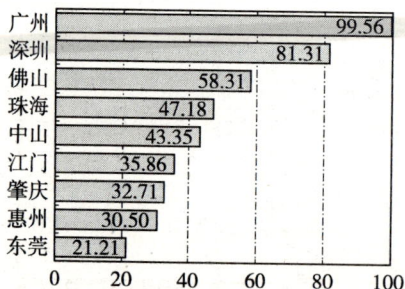

图6-2-9　基础竞争力总指数（2002）

广州　99.56
深圳　81.31
佛山　58.31
珠海　47.18
中山　43.35
江门　35.86
肇庆　32.71
惠州　30.50
东莞　21.21

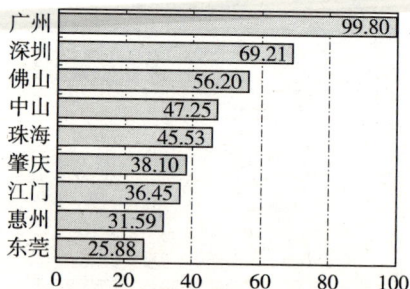

图6-2-10　基础竞争力总指数（2001）

广州　99.80
深圳　69.21
佛山　56.20
中山　47.25
珠海　45.53
肇庆　38.10
江门　36.45
惠州　31.59
东莞　25.88

（5）珠三角各经济体基础竞争力总指数时序折线图

图 6-2-11 至图 6-2-19 为珠三角各经济体 2001—2010 年基础设施竞争力指数时序变动折线图。

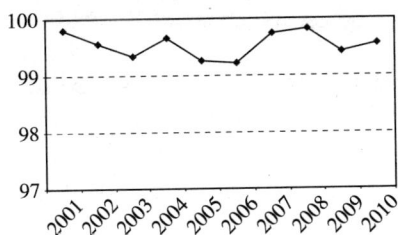

图 6-2-11　广州基础竞争力总指数
（2001—2010）

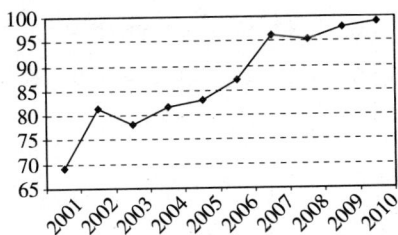

图 6-2-12　深圳基础竞争力总指数
（2001—2010）

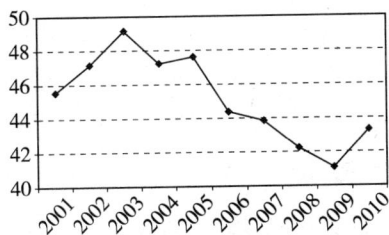

图 6-2-13　珠海基础竞争力总指数
（2001—2010）

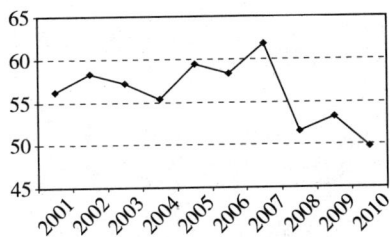

图 6-2-14　佛山基础竞争力总指数
（2001—2010）

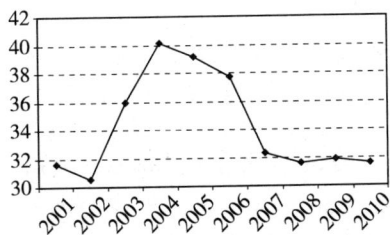

图 6-2-15　惠州基础竞争力总指数
（2001—2010）

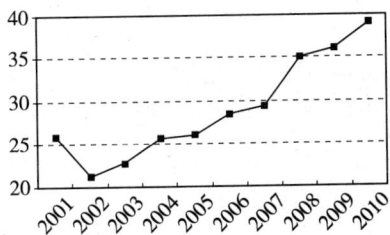

图 6-2-16　东莞基础竞争力总指数
（2001—2010）

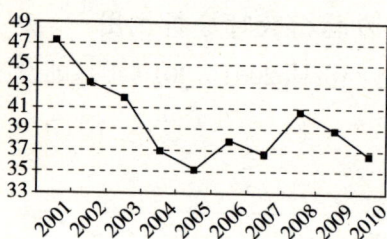

图 6-2-17　中山基础竞争力总指数
（2001—2010）

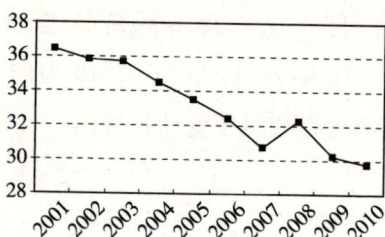

图 6-2-18　江门基础竞争力总指数
（2001—2010）

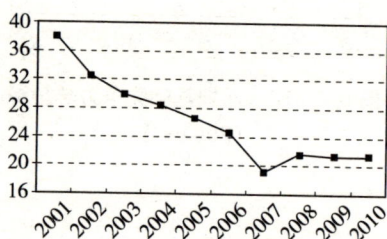

图 6-2-19　肇庆基础竞争力总指数
（2001—2010）

6.2.2　珠三角基础竞争力总体状态与基本特征

表 6-2-1、6-2-2，图 6-2-1 至图 6-2-19 的指数信息表明，珠三角区域内各经济体基础竞争力的总体状态与基本特征如下。

（1）2010 年珠三角基础竞争力排名

2010 年珠三角区域各经济体基础竞争力排名为：广州、深圳、佛山、珠海、东莞、中山、惠州、江门、肇庆。其中：

①第一位广州基础竞争力指数高达 99.55，第二位深圳基础竞争力指数为 98.95。两者仅相差 3.6 分。

②基础竞争力指数在 40—50 区间的有两个经济体，即佛山 49.82、珠海 43.28。基础竞争力指数在 30—40 区间的有 3 个经济体，即东莞 39.12、中山 36.56、惠州 31.59。基础竞争力指数在 20—30 区间的也有两个经济体，即江门 29.77、肇庆 21.36。三组竞争力指数反映各自水平

相对集中。

③位居竞争力第一位的广州，其竞争力指数 99.55 是竞争力排名最后一位的肇庆指数 21.36 的 4.66 倍，是位居第三的佛山指数的 2 倍，显示出省会中心城市的实力。

（2）珠三角基础竞争力 10 年变动基本态势

① 10 年中，深圳基础竞争力除在 2003 年非典肆虐时与 2008 年全球金融危机冲击下产生轻微波动之外，完成了指数从 69—99 的直线上升的跳跃动作。而东莞则经过 2001—2005 年低位徘徊的失去 5 年后，2006 年启动，凭借基本基础设施的大力发展，并通过科研与技术开发的强力冲击，实现了令人振奋的攀升，2008 年挤入第二梯队，2010 年跃上珠三角基础竞争力第 5 位。深圳、东莞竞争力水平的爆发式的提升，是珠三角区域基础竞争力发展变化的一大亮点。

②珠海、佛山、中山竞争力水平的震荡值得关注并加以研究。其中佛山虽一直保持了第 3 位的水平，但基本基础设施、科研与技术开发要素却在震荡下行，隐含并透露出其基础竞争力有可能滑坡倾向。珠海依靠教育与人力资本要素、健康与环境要素的相对竞争优势，艰难地保持了在第 4 位震荡的态势，但基本基础设施却是它发展的瓶颈；中山以科研与技术开发要素的努力提升，以及其他要素的相对稳定，维持了在中位末尾徘徊震荡的局面，相对于落后的 4 个经济体，仅显微弱优势。

③惠州、江门、肇庆竞争力的持续性下滑与低位徘徊需要认真思考研究。惠州曾在 2005—2007 位居第二梯队，2008 年再度滑入第三梯队。数据表明基本基础设施的落后是肇庆、惠州、江门三地长期停滞徘徊在第三梯队主要因素。

（3）珠三角基础竞争力表现出优势极化与优劣差距扩大的基本特征

①广州、深圳位居竞争力高端，2007 年以来两地竞争力指数均稳定在 90 左右，是珠三角基础竞争力的优势资产。10 年中广州一直稳定

占据着珠三角区域基础设施竞争力的第一把交椅。优势极化来自深圳的快速追赶。10年中，深圳基础竞争力除在2003年非典肆虐时与2008年全球金融危机冲击下产生轻微波动之外，完成了指数从69—98的直线上升，竞争力直逼广州而大显后发优势。2010年广州、深圳二强则表现出竞争冠亚军的决赛态势。相关数据也表明广州、深圳10年竞争优势主要来自基本基础设施、教育与人力资本要素的有力支撑。此外，广州的健康环境要素是其长期保持竞争优势的源泉，深圳的科研与技术开发要素是其向竞争力冲击第一位的关键因素所在。

②2001年位居竞争力第一的广州，其竞争力指数99.80，是当年竞争力排名最后一位东莞（竞争力指数25.88）的3.86倍。10年后的2010年，位居竞争力第一的广州，其竞争力指数99.55变为当年竞争力排名最后一位肇庆（竞争力指数21.36）的4.66倍。虽然末位的经济体从东莞变为肇庆，但基础竞争力总体差距仍然扩大了80分。即使以位居第一的广州与一直位列季军的佛山相比，2001年相差1.77倍，2010年差距扩大为2倍。虽然10年中珠三角区域内各经济体基础水平都有所提高，但以各经济体基础设施相对比较标示的竞争力来看，不仅存在较大差距，而且相对差距不断显现出扩大的趋势。

（4）与竞争优势经济体高位的稳定聚集相比，中低层次经济体的不稳定聚集是珠三角区域基础竞争力的第二个基本特征

①中低层次经济体的竞争力水平比较接近，竞争力指数大体分布在30—50，很难利用指数值清晰划分其边界。我们按国际竞争力分析的惯例，将竞争力排位后3位的经济体作为第三层次，视为珠三角区域基础竞争力的劣势负债。竞争力指数显示，10年中第二、三层次经济体的聚集性不够稳定。一些经济体通过争先恐后的激烈竞争，在两个层次中进进出出，变化很大。在组成第二层次的4个经济体中，除佛山、珠海外，中山曾位居第二层次边缘3年，而惠州曾5年，肇庆、江门曾

有 1 年进入第二层次，东莞则在 7 年位居第三层次后，自 2008 年开始已有 3 年提升到第二层次。

　②第二、三两个层次各经济体之间基础竞争力水平存在集中的趋势。例如第二层次的佛山、珠海竞争力指数差距，2002 年为 11.13，到 2010 年已变为 6.54。

6.3　珠三角基本基础设施竞争力分析

6.3.1　珠三角基本基础设施竞争力总指数
（1）基本基础设施竞争力指数分值表

表 6-3-1　珠三角各经济体基本基础设施竞争力指数分值表（2001—2010）

经济体 / 年份	广州	深圳	珠海	佛山	惠州	东莞	中山	江门	肇庆
2010	87.98	98.90	27.32	50.29	28.41	85.33	31.26	25.11	15.37
2009	94.66	99.34	21.12	57.80	26.48	86.85	31.33	22.00	10.42
2008	97.14	99.46	19.99	59.15	25.04	85.22	31.63	22.94	9.43
2007	99.33	97.26	19.84	60.76	24.95	87.80	31.34	21.17	7.55
2006	99.63	92.14	24.26	57.94	24.74	78.07	36.56	20.78	15.86
2005	99.06	89.47	31.30	57.37	25.29	76.95	34.38	19.98	16.19
2004	99.90	90.17	32.32	58.51	24.73	75.91	32.75	19.50	16.21
2003	99.02	86.55	33.81	58.82	26.13	73.53	33.05	21.25	17.83
2002	99.13	86.85	34.24	59.15	26.40	72.73	32.56	21.31	17.63
2001	99.89	84.60	31.37	58.89	28.67	69.83	33.10	23.73	19.93

（2）基本基础设施竞争力指数排名

表 6-3-2　珠三角各经济体基本基础设施竞争力指数排名（2001—2010）

年份 \ 经济体	广州	深圳	珠海	佛山	惠州	东莞	中山	江门	肇庆
2010	2	1	7	4	6	3	5	8	9
2009	2	1	8	4	6	3	5	7	9
2008	2	1	8	4	6	3	5	7	9
2007	1	2	8	4	6	3	5	7	9
2006	1	2	7	4	6	3	5	8	9
2005	1	2	6	4	7	3	5	8	9
2004	1	2	6	4	7	3	5	8	9
2003	1	2	5	4	7	3	6	8	9
2002	1	2	5	4	7	3	6	8	9
2001	1	2	6	4	7	3	5	8	9

（3）基本基础设施竞争力指数条形图

图 6-3-1 至图 6-3-10 为基于 2001—2010 年珠三角各经济体基本基础设施竞争力指数分别制作的 10 年竞争力指数比较条形图。

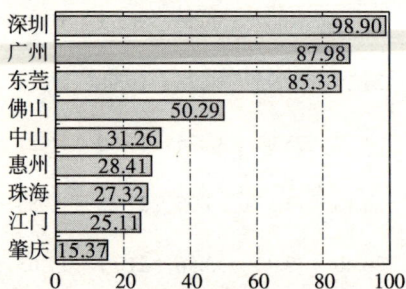

图 6-3-1　基本基础设施竞争力指数（2010）

深圳　98.90
广州　87.98
东莞　85.33
佛山　50.29
中山　31.26
惠州　28.41
珠海　27.32
江门　25.11
肇庆　15.37

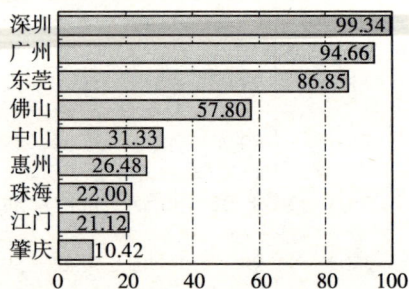

图 6-3-2　基本基础设施竞争力指数（2009）

深圳　99.34
广州　94.66
东莞　86.85
佛山　57.80
中山　31.33
惠州　26.48
珠海　22.00
江门　21.12
肇庆　10.42

深圳	99.46
广州	97.14
东莞	85.22
佛山	59.15
中山	31.63
惠州	25.04
江门	22.94
珠海	19.99
肇庆	9.43

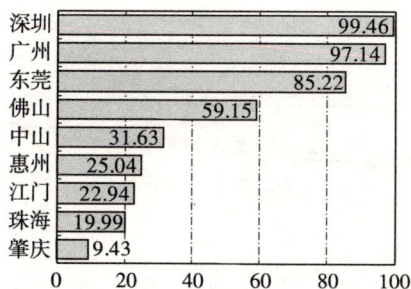

图 6-3-3 基本基础设施竞争力指数 (2008)

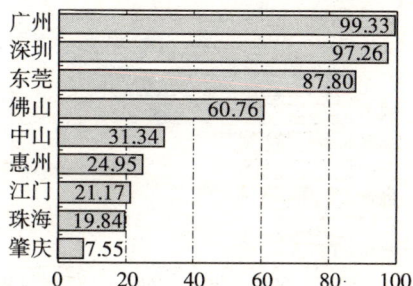

广州	99.33
深圳	97.26
东莞	87.80
佛山	60.76
中山	31.34
惠州	24.95
江门	21.17
珠海	19.84
肇庆	7.55

图 6-3-4 基本基础设施竞争力指数 (2007)

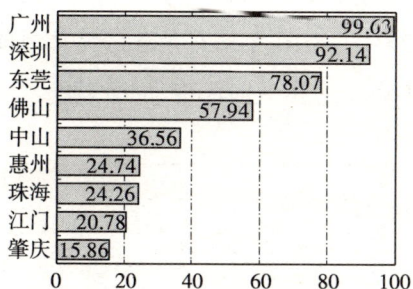

广州	99.63
深圳	92.14
东莞	78.07
佛山	57.94
中山	36.56
惠州	24.74
珠海	24.26
江门	20.78
肇庆	15.86

图 6-3-5 基本基础设施竞争力指数 (2006)

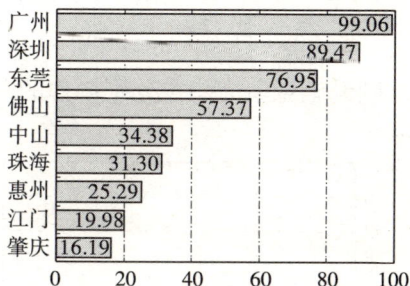

广州	99.06
深圳	89.47
东莞	76.95
佛山	57.37
中山	34.38
珠海	31.30
惠州	25.29
江门	19.98
肇庆	16.19

图 6-3-6 基本基础设施竞争力指数 (2005)

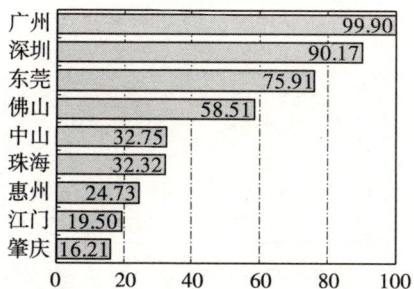

广州	99.90
深圳	90.17
东莞	75.91
佛山	58.51
中山	32.75
珠海	32.32
惠州	24.73
江门	19.50
肇庆	16.21

图 6-3-7 基本基础设施竞争力指数 (2004)

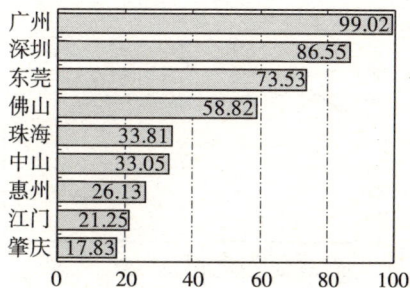

广州	99.02
深圳	86.55
东莞	73.53
佛山	58.82
珠海	33.81
中山	33.05
惠州	26.13
江门	21.25
肇庆	17.83

图 6-3-8 基本基础设施竞争力指数 (2003)

147

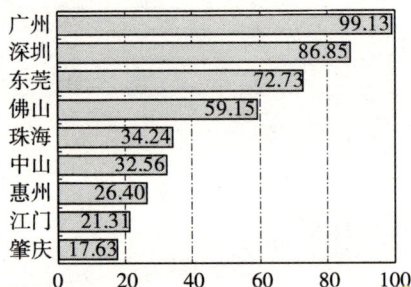

图6-3-9　基本基础设施竞争力指数（2002）

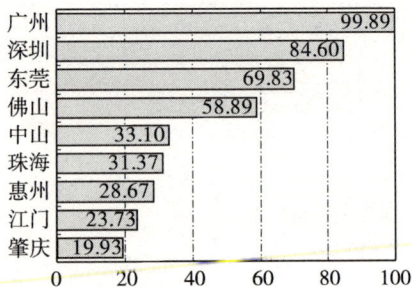

图6-3-10　基本基础设施竞争力指数（2001）

（4）基本基础设施竞争力指数时序折线图

图6-3-11至图6-3-19是基于2001—2010年珠三角各经济体基本基础设施竞争力指数分别制作的10年竞争力指数时序变动折线图。

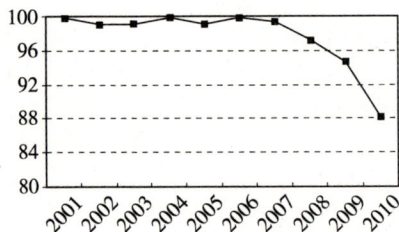

图6-3-11　广州基本基础设施竞争力指数（2001—2010）

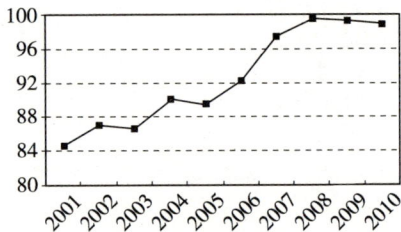

图6-3-12　深圳基本基础设施竞争力指数（2001—2010）

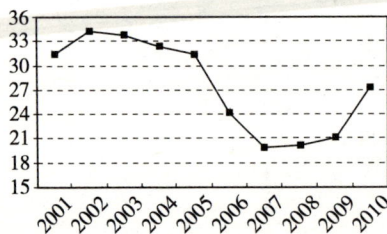

图6-3-13　珠海基本基础设施竞争力指数（2001—2010）

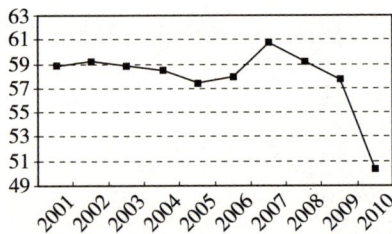

图6-3-14　佛山基本基础设施竞争力指数（2001—2010）

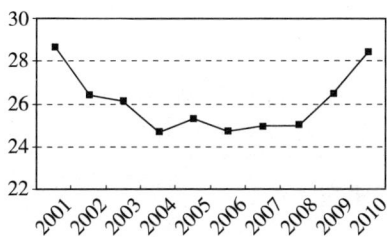

图 6-3-15 惠州基本基础设施竞争
力指数（2001—2010）

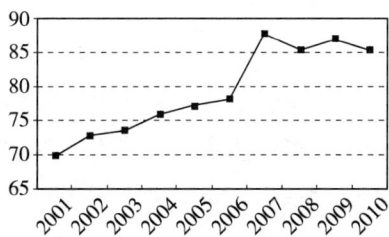

图 6-3-16 东莞基本基础设施竞争
力指数（2001—2010）

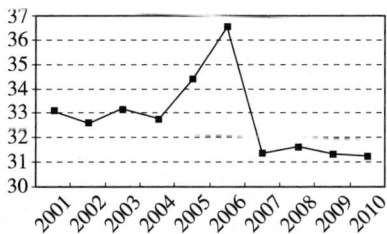

图 6-3-17 中山基本基础设施竞争
力指数（2001—2010）

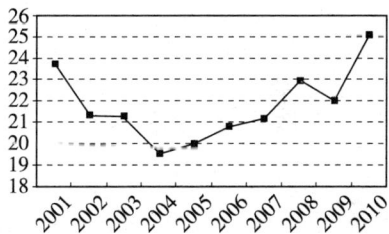

图 6-3-18 江门基本基础设施竞争
力指数（2001—2010）

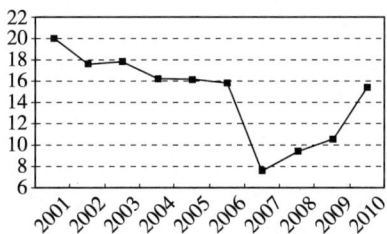

图 6-3-19 肇庆基本基础设施竞争
力指数（2001—2010）

6.3.2 珠三角基本基础设施竞争力分析

（1）2010 年珠三角基本基础设施竞争力排名

深圳 98.90，广州 87.98，东莞 85.33，佛山 50.29，中山 31.26，惠州 28.41，珠海 27.32，江门 25.11，肇庆 15.37。

（2）两级分化是 2010 年珠三角基本基础设施竞争力的基本状态

优势经济体最耀眼就是都市繁华景象，各种设施齐全并畅通。深圳、广州、东莞，以指数平均为 90.74 表现出它们是珠三角基本基础设施竞争力优势资产。中山、惠州、珠海、江门、肇庆，指数平均为 25.49，是珠三角基本基础设施竞争力劣势负债。优劣之比相差 3.56 倍。排名第一的深圳与排名最后的肇庆优劣之比高达 6.43 倍。佛山居中位，其竞争力水平为优势经济体平均水平的 55%，是劣势经济体平均水平的 1.97 倍。

（3）各经济体竞争力水平排序稳定并向优劣两级分化聚集，是珠三角基本基础设施竞争力 10 年中变动的基本态势

10 年中，广州与深圳当仁不让，以双塔之高而揽珠三角风云。2008 年全球金融危机后出现波动，广州从多年的老大缓慢下降，而屈居在活力四射、充满生机的深圳后面。其他各经济体 10 年中竞争力排名没有任何变动。优劣两级分化表现在两方面：一是佛山 2010 年在原水平上下滑 10 个分值，与 3 个优势经济体拉开了距离。二是 2001 年 3 个优势经济体竞争力指数平均为 84.77，5 个劣势经济体竞争力指数平均为 27.36，优劣比为 3.10；2006 年优势经济体竞争力指数平均为 90.21，5 个劣势经济体竞争力指数平均为 24.44，优劣比为 3.69；2008 年优势经济体竞争力指数平均为 101.2，5 个劣势经济体竞争力指数平均为 21.81，优劣比为 4.64。差距动态扩大。虽然 2010 年优劣比有所回调为 3.56，但优劣两级分化的基本态势已基本确认。

6.3.3　珠三角基本基础设施竞争力土地资源主题评价信息

在 21 世纪的中国，土地资源的稀缺性与重要性已经全民皆知，无须讨论。关键问题是土地在供给能力与使用效率方面。因此我们把竞争力测度主要集中在此。

（1）土地资源主题评价点排名

表6-3-3　珠三角各经济体土地资源主题评价点排名（2010）

年份＼经济体	广州	深圳	珠海	佛山	惠州	东莞	中山	江门	肇庆
2010	4	7	9	5	2	6	8	3	1

对于各经济体而言，土地空间的大小对其发展起着至关重要的制约作用，关于经济增长的地耗问题，正在成为与能源一样制约社会经济可持续发展的主要因素。一般地，土地面积是越大越好，实际上可作为计算指标，但因我国行政规划等诸多制度原因，多年来基本也很难有改变，所以要在计算中剔除，仅作为背景指标来解释。

（2）2010年土地资源主题评价点信息

依据2010年各经济体土地资源的排名信息，基本基础设施竞争力居首位的深圳，在土地资源支撑点上不仅没有优势而且处于劣势，其土地面积排在珠三角的倒数第3位。肇庆、惠州、江门土地面积分别位居前三位，拥有土地存量的优势，是深圳的5—7倍，可建设用地面积比深圳、东莞多5—6倍。深圳人口密度是每平方公里4564人，可与北京、上海等特大都市一比，极为拥挤，是肇庆的18倍，基本实现城市化，主要农作物播种面积指标排在末位，肇庆则以主要农作物播种面积位居首位，货真价实，一块还未开发的处女地，这是肇庆优势之所在，也是珠三角发展的潜力所在。

（3）土地资源主题评价点10年发展变化态势

因行政规划的制度原因，基本上各经济体的土地面积没有什么变化。但是经济体内部的资源环境承载能力、现有开发密度和发展潜力已经呈现出不同格局。深圳已拥挤不堪，广州可用土地也所剩无几，因此，需要严格按照《珠三角发展规划纲要》，统筹谋划未来人口分布、经济布局、国土利用和城镇化格局。

（4）珠三角土地产出效率的国际比较

整个珠三角每平方公里的 GDP 产出为 0.59 亿元，低于新加坡的 12.10 亿元和台湾的 0.72 亿元，略高于韩国的 0.57 亿元。即便是珠三角基本基础设施竞争力较强的广州和深圳，土地开发强度不在香港之下，2009 年土地产出效率是每平方公里的 GDP 值分别为 1.25 亿元、4.20 亿元，都远低于香港的 14.39 亿元。土地利用效率不高是整个珠三角区域长期发展累积下来的短板因素，制约其持续发展空间。近些年来广东省政府推行"腾笼换鸟"的产业升级计划，是解决这一问题的较好方法。

6.3.4 珠三角基本基础设施竞争力管网设施主题评价信息

（1）管网设施主题评价点排名

表 6-3-4 珠三角各经济体管网设施主题评价点排名（2001—2010）

经济体 / 年份	广州	深圳	珠海	佛山	惠州	东莞	中山	江门	肇庆
2010	2	1	7	4	6	3	8	5	9
2009	2	1	7	4	6	3	8	5	9
2008	1	3	8	4	6	2	7	5	9
2007	1	3	7	4	6	2	8	5	9
2006	1	2	8	4	6	3	9	5	7
2005	1	2	8	4	6	3	9	5	7
2004	1	2	8	4	6	3	9	5	7
2003	1	2	8	4	6	3	9	5	7
2002	1	2	8	4	6	3	9	5	7
2001	1	2	8	4	6	3	9	5	7

（2）2010 年管网设施主题评价点信息

从 2010 年各经济体的水资源供给能力和使用效率状况考察，广州、深圳、东莞分别位于前三名；珠海、中山、肇庆分别处于末尾三位；佛山、江门、惠州居中位。

（3）管网设施主题评价点 10 年动态变化信息

广州、深圳、东莞一直稳定在前三位，但是三者之间竞争较明显，2007—2010 年间互有进出位变更：广州在保持了 8 年首位后，于 2009—2010 让位深圳，东莞在 2007—2008 年也曾超过深圳。佛山、江门、惠州稳定在中间三位，自身也一直保持了其排位不变。珠海、中山、肇庆虽在末尾三位，但三者之间的供水综合生产能力也相互赶追，各有前进和后退表现。

（4）水资源利用

从代表性指标供水综合生产能力具体数据信息比较，各经济体对水资源的利用效率还是存在很大差距。广州、深圳、东莞平均为珠海、中山、肇庆的 7—9 倍，也平均是佛山、江门、惠州的 3 倍左右。

6.3.5　珠三角基本基础设施竞争力通信设施主题评价信息

在通讯技术方面，广东已成为中国内地通讯第一省，城乡电话用户、移动电话网络容量均居内地首位。广州是中国三大国际电信出入口之一，中国互联网三大国际出口之一，也是京—沪—穗电信主干走廊的华南中心枢纽，其基础设施的技术水平和服务能力都在内地处于领先水平。在这样得天独厚的优势推动下，珠三角地区的信息化普及程度、通信基础设施的覆盖密度都存在优势。

（1）通信设施主题评价点排名

表 6-3-5　珠三角各经济体通信设施主题评价点排名（2001—2010）

年份＼经济体	广州	深圳	珠海	佛山	惠州	东莞	中山	江门	肇庆
2010	2	1	8	4	6	3	5	7	9
2009	2	1	8	4	6	3	5	7	9
2008	2	1	8	4	6	3	5	7	9

续表

年份＼经济体	广州	深圳	珠海	佛山	惠州	东莞	中山	江门	肇庆
2007	2	1	8	4	6	3	5	7	9
2006	2	1	8	4	6	3	5	7	9
2005	1	2	8	4	6	3	5	7	9
2004	1	2	8	4	6	3	5	7	9
2003	1	2	8	4	7	3	5	6	9
2002	1	2	8	4	7	3	5	6	9
2001	1	2	8	4	7	3	6	5	9

（2）2010年通信设施主题评价点信息

位于前三名的分别是深圳、广州、东莞；佛山、中山、惠州分别处于中间三位；江门、珠海、肇庆为末尾三位。

（3）通信设施主题评价点10年动态变化信息

广州2000—2005年一直在第一位，深圳在第二位，2006年两者位次发生交换，深圳升至首位。其余经济体的位次基本没有变化，保持了排位稳定，同2010年的状态。

（4）通信技术基础设施能力的比较

分析电信业务总量和增长速度，2001—2010年各经济体电信业务总量都有了持续增加，但规模差距明显。广州、深圳处于引领地位，东莞紧随其后，第4位的佛山的电信业务总量只有东莞的1/2，而珠海、肇庆、江门、惠州因为其人口、消费等规模限制更难望他们的项背尘及。不过从电信业务平均增速看各经济体都有了15%以上的增速，其中惠州、东莞、中山、肇庆4地都有21%以上增速。

6.3.6 珠三角基本基础设施竞争力交通运输设施主题评价信息

在基础设施发展中，如果单纯依靠基建投资和规模扩大，高速公路与铁路的密度不断铺设延伸，而缺乏配套产业的支撑，会造成客运货运流的密度不足，重复、无序、过度、超前又浪费土地等问题如乱麻似交集在一起。

（1）交通运输主题评价点排名

表6-3-6　珠三角各经济体交通运输设施主题评价点排名（2001—2010）

年份 \ 经济体	广州	深圳	珠海	佛山	惠州	东莞	中山	江门	肇庆
2010	3	1	6	4	7	2	5	8	9
2009	4	2	7	1	6	3	5	8	9
2008	4	2	7	1	6	3	5	8	9
2007	3	4	7	1	6	2	5	8	9
2006	4	3	6	1	7	2	5	9	8
2005	4	3	6	1	7	2	5	9	8
2004	4	3	5	1	7	2	6	9	8
2003	3	4	5	1	7	2	6	9	8
2002	3	4	5	1	7	2	6	9	8
2001	2	4	6	1	7	3	5	9	8

（2）2010年交通运输设施主题评价点信息

位于前三名的分别是深圳、东莞、广州；佛山、中山、珠海分别处于中间三位；惠州、江门、肇庆分别列末尾三位。

（3）交通运输设施主题评价点10年动态变化信息

各经济体排名都出现较为频繁的进退变化。突出的是佛山，10年中有9年高居榜首，在2010年却跌至第4位；深圳和广州一直在第2、3、4位上下交替互换，深圳2010年突然发力跃上榜首，取代了佛山。在中间层次的中山、珠海、惠州在第5、6、7位相互交替。劣势的江门和肇庆在2007年也出现位置互换。

（4）交通基础设施建设

其代表性指标"公路网密度"定义为每平方公里土地面积上的公路

通车里程。这一强度指标受一个经济体的土地资源与基建投入两个因素的约束。佛山和东莞公路网密度都高于广州和深圳，2009 年佛山和东莞每平方公里土地的通车里程分别是 1.33 公里和 1.91 公里。即使与国际经济体比较，高于韩国的每平方公里 1.04 公里与台湾的每平方公里 1.1 公里，东莞已高于香港的每平方公里 1.82 公里，但均低于新加坡的每平方公里 4.68 公里。

（5）运输效率

其代表性指标为"每公路通车里程货运量"。将各经济体比较，基本可以划分为两级，广州、深圳、佛山、中山以及珠海具有较好表现。这 5 个经济体中，又以深圳竞争力最强，且处于强驽勃发的上升中；珠海后劲不足，波动较大，竞争力不断下降。而对于东莞、江门、惠州、肇庆 4 个经济体，该指标为其劣势指标，只是东莞相对靠前些，但仍远未到达及格线。平均增速深圳 13%，佛山 7%，广州增速没有变化，珠海 6.7%，中山 3.6%，其余经济体增速停滞甚至在降低。

6.4　珠三角科研与技术开发竞争力分析

6.4.1　珠三角科研与技术开发竞争力指数

（1）科研与技术开发竞争力指数分值表

表 6-4-1　珠三角各经济体科研与技术开发竞争力指数分值表（2001—2010）

年份＼经济体	广州	深圳	珠海	佛山	惠州	东莞	中山	江门	肇庆
2010	61.40	99.69	41.88	52.60	36.47	45.03	45.33	36.93	30.67
2009	59.91	97.76	42.06	52.89	37.23	45.06	45.91	37.36	31.84
2008	62.32	98.09	37.05	58.01	36.09	44.54	46.05	37.16	30.69

经济体 \\ 年份	广州	深圳	珠海	佛山	惠州	东莞	中山	江门	肇庆
2007	56.63	99.42	39.27	68.09	38.50	41.64	41.62	35.28	29.54
2006	61.05	99.18	35.81	70.84	43.55	40.06	39.67	33.31	26.52
2005	70.31	98.73	32.71	69.20	48.64	37.58	33.94	33.16	25.72
2004	79.94	99.10	28.77	59.51	51.16	35.82	37.28	33.15	25.27
2003	90.32	99.91	37.73	68.02	40.20	30.14	34.43	26.59	22.67
2002	85.58	98.42	42.06	64.61	27.55	36.38	35.86	33.30	26.23
2001	96.79	98.87	41.25	65.67	26.43	30.00	34.70	32.57	23.73

（2）科研与技术开发竞争力指数排名

表6-4-2　珠三角各经济体科研与技术开发竞争力指数排名（2001—2010）

经济体 \\ 年份	广州	深圳	珠海	佛山	惠州	东莞	中山	江门	肇庆
2010	2	1	6	3	8	5	4	7	9
2009	2	1	6	3	8	5	4	7	9
2008	2	1	7	3	8	5	4	6	9
2007	3	1	6	2	7	4	5	8	9
2006	3	1	7	2	4	5	6	8	9
2005	2	1	8	3	4	5	6	7	9
2004	2	1	8	3	4	6	5	7	9
2003	2	1	5	3	4	7	6	8	9
2002	2	1	4	3	8	5	6	7	9
2001	2	1	4	3	8	7	5	6	9

（3）科研与技术开发竞争力指数条形图

图6-4-1至图6-4-10为珠三角各经济体2001—2010年科研与技术开发竞争力指数比较条形图。

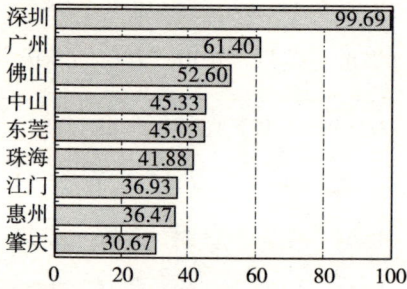

图 6-4-1　科研与技术开发竞争力指数（2010）

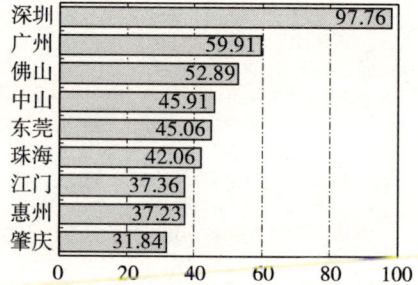

图 6-4-2　科研与技术开发竞争力指数（2009）

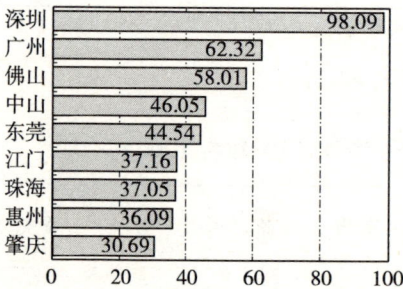

图 6-4-3　科研与技术开发竞争力指数（2008）

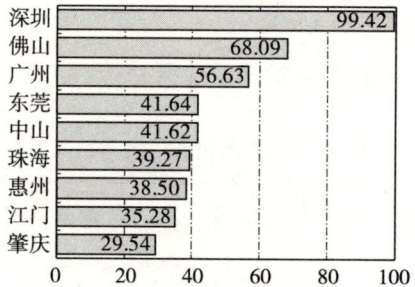

图 6-4-4　科研与技术开发竞争力指数（2007）

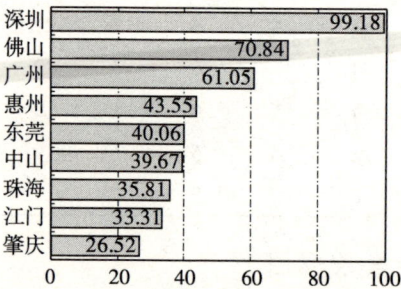

图 6-4-5　科研与技术开发竞争力指数（2006）

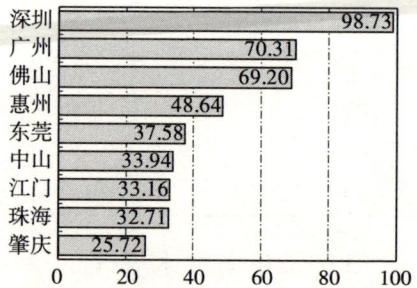

图 6-4-6　科研与技术开发竞争力指数（2005）

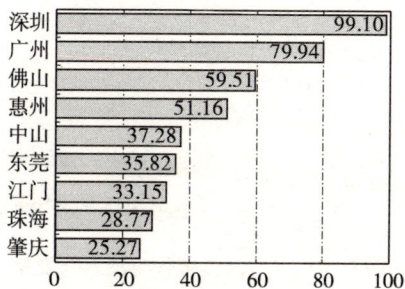

图 6-4-7　科研与技术开发竞争力指数（2004）

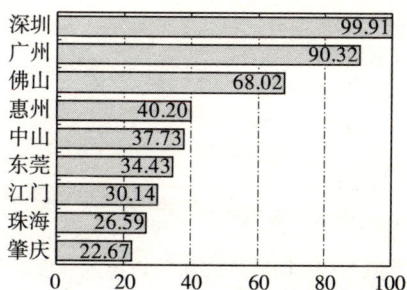

图 6-4-8　科研与技术开发竞争力指数（2003）

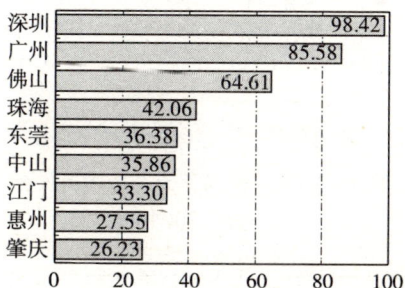

图 6-4-9　科研与技术开发竞争力指数（2002）

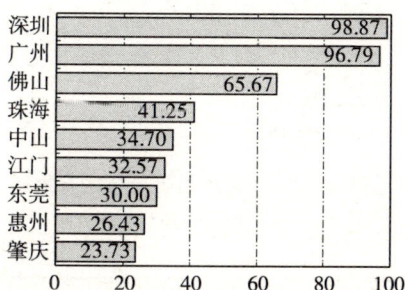

图 6-4-10　科研与技术开发竞争力指数（2001）

（4）科研与技术开发竞争力指数时序折线图

图 6-4-11 至图 6-4-19 为珠三角各经济体 2001—2010 年科研与技术开发竞争力指数时序变动折线图。

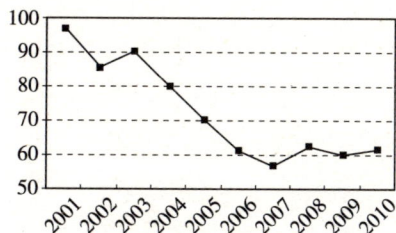

图 6-4-11　广州科研与技术开发指数（2001—2010）

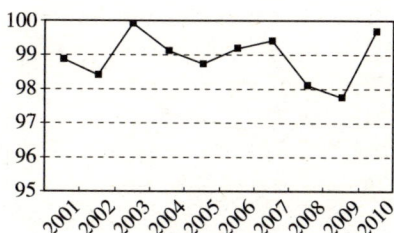

图 6-4-12　深圳科研与技术开发指数（2001—2010）

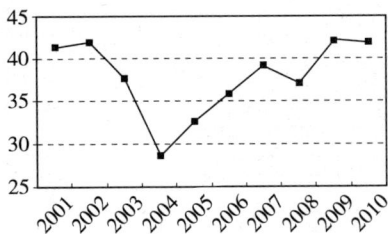

图 6-4-13　珠海科研与技术开发指
数（2001—2010）

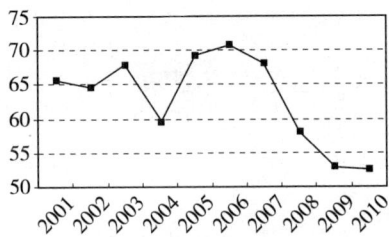

图 6-4-14　佛山科研与技术开发指
数（2001—2010）

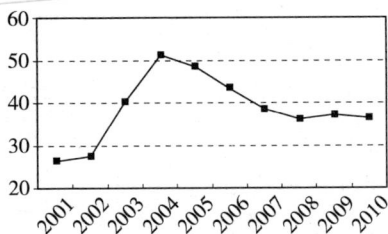

图 6-4-15　惠州科研与技术开发指
数（2001—2010）

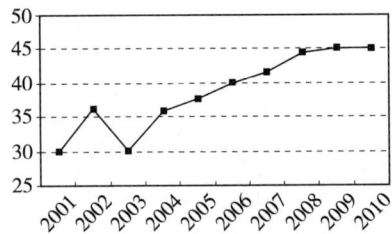

图 6-4-16　东莞科研与技术开发指
数（2001—2010）

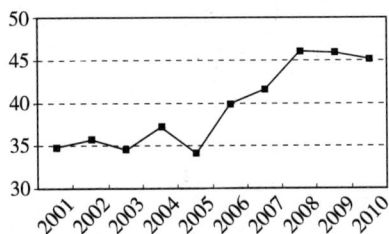

图 6-4-17　中山科研与技术开发
指数（2001—2010）

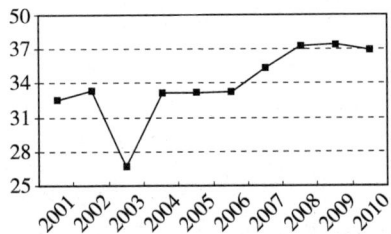

图 6-4-18　江门科研与技术开发
指数（2001—2010）

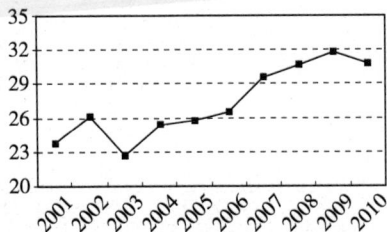

图 6-4-19　肇庆科研与技术开发
指数（2001—2010）

6.4.2 珠三角科研与技术开发竞争力分析

（1）2010年珠三角科研与技术开发竞争力排名

深圳99.69，广州61.40，佛山52.60，中山45.33，东莞45.03，珠海41.88，江门36.93，惠州36.47，肇庆30.67。

（2）一枝独秀是2010年珠三角科研与技术开发竞争力的基本状态

其中优势经济体为深圳，指数高达99.69，是珠三角科研与技术开发竞争力绝对优势资产。广州与佛山处于略偏高中位，指数平均为57，但与首位差距较大，是第一位深圳优势经济体水平的57%，是劣势经济体平均水平1.64倍。而中山、东莞、珠海虽位居中低位，指数平均在40上下，与劣势经济体之间的差距较小。惠州、江门、肇庆，指数平均为34.69，是珠三角科研与技术开发竞争力劣势负债。优劣之比相差2.87倍。

（3）各经济体竞争力排序优劣两级稳定，中间位置波动变换起伏颇大，是珠三角科研与技术开发竞争力10年中变动的基本态势

10年中，深圳一骑绝尘而居龙头位置，广州和佛山在第2、3位相对稳定，只在2006—2007年交换过位置，肇庆则一直在末位垫后没有任何突破。其余5个经济体则在第4位至第7位间频繁变换。优劣两级分化的特征依然存在，但是优势经济体团体势力逐渐单薄，中等和劣势经济体队伍扩大，表现在两方面：

一是2001年广州科研与技术开发竞争力指数为96.79，与深圳的指数98.87比较，几乎比肩，相差甚微；到了2005年，广州的指数下降到70.31，与深圳的指数98.73比较，拉开了相当差距；广州的这种下滑趋势不断延续令人堪忧，2010年指数继续降至61.40，与此时的深圳指数99.69相比，仅为其62%。同样状况的佛山虽然在第三位，但是10年中也呈现震荡下滑趋势，虽然下降幅度没有广州大，但是与劣势经济体

之间的相对优势在不断缩小。

二是中间位置和劣势经济体差距不明显，各自的平均增长幅度缓慢，指数基本保持了在35—45之间起伏跳动，东莞、中山、肇庆实现了缓慢爬升，2010年与2001年相比，得分分别提高了50%、30%、29%。由此形成了顶端小、底部大的非令人心喜的金字塔状分布，标示着珠三角区域变为国际科技产业研发基地目标还任重道远，必须付出更大努力，才能改善和提升珠三角科研与技术开发竞争力的这种分布格局。

6.4.3　珠三角科研与技术开发竞争力科技产出主题评价信息

（1）科技产出主题评价点排名

表6-4-3　珠三角各经济体科技产出主题评价点排名（2001—2010）

经济体 年份	广州	深圳	珠海	佛山	惠州	东莞	中山	江门	肇庆
2010	3	1	7	4	8	2	5	6	9
2009	3	1	7	4	8	2	5	6	9
2008	4	1	7	2	8	3	5	6	9
2007	3	1	7	2	8	4	5	6	9
2006	3	1	7	2	8	4	5	6	9
2005	3	1	7	2	8	4	5	6	9
2004	2	1	7	3	8	4	5	6	9
2003	3	1	7	2	8	4	5	6	9
2002	3	1	7	2	8	4	5	6	9
2001	1	2	7	3	8	4	5	6	9

（2）2010年科技产出主题评价点信息

位于前三名的分别是深圳、东莞、广州；佛山、中山、江门分别处于中间三位；珠海、惠州、肇庆分别列末尾三位。

（3）科技产出主题评价点 10 年动态变化信息

深圳由 2001 年的第 2 位，始终保持了荣誉榜前后不丢，引领科技产业潮流。排在 2—4 位的经济体广州、佛山、东莞三者则相互竞争激烈，位次不断更换。而 5—9 位各经济体江门、珠海、惠州、肇庆排名保持稳定。

（4）科技产出

从其代表性指标"专利技术"角度考察，总体看，9 个经济体 2001—2010 年的专利申请数量都是逐年增加，特别是深圳和东莞 10 年中各增加了 8 倍，其余经济体也有 3—6 倍的总量增加。只有佛山在 2007 年、2008 年与 2006 年相比有所下降。惠州 2008 年比 2007 年也略有下降。其中，广州、深圳、佛山、东莞 4 个经济体是专利申请的主力，基本占珠三角专利申请总量的 85% 左右。专利申请 10 年间的平均增速分别为：广州 13.5%，深圳 26.3%，珠海 15.6%，佛山 13.8%，惠州 13.3%，东莞 27.2%，中山 19.7%，江门 22.1%，肇庆 15.1%。各经济体 10 年间的环比增速波动幅度都较大。保持速度指标的持续、平稳发展，是一项值得需要去努力的艰巨任务。

（5）国内比较

2010 年，广东省专利申请量 152907 件，珠三角区域的专利申请量占了全省专利申请量的 88.16%，其中发明专利申请量占全省发明专利申请量的 95.75%。与国内其他区域比较：2010 年，长三角经济区（包括上海、江苏、浙江）的专利申请总量为 427811 件，占了全国申请量的 38.56%。环渤海经济区（包括北京、天津、河北、山西、内蒙古、辽宁、山东）的专利申请总量为 221475 件，占了全国申请量的 19.96%[①]。泛珠三角区域(包括广东、福建、江西、广西、四川、贵州、

---

① 数据信息来自广东省知识产权局公布的《2010 年广东省专利申请授权情况》统计报告。

云南、海南、湖南、香港、澳门）专利申请量为 263026 件，占了国内专利申请总量的 23.71%。

6.4.4　珠三角科研与技术开发竞争力科技投入主题评价信息

一般说来，研究与开发（R&D）包括三种活动：基础研究、应用研究和实验开发。私人部门进行的研究与开发活动，是在利润最大化动机驱动下进行的，而政府部门支持研究与开发具有导向性作用，对于国家（地区）和企业都是不可缺少的。

（1）科技投入主题评价点排名

表 6-4-4　珠三角各经济体科技投入主题评价点排名（2001—2010）

年份 \ 经济体	广州	深圳	珠海	佛山	惠州	东莞	中山	江门	肇庆
2010	2	1	3	4	6	8	5	7	9
2009	2	1	4	3	6	8	5	7	9
2008	2	1	6	3	5	8	4	7	9
2007	3	1	5	2	4	8	6	7	9
2006	2	1	6	3	4	7	5	8	9
2005	2	1	5	4	3	8	7	6	9
2004	2	1	7	4	3	9	5	6	8
2003	2	1	4	5	3	9	6	8	7
2002	2	1	3	4	6	9	8	5	7
2001	2	1	3	4	6	9	8	5	7

（2）2010 年科技投入主题评价点信息

位于前三名的分别是深圳、广州、珠海；佛山、中山、惠州分别处于中间三位；江门、东莞、肇庆分别列末尾三位。

（3）科技投入主题评价点 10 年动态变化信息

深圳一直稳居首位。广州除 2007 年降至第 3 位以外，其余年份均保持在第 2 位。佛山和珠海竞争较激烈,虽然珠海 2010 年上升至第 3 位,但总体来看,佛山位次前于珠海的年份略多一些。其余经济体相互竞争态势较明显,位次也是不断交替更换。惠州、中山形影跟随,末尾的江门和肇庆波动下滑继续拉大距离,东莞却在奋力攀升追赶。

(4) 科技财力投入资源总量

以科技经费内部支出为代表性指标比较,广东省 93.9% 的科技经费、95.8% 的 R&D 经费、95.1% 的新产品开发经费集中在珠三角地区。其中,深圳、广州、佛山三市科技经费合计占广东省的 74.4%。深圳的 R&D 经费和新产品开发经费占广东省比重居首,分别为 48.0% 和 50.0%,其次是广州分别占 19.7% 和 17.3%。

(5) 研发支出总额

研发支出总额,我们确定利用县级以上政府部门所属研发机构的研发经费与大中型工业企业科技活动中的新产品开发经费两个指标数据相加来做定义。从总量来看,各经济体都逐渐增加了研发支出,深圳、广州、佛山分别位列前三位,2009 年比 2000 年分别增加了 7 倍、3.7 倍、8 倍;珠海和中山相对于惠州和东莞在总量上略多,2009 年比 2000 年分别增加了 4 倍、12 倍、6 倍和 14 倍;江门和肇庆最低,10 年共增加了 2.2 倍和 2.6 倍。从研发支出总额的 10 年平均增速看,东莞和中山分别是 34.7% 和 32.6%,佛山、深圳和惠州分别是 26.1%、24.5% 和 23%,珠海和广州分别是 17.6%、15.7%,最低的是肇庆 11.5% 和江门 9.2%。

(6) 研发支出占 GDP 比重

研发支出占 GDP 比重各经济体都在逐渐增加。但增速依然非深圳莫属,2009 年达 3%;广州让人遗憾,和珠海接近,为 1.6% 左右;中山在 2008 年也达其 10 年中最高值 1.5%;佛山和惠州都是从 2000—2005 年逐渐增加至 1.5%—1.6% 后,2006 年后又缓慢波动下滑至 1.0%—

1.1％；江门基本保持在 0.6％上下波动；东莞从 0.1％缓慢增加至 0.4％左右；而肇庆不仅甘居老末，而且已经掉队，从 2000 年的 0.5％下滑至 2004 年的 0.2％，之后虽有所恢复，也只在 0.4％左右徘徊。

（7）科技活动人力资源

从总量分布看，珠三角区域聚集大部分科技人力资源的趋势有增无减，持续上升。珠三角区域内 9 个经济体科技活动人员占广东省的比重，由 2007 年的 91.0％上升为 2008 年的 92.4％，基本囊括了全省科技人才。排在前三位的依次为深圳、佛山、广州，其中深圳一马当先，发展速度最快。2008 年珠三角区域拥有广东全省 94％以上的科学家、工程师和科研发人员。深圳这二项指标均为全省之冠，分别占全省的 55.2％和 57％；广州名列第二，占全省 9.7％、11.3％；佛山排名在第三，占全省 10.3％、9.0％。

6.5 珠三角教育与人力资本竞争力分析

6.5.1 珠三角教育与人力资本竞争力指数

（1）教育与人力资本竞争力指数分值表

表 6-5-1 珠三角各经济体教育与人力资本竞争力指数分值表（2001—2010）

年份＼经济体	广州	深圳	珠海	佛山	惠州	东莞	中山	江门	肇庆
2010	99.55	92.49	65.43	43.16	30.21	20.86	43.68	29.57	25.03
2009	99.96	91.37	60.34	44.69	29.93	18.22	51.12	30.14	24.23
2008	99.84	91.11	58.74	42.94	28.14	24.23	50.91	30.95	23.14
2007	99.60	86.12	68.67	43.11	30.77	19.02	44.31	34.42	23.99
2006	99.14	85.04	67.32	43.70	31.27	19.58	43.06	35.65	25.24

年份＼经济体	广州	深圳	珠海	佛山	惠州	东莞	中山	江门	肇庆
2005	99.09	83.57	63.96	45.84	30.87	20.79	40.06	36.60	29.22
2004	99.73	82.30	64.45	45.63	27.80	23.66	41.75	35.35	29.33
2003	99.72	74.26	59.29	43.13	23.01	18.31	63.55	40.62	28.11
2002	99.30	72.84	63.77	42.00	15.81	7.74	69.53	37.19	41.83
2001	98.97	52.28	59.30	43.73	27.81	19.06	64.82	40.78	43.25

（2）教育与人力资本竞争力指数排名表

表6-5-2　珠三角各经济体教育与人力资本竞争力指数排名表（2001—2010）

年份＼经济体	广州	深圳	珠海	佛山	惠州	东莞	中山	江门	肇庆
2010	1	2	3	5	6	9	4	7	8
2009	1	2	3	5	7	9	4	6	8
2008	1	2	3	5	7	8	4	6	9
2007	1	2	3	5	7	9	4	6	8
2006	1	2	3	4	7	9	5	6	8
2005	1	2	3	4	7	9	5	6	8
2004	1	2	3	4	8	9	5	6	7
2003	1	2	4	5	8	9	3	6	7
2002	1	2	4	5	8	9	3	6	6
2001	1	4	3	5	8	9	2	6	

（3）教育与人力资本竞争力指数条形图

图6-5-1至图6-5-10是基于2001—2010年珠三角各经济体教育与人力资本竞争力指数分别制作的比较条形图。

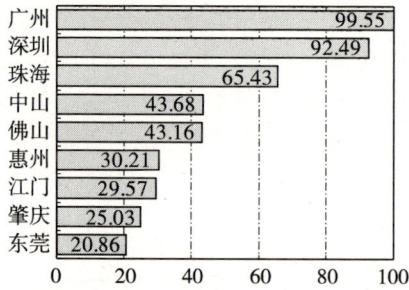

图 6-5-1　教育与人力资本指数
（2010）

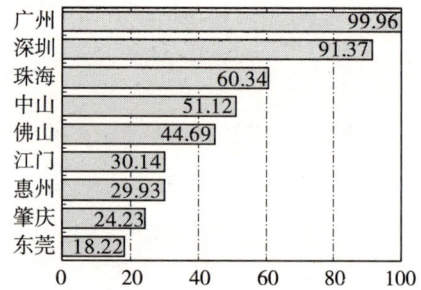

地区	数值
广州	99.55
深圳	92.49
珠海	65.43
中山	43.68
佛山	43.16
惠州	30.21
江门	29.57
肇庆	25.03
东莞	20.86

图 6-5-2　教育与人力资本指数
（2009）

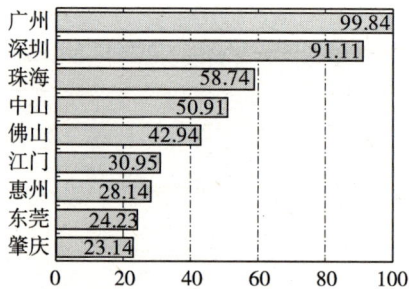

地区	数值
广州	99.96
深圳	91.37
珠海	60.34
中山	51.12
佛山	44.69
江门	30.14
惠州	29.93
肇庆	24.23
东莞	18.22

图 6-5-3　教育与人力资本指数
（2008）

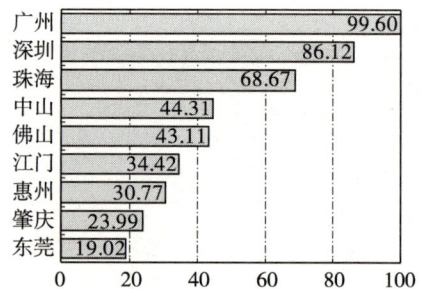

地区	数值
广州	99.84
深圳	91.11
珠海	58.74
中山	50.91
佛山	42.94
江门	30.95
惠州	28.14
东莞	24.23
肇庆	23.14

图 6-5-4　教育与人力资本指数
（2007）

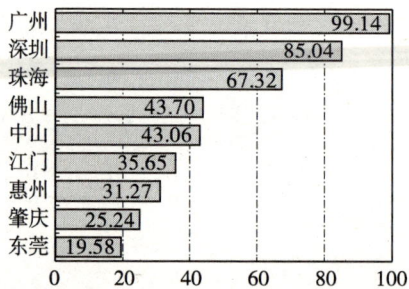

地区	数值
广州	99.60
深圳	86.12
珠海	68.67
中山	44.31
佛山	43.11
江门	34.42
惠州	30.77
肇庆	23.99
东莞	19.02

图 6-5-5　教育与人力资本指数
（2006）

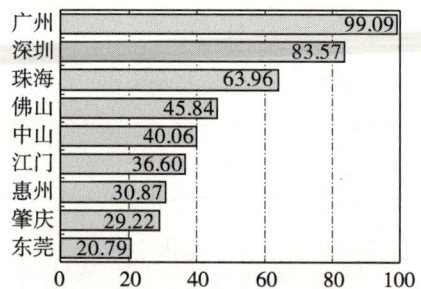

地区	数值
广州	99.14
深圳	85.04
珠海	67.32
佛山	43.70
中山	43.06
江门	35.65
惠州	31.27
肇庆	25.24
东莞	19.58

图 6-5-6　教育与人力资本指数
（2005）

地区	数值
广州	99.09
深圳	83.57
珠海	63.96
佛山	45.84
中山	40.06
江门	36.60
惠州	30.87
肇庆	29.22
东莞	20.79

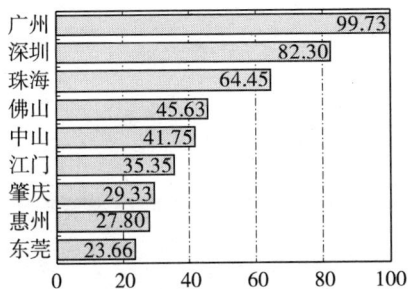

图 6-5-7　教育与人力资本指数
　　　　（2004）

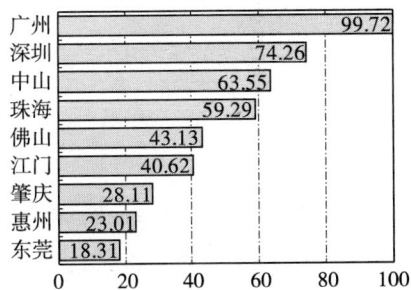

图 6-5-8　教育与人力资本指数
　　　　（2003）

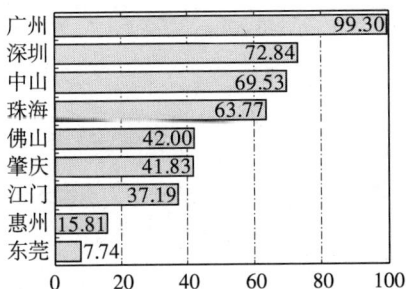

图 6-5-9　教育与人力资本指数
　　　　（2002）

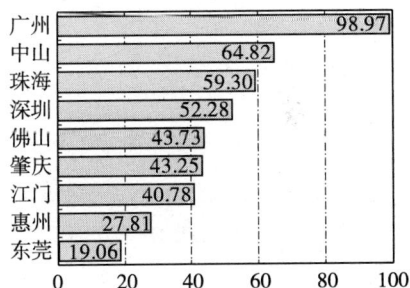

图 6-5-10　教育与人力资本指数
　　　　　（2001）

（4）教育与人力资本竞争力指数时序折线图

图 6-5-11 至图 6-5-19 是基于 2001—2010 年度珠三角各经济体教育与人力资本竞争力指数分别制作的时序变动折线图。

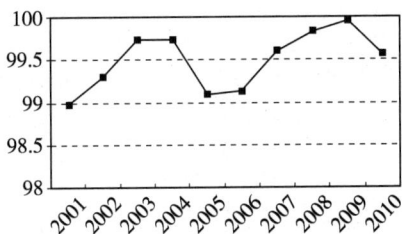

图 6-5-11　广州教育与人力资本指
　　　　　数（2001—2010）

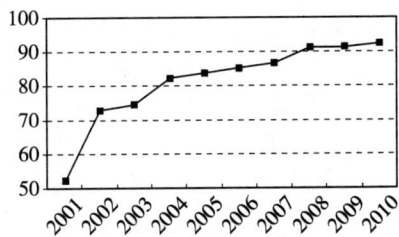

图 6-5-12　深圳教育与人力资本指
　　　　　数（2001—2010）

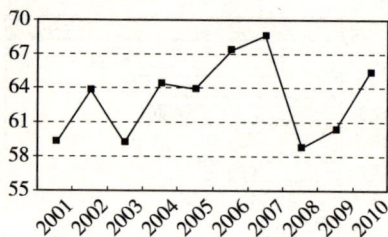

图 6-5-13　珠海教育与人力资本指
　　　　　数（2001—2010）

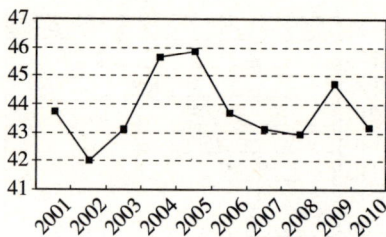

图 6-5-14　佛山教育与人力资本指
　　　　　数（2001—2010）

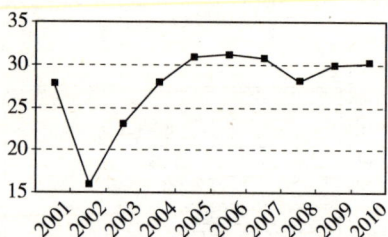

图 6-5-15　惠州教育与人力资本指
　　　　　数（2001—2010）

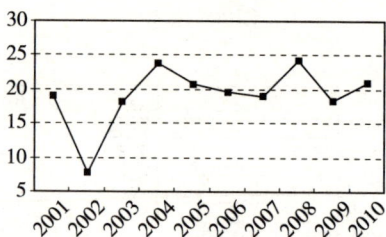

图 6-5-16　东莞教育与人力资本指
　　　　　数（2001—2010）

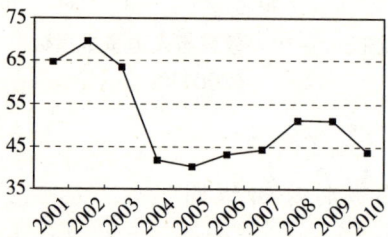

图 6-5-17　中山教育与人力资本指
　　　　　数（2001—2010）

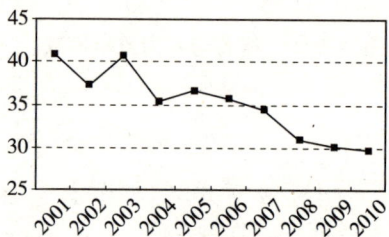

图 6-5-18　江门教育与人力资本指
　　　　　数（2001—2010）

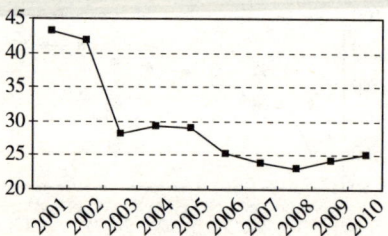

图 6-5-19　肇庆教育与人力资本指
　　　　　数（2001—2010）

6.5.2　珠三角教育与人力资本竞争力分析

（1）2010 年珠三角教育与人力资本竞争力排名

广州 99.55，深圳 92.49，珠海 65.43，中山 43.68，佛山 43.16，惠州 30.21，江门 29.57，肇庆 25.03，东莞 20.86。

（2）两极分化，腰部狭窄，低位密集，是 2010 年珠三角教育与人力资本竞争力的基本状态

其中绝对优势经济体为广州、深圳，指数平均为 96.02，是珠三角教育与人力力资本竞争力优势资产。惠州、江门、肇庆和东莞，指数平均为 26.42，是珠三角教育与人力资本竞争力劣势负债。优劣之比相差 3.63 倍。排位第一的广州与排位最后的东莞优劣之比高达 4.77 倍。珠海居偏高中位，属相对优势，其竞争力水平为绝对优势经济体平均水平的 66%，是劣势经济体平均水平的 2.47 倍。中山和佛山指数平均为 43，处于低水平序列，与绝对劣势经济体之间的差距没有拉开。

（3）珠三角教育与人力资本竞争力 10 年中变动的基本态势

竞争力水平处于首位和末位的经济体排序比较稳定，中间次序多有变换，中间和劣势经济体竞争力水平几乎没有提升甚至略下滑。10 年中，优劣两级的差距没有缩减。广州稳固龙头地位，指数始终盘旋在 98 以上高位，东莞也没能改变过自己的末位窘态，指数在 20 上下徘徊不前。最具耀眼是深圳，2001 年还落后于珠海和中山排第 4 位，自 2002 年起实现大步跨越，指数从 2001 年的 52.28 增至 2010 年的 92.49，几乎能与广州比翼争飞。中山 2001 年指数为 64.82，居第 2 位，自 2004 年起境况愈下，至 2010 年跌到第 4 位，指数仅为 43.68。佛山 10 年中指数非常稳定，处在 42—45 之间。处于末尾的江门和肇庆也出现了指数平均下滑 15 的幅度。珠海除 2002 年、2003 年两年下降一位，基本保住了第 3 把的交椅，但指数提升幅度较小，在 65 上下波动，与位居前两位的广州、深圳指数平均差距在 30 上下。这也是珠三角教育与人力资本竞争力格局中，优劣分化，中上等水平的经济体少，而低水

平经济体集聚的整体状况和基本态势。

6.5.3　珠三角教育与人力资本竞争力教育投入主题评价信息

人力资本的规模和质量状况。在创造条件筑巢引进人才的基础上，如何在本土为提高劳动力素质的教育做好准备，是一个值得关注并推崇的重要信息。因为教育可以增加个人的人力资本含量，教育投入是影响人力资本的重要因素。

（1）教育投入主题评价点排名

表6-5-3　珠三角各经济体教育投入主题评价点排名（2001—2010）

年份＼经济体	广州	深圳	珠海	佛山	惠州	东莞	中山	江门	肇庆
2010	3	2	1	5	8	6	4	7	9
2009	4	2	1	5	7	6	3	8	9
2008	4	2	1	5	8	6	3	7	9
2007	3	2	1	4	7	6	5	8	9
2006	3	2	1	4	6	7	5	8	9
2005	3	2	1	4	6	8	5	7	9
2004	3	2	1	4	8	6	5	7	9
2003	3	2	1	4	8	7	5	6	9
2002	5	2	1	3	9	8	4	6	7
2001	3	2	1	4	9	8	5	6	7

（2）2010年教育投入主题评价点信息

位于前三名的分别是珠海、深圳、广州；中山、佛山、东莞分别处于中间三位；江门、惠州、肇庆分别列末尾三位。

（3）教育投入主题评价点10年动态变化信息

珠海一直稳居第一，深圳是第2位。广州于2002年、2008年及2009年下降了1—2位，其余均保持了第3位。佛山和中山实力相当，相互交替在第 4 位和第 5 位，佛山在 2002 年、中山在 2008 年和 2009 年都分别超过了广州。惠州、东莞、江门三者在 6—8 位不断上下变换。以肇庆的教育投入更差一些，2003 年从第 7 位降至第 9 位后没有再出现变化。

（4）人均教育支出指标数据比较

2000 年各经济体之间的绝对差距也就是在 100 元左右，10 年中各自虽都逐渐增加了人均教育支出，但差距已逐渐拉开，2009 年已经基本可以分为两级，广州、深圳、珠海、佛山、中山的人均教育支出在千元以上，惠州、东莞、江门、肇庆的人均教育支出基本在 700 元以下。珠海人均教育支出一直排在首位，广州和江门的平均增速略低，分别为 15% 和 18%，其余经济体基本在 20% 以上，增速最高的是东莞为 26%。

6.5.4 珠三角教育与人力资本竞争力人力资本主题评价信息

（1）人力资本主题评价点排名

表 6-5-4　珠三角各经济体人力资本主题评价点排名（2001—2010）

经济体 年份	广州	深圳	珠海	佛山	惠州	东莞	中山	江门	肇庆
2010	2	1	4	8	6	9	3	5	7
2009	2	1	4	7	6	9	3	5	8
2008	2	1	4	8	6	9	3	5	7
2007	2	1	4	8	6	9	3	5	7
2006	2	1	4	8	6	9	3	5	7
2005	2	1	4	7	6	9	3	5	8
2004	2	1	4	7	6	9	3	5	8
2003	2	1	4	5	7	8	3	6	9
2002	1	3	4	5	6	8	2	7	9
2001	1	4	3	6	5	8	2	7	9

（2）2010 年人力资本主题评价点信息

位于前三名的分别是深圳、广州、中山；珠海、江门、惠州分别处于中间三位；佛山、肇庆、东莞分别列末尾三位。

（3）人力资本主题评价点 10 年动态变化信息

2001 年和 2002 年，广州和中山排前两位，珠海和深圳排第 3、4 位，2003 年以后态势转换，深圳后来居上并确立了领头羊地位，广州和中山分别稳固在了第 2 位和第 3 位，珠海下降至第 4 位。2004 年起，珠海、惠州、江门和东莞各自保持了 4—6 位和第 9 位不变，佛山和肇庆两者在 7—8 位变换。

（4）代表性指标分析

从总量看，深圳和广州分别居前两位。广州在 2000 年接近 3 倍于深圳，但深圳专业技术人员增长最快，10 年平均增速为 25%，其规模及占就业人员中的比重都居首位，到 2009 年是第 2 位广州的 1.7 倍多。其余经济体专业技术人员规模相对较小，在 20 万人以下，以佛山、东莞和肇庆最低，在 8 万人以下，其占就业人员的比例也最低，在 3% 以下。从结构特征考察，因广州专业技术人员平均增速仅为 3%，增长缓慢，占就业人口中的比重反而从 2001 年的 8.67% 逐渐下降至 2008 年的 7.7%；而 2008 年珠海和中山的专业技术人员占就业人员的比重为 10%，结构优势明显；惠州和江门虽然专业技术人员总量远低于广州、深圳等城市，10 年的进步表现在占就业人员的比重接近 5%—6%，特别是江门不仅总量上翻番，平均增速也达 9%，势头较猛。

（5）基础教育与人力资源储备状况

考察普通中学和中等职业教育在校生人数指标，9 个经济体中等教育在校生人数规模 2008 年都达到最高峰值。其中，广州中等教育在校生 100 万人左右，其次是深圳、佛山、惠州、东莞、江门和肇庆在 30—40 万人规模起伏，最少的是中山和珠海，在 20 万人以下区间。2009 年各经济体都发生了中等教育在校生人数规模下降现象，广州下降幅度最高达 22%，珠海、佛山、东莞、中山、江门都有 10% 以上的降幅，其余经济体降幅在 10% 以下。10 年中，除中山、江门和肇庆外，其余各经济体外中等教育在校生人数规模基本增加了 2—3 倍，但江门仅增加了 33%，中山则下降了 37%，肇庆 2000—2002 年短暂上升后下降至最低，而后逐年稳步增加恢复到 2000 年的规模。

6.6　珠三角健康与环境竞争力分析

6.6.1　珠三角健康与环境竞争力指数

（1）健康与环境竞争力指数分值表

表 6-6-1　**珠三角各经济体健康与环境竞争力指数分值表（2001—2010）**

经济体 / 年份	广州	深圳	珠海	佛山	惠州	东莞	中山	江门	肇庆
2010	99.31	24.07	54.67	50.35	57.21	12.99	42.28	54.82	54.31
2009	99.16	25.39	56.09	52.06	57.93	6.57	39.86	57.10	55.85
2008	98.99	26.52	68.03	38.74	58.86	1.38	43.09	58.67	55.73
2007	91.51	26.26	60.70	49.91	57.75	0.42	47.82	58.94	56.69
2006	91.44	21.49	62.76	42.96	62.13	0.24	47.02	60.91	61.05
2005	81.26	25.85	67.25	50.88	57.44	0.70	48.89	59.39	58.36
2004	75.94	31.22	66.38	51.31	57.85	1.45	47.65	59.54	58.64
2003	70.47	34.93	64.18	51.59	59.72	0.20	45.58	61.69	61.64
2002	70.61	40.57	54.87	53.61	59.85	1.83	49.87	59.75	59.05
2001	67.40	24.36	54.51	50.99	57.16	0.48	60.05	59.34	75.72

（2）健康与环境竞争力指数排名

表 6-6-2　珠三角各经济体健康与环境竞争力指数排名（2001—2010）

年份 \ 经济体	广州	深圳	珠海	佛山	惠州	东莞	中山	江门	肇庆
2010	1	8	4	6	2	9	7	3	5
2009	1	8	4	6	2	9	7	3	5
2008	1	8	2	7	3	9	6	4	5
2007	1	8	2	6	4	9	7	3	5
2006	1	8	2	7	3	9	6	5	4
2005	1	8	2	6	5	9	7	3	4
2004	1	8	2	6	5	9	7	3	4
2003	1	8	2	6	5	9	7	3	4
2002	1	8	5	6	2	9	7	3	4
2001	2	8	6	7	5	9	3	4	1

（3）健康与环境竞争力指数条形图

图 6-6-1 至图 6-6-10 是基于 2001—2010 年珠三角各经济体健康与环境竞争力指数分别制作的指数比较条形图。

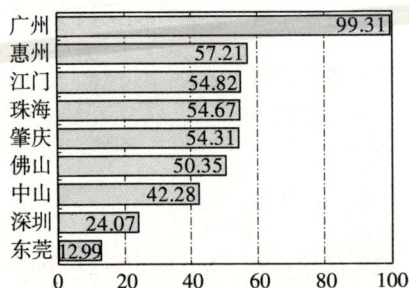

图 6-6-1　健康与环境竞争力指数（2010）

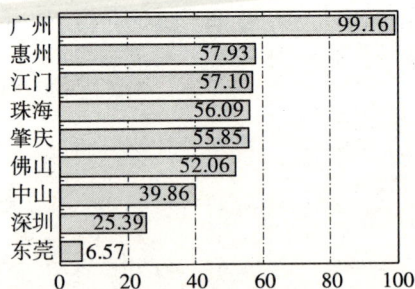

图 6-6-2　健康与环境竞争力指数（2009）

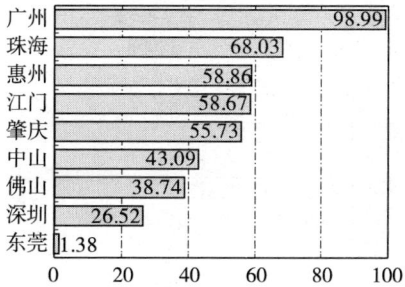

图 6-6-3　健康与环境竞争力指数
（2008）

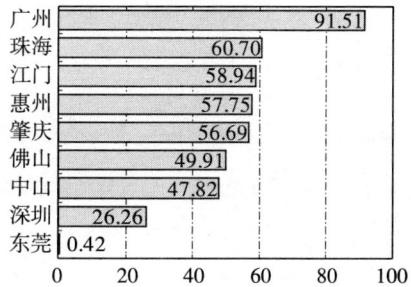

图 6-6-4　健康与环境竞争力指数
（2007）

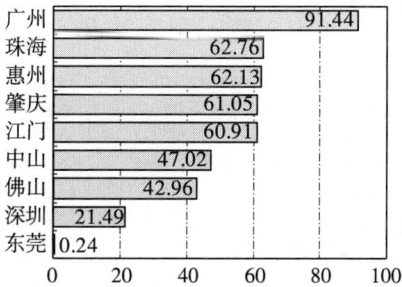

图 6-6-5　健康与环境竞争力指数
（2006）

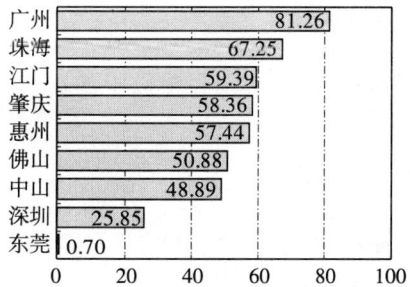

图 6-6-6　健康与环境竞争力指数
（2005）

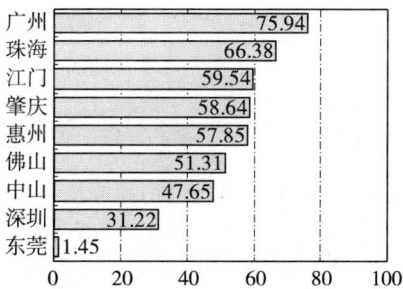

图 6-6-7　健康与环境竞争力指数
（2004）

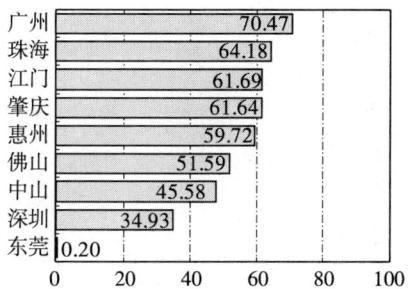

图 6-6-8　健康与环境竞争力指数
（2003）

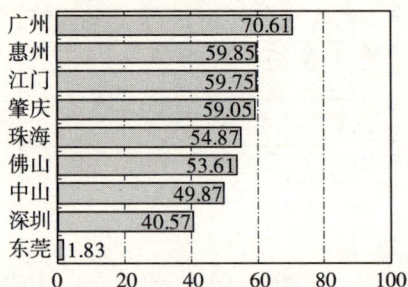

图 6-6-9　健康与环境竞争力指数
（2002）

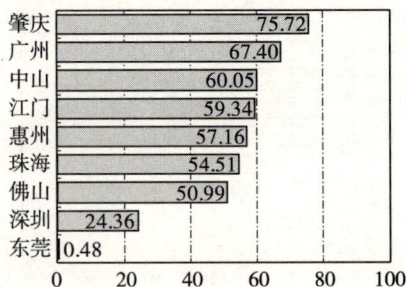

图 6-6-10　健康与环境竞争力指数
（2001）

（4）健康与环境竞争力指数时序折线图

图 6-6-11 至图 6-6-19 是基于 2001—2010 年珠三角各经济体健康与环境指数分别制作的 10 年时序变动折线图。

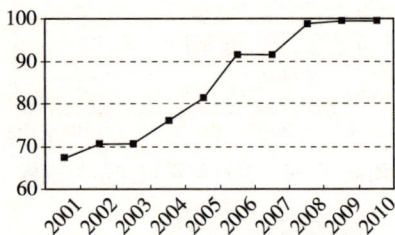

图 6-6-11　广州健康与环境竞争力
指数（2001—2010）

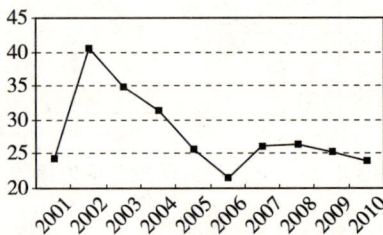

图 6-6-12　深圳健康与环境竞争力
指数（2001—2010）

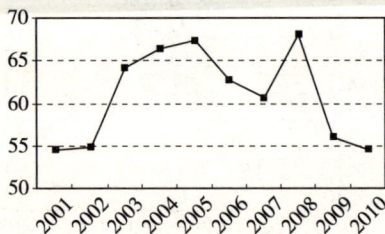

图 6-6-13　珠海健康与环境竞争力
指数（2001—2010）

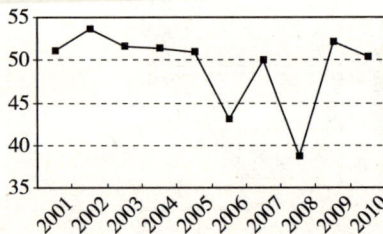

图 6-6-14　佛山健康与环境竞争力
指数（2001—2010）

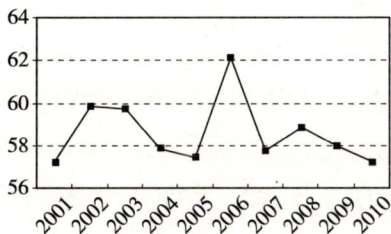

图 6-6-15 惠州健康与环境竞争力
指数（2001—2010）

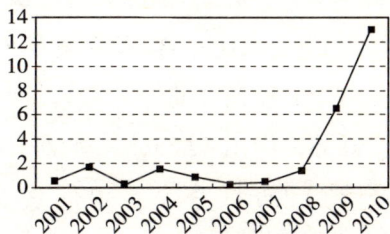

图 6-6-16 东莞健康与环境竞争力
指数（2001—2010）

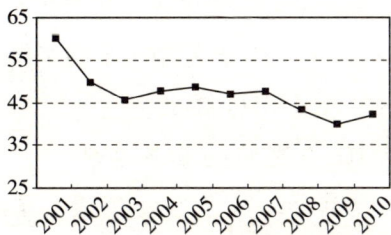

图 6-6-17 中山健康与环境竞争力
指数（2001—2010）

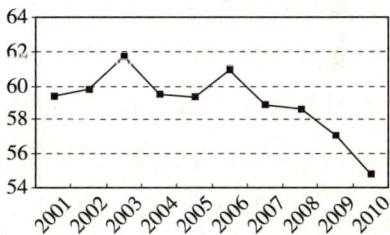

图 6-6-18 江门健康与环境竞争力
指数（2001—2010）

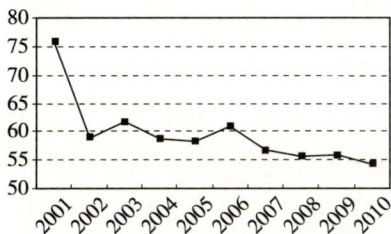

图 6-6-19 肇庆健康与环境竞争力
指数（2001—2010）

6.6.2 珠三角健康与环境竞争力分析

（1）2010年珠三角健康与环境竞争力排名

广州99.31，惠州57.21，江门54.82，珠海54.67，肇庆54.31，佛山50.35，中山42.28，深圳24.07，东莞12.99。

（2）两极分立、中间密集是2010年珠三角健康与环境竞争力的基本状态

珠三角健康与环境竞争力优势资产是广州，指数高达99以上，而深圳和东莞指数平均为18.53，成为珠三角健康与环境竞争力劣势负债。优劣之比居然相差5.36倍。应为二市主政决策者警醒，改善环境、调整产业结构与建设低碳节约型社会应为其决策的重要议题。其余6个经济体指数集聚在42—57区间，指数平均为52.27，其竞争力平均水平为优势经济体的53%，其中珠海相对靠前，中山相对靠后。

（3）珠三角健康与环境竞争力10年变动的基本态势

10年中，广州除2001年处第2位以外，其余均处在领头羊地位。深圳和东莞一直在末尾两位。深圳曾努力接近中间的6个经济体，但终究因环境负荷过重而掉队，成为珠三角健康与环境竞争力绝对劣势。2010年首位广州和末位东莞的优劣比平均为32.3。因中间位置的经济体分布比较密集，虽竞争力水平差距不大，但排位变化很频繁。惠州从第5位上升至第2位；肇庆从第1位降至第5位；珠海曾在2004—2008站在了第2位，但很快又下降两位；中山只在2001年短暂位居第3位，随即下降停滞在第6—7位；佛山与中山在第6—7位间交替，江门基本是在第3—4位间进出。广州2002年占据首位时，其指数为70.61，与除东莞外的7个经济体的指数平均值53.94差距比为1.31；从2005年以后差距动态扩大，2010年广州指数99.31，与除深圳、东莞外的6个经济体的指数平均值52.56差距比为1.89。

6.6.3 珠三角健康与环境竞争力医疗保障主题评价信息

（1）医疗保障主题评价点排名

表6-6-3 珠三角各经济体医疗保障主题评价点排名（2001—2010）

经济体 年份	广州	深圳	珠海	佛山	惠州	东莞	中山	江门	肇庆
2010	1	5	2	3	7	6	4	8	9
2009	1	5	2	3	7	6	4	8	9
2008	1	4	2	3	7	8	5	6	9
2007	1	4	2	3	7	9	5	6	8
2006	1	8	2	6	9	5	4	7	
2005	1	8	2	3	6	9	7	4	5
2004	1	8	2	3	6	9	7	4	5
2003	1	7	2	3	6	9	8	4	5
2002	1	8	2	3	6	9	7	4	5
2001	1	8	2	3	6	9	7	4	5

（2）2010医疗保障主题评价点信息

广州、珠海、佛山分别位于前三名；惠州、江门、肇庆分别处于末尾三位；中山、深圳、东莞居中位。

（3）医疗保障主题评价点10年动态变化信息

广州、珠海、佛山一直稳定在前三位，其余经济体则有较大变化，次序变动较多。中山、深圳和东莞跑步前进，分别从2001年的第7、8、9位提升至第2010年的第4、5、6位。惠州、江门和肇庆不进则退，分别从2001年的第6、4、5位下滑至第2010年的第7、8、9位。

（4）代表性指标分析

选择每万人中卫生工作人员数、每万人病床张位数等指标进行考察。

① 10 年里，各经济体的卫生工作人员和医院病床位都有了显著增加，深圳、珠海、佛山、东莞、中山都增加了两倍以上，特别是东莞这两方面增幅直线上升。

② 比较 2009 年每万人常住人口的卫生工作人员数，广州、珠海、深圳优势比较明显，佛山、东莞和中山略有差距处于中上，惠州、江门和肇庆处于靠后中下位置。东莞增速最快，10 年平均增速是 20%，其次是深圳平均增速是 12.9%，从 2000 年的倒数第 2 位增长到 2009 年的第 3 位。江门和肇庆相对而言，平均增速最低，在 1.5% 以下，但是各经济体指标数值本身之间差距不算很大。

③ 比较每万人常住人口的卫生工作人员数和病床张位数，广州和珠海略具优势，其余 7 个经济体差距不大，又以佛山和中山稍好，深圳和东莞稍差。

④ 综上，在医疗救助和健康设施满足需要保障程度方面，广州的基础条件较具优势，珠海、佛山和中山处于中上水平；江门、惠州和肇庆处于中下水平，差距不大；深圳和东莞虽然增速较快，但相比较现在仍不具有竞争优势。

6.6.4 珠三角健康与环境竞争力环境保障主题评价信息

（1）环境保障主题评价点排名

表 6-6-4 珠三角各经济体环境保障主题评价点排名（2001—2010）

年份\经济体	广州	深圳	珠海	佛山	惠州	东莞	中山	江门	肇庆
2010	4	8	7	5	2	9	6	3	1
2009	4	8	7	5	2	9	6	3	1
2008	4	8	6	7	2	9	5	3	1

年份 \ 经济体	广州	深圳	珠海	佛山	惠州	东莞	中山	江门	肇庆
2007	5	8	7	6	2	9	4	3	1
2006	5	8	6	7	2	9	4	3	1
2005	7	8	5	6	2	9	4	3	1
2004	7	8	5	6	2	9	4	3	1
2003	8	7	5	6	2	9	4	3	1
2002	8	6	7	5	1	9	4	3	2
2001	8	7	6	5	3	9	2	4	1

(2) 2010 年环境保障主题评价点信息

肇庆、惠州、江门分别位于前三名；广州、佛山、中山居中位；珠海、深圳、东莞分别处于末尾三位。

(3) 环境保障主题评价点 10 年动态变化信息

肇庆、惠州、江门基本稳定在前三位，深圳和东莞则一直在末尾垫后。其余经济体不停地升降变换。广州不断奋力攀升，从 2001 年倒数第 2 位升至 2010 年第 4 位。中山则不断跌落沉沦，从 2001 年第 2 位跌至 2010 年第 6 位。珠海和佛山在第 5—7 位区间中相互交替。

(4) 珠三角区域的环境负荷已经不堪负重

我们采用废水、工业废气、工业固体废物排放量三项指标进行合成，用三个排放量指标除以土地面积，反映土地对污染物的负荷程度，对其数值标准化后再取平均数，形成环境负荷指标。单从"三废"的排放总量来看，广州、深圳、佛山、东莞都是排污大户，深圳和东莞土地面积又属于倒数第 3、4 位，所以单位面积的环境污染负荷相当严重，这也是深圳和东莞健康与环境指数分值偏低的主要原因。相比较而言，珠海、中山、惠州、江门、肇庆在环境方面受工业污染的程度略轻。

（5）单位 GDP 能耗

2005 年的广东统计年鉴最早公布该指标数据。各经济体该指标都是逐年小幅下降，表明节能减排对经济增长方式有所改善。深圳每万元 GDP 能耗指标 2005—2009 年间一直保持在 0.59 以下，比其他经济体都有微弱强势，而佛山、肇庆、惠州每万元 GDP 能耗都在 0.8 以上，惠州数值最高。东莞从 2005 年的 0.86 降至 2009 年的 0.71，佛山从 2008 年的 0.80 下降至 2009 年的 0.69，其余每年保持 0.02—0.03 的较为稳定的下降幅度。

7 珠三角各经济体竞争力分析

前文章节通过竞争力测度评价理论与方法研究，珠三角区域经济社会发展总体竞争力研究，珠三角经济运行竞争力、政府效率竞争力、商务效率竞争力、基础竞争力四要素竞争力研究，分层次提供了大量详细的珠三角竞争力精算信息。本章则更换一个视角，利用上述信息，分别对珠三角9个经济体的竞争力进行专题研究。包括各经济体竞争力的总体评价；各要素对各经济体竞争力形成的贡献；各经济体的竞争优势与存在的问题；以及各经济体进一步提升竞争力的政策空间。

7.1 广州竞争力分析

广州是中国历史名城与最早的通商口岸，地处广东省中南部，全市总面积 7434.4 平方公里，2009 年年末，户籍总人口 794.62 万人，常住人口 1033.45 万人。广州是广东省省会与副省级城市，全省的政治、经济、文化、科技和教育中心；是华南地区区域性中心城市，交通、信息、物流枢纽和贸易通商口岸。2009 年 2 月 3 日，国务院在《珠江三角洲地区改革发展规划纲要》中将广州定位为"探索科学发展模式实验区，深化改革先行区，扩大开放的重要国际门户，世界先进制造业和现代服务业基地，全国重要的经济中心"，"全国中心城市"。2009 年，广州市地区生产总值 9138.21 亿元，人均生产总值 89082 元，城镇居民年人均可支配收入 27610 元，农村居民年人均纯收入 11067 元。

7.1.1 广州竞争力总体评价

（1）总体竞争力指数和各要素竞争力指数排名

表 7-1-1　广州总体竞争力指数与各要素竞争力指数排名（2001—2010）

年份	总体 竞争力	经济 运行竞争力	政府 效率竞争力	商务 效率竞争力	基础 竞争力
2010	1	1	4	2	1
2009	1	1	4	2	1
2008	2	2	4	2	1
2007	2	2	4	2	1
2006	1	2	3	2	1
2005	1	1	5	2	1
2004	1	1	4	2	1
2003	1	1	3	2	1
2002	1	1	3	2	1
2001	1	1	3	2	1

（2）总体竞争力指数和各要素竞争力指数分值

表 7-1-2　广州总体竞争力指数与各要素竞争力指数分值表（2001—2010）

年份	总体 竞争力	经济 运行竞争力	政府 效率竞争力	商务 效率竞争力	基础 竞争力
2010	92.70	99.73	81.79	89.73	99.55
2009	88.20	99.67	68.82	84.91	99.41
2008	83.42	82.36	66.79	84.69	99.83
2007	82.18	83.02	66.63	79.33	99.75
2006	83.57	93.74	63.07	78.26	99.23
2005	84.87	99.93	55.75	84.55	99.26
2004	86.54	99.19	60.21	87.10	99.67
2003	85.35	99.67	68.90	73.51	99.34
2002	83.59	99.24	64.80	70.74	99.56
2001	85.69	99.08	67.85	76.05	99.80

（3）总体竞争力指数和各要素竞争力指数时序变动

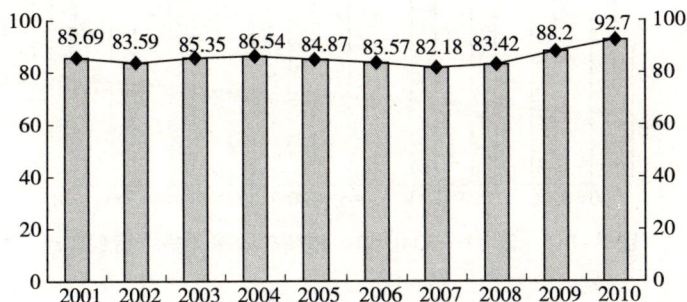

图 7-1-1　2001—2010 年广州总体竞争力指数变动

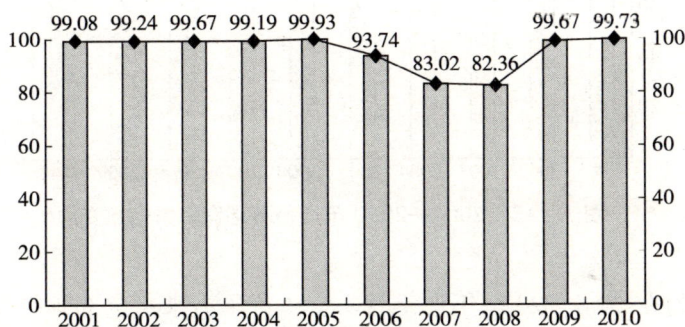

图 7-1-2　2001—2010 年广州经济运行竞争力指数变动

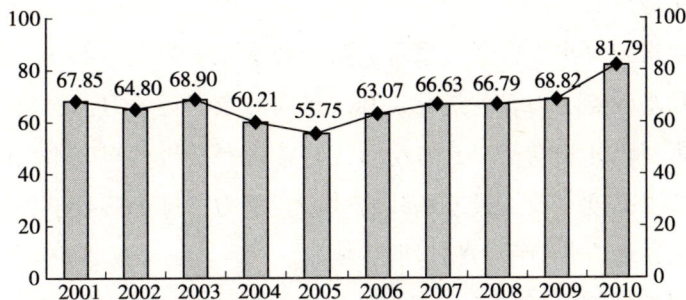

图 7-1-3　2001—2010 年广州政府效率竞争力指数变动

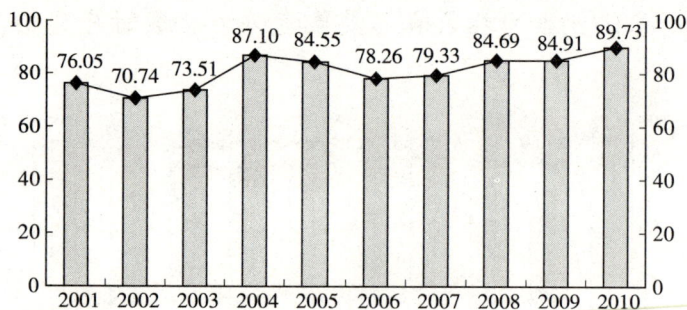

图 7-1-4   2001—2010 年广州商务效率竞争力指数变动

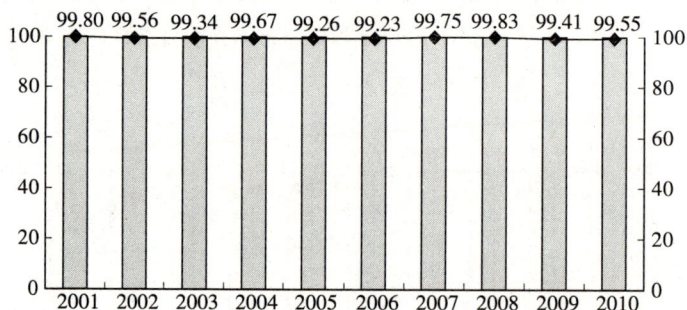

图 7-1-5   2001—2010 年广州基础竞争力指数变动

广州在 2001—2010 年十年间，总体竞争力水平全部排在珠三角区域前两位，其中 2007—2008 年两年排名第 2 位，其余 8 年均排名第 1 位。10 年总体竞争力指数均处于 80 以上区间，指数平均为 85.61，总体竞争力变化稳定。

从要素与总水平排名关系看，四个要素竞争力表现不一。经济运行竞争力和基础竞争力表现最好，其次是商务效率竞争力也表现优良，这三个要素变化非常均衡，具有绝对优势，各要素排名与广州总体竞争力水平保持了高度一致。最差是政府效率竞争力，排名落后于总体竞争力水平排名，为广州竞争力相对弱势要素。

广州的经济运行竞争力在 10 年中排名一直在前两位，其中 2006—2008 年三年排名第 2 位，其余 7 年均占据第 1 位。经济运行竞争力指数 10 年均处于 80 以上区间，指数平均为 95.56，除 2007—2008 年受全球金融危机影响下滑外，其余均在高位持续稳定。

广州的政府效率竞争力在 10 年中排名居于第 3—5 位，呈现一定的波动变化。其中 2001—2003 年及 2006 年共有 4 年排名第 3 位，2005 年排名降至第 5 位，其余 5 个年份排名第 4 位。商务效率竞争力指数 10 年基本在 55—70 区间变化，2010 年有所提升至 81.79，指数平均为 66.46，处中间略偏上水平波动。

广州的商务效率竞争力在 10 年中排名稳居第 2 位。商务效率竞争力指数 10 年均处于 70—90 区间，指数平均为 80.88，在 2002—2003 年非典肆虐期间略有下降后呈缓慢增长趋势。

广州的基础竞争力在 10 年中排名一直位居首位。基础竞争力指数 10 年均处于 99 左右高位区间，指数平均为 99.54，非常平稳。

7.1.2　广州各要素对竞争力贡献

（1）各要素贡献率分值表

表 7-1-3　广州总体竞争力各要素贡献率（2001—2010）

年份	总体竞争力指数	经济运行贡献（%）	政府效率贡献（%）	商务效率贡献（%）	基础贡献（%）
2010	92.70	26.90	22.06	24.20	26.84
2009	88.20	28.25	19.51	24.06	28.18
2008	83.42	24.68	20.02	25.38	29.92
2007	82.18	25.26	20.27	24.13	30.34
2006	83.57	28.04	18.87	23.41	29.68
2005	84.87	29.44	16.41	24.91	29.24
2004	86.54	28.66	17.39	25.16	28.79
2003	85.35	29.19	20.18	21.53	29.10
2002	83.59	29.68	19.38	21.16	29.78
2001	85.69	28.91	19.80	22.18	29.11

（2）各要素贡献率柱状图

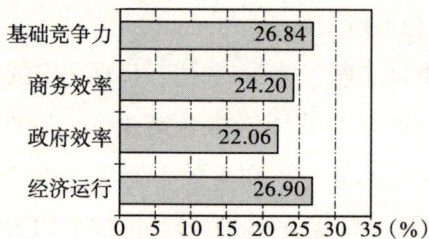

图 7-1-6　广州各要素贡献率（2010）　　图 7-1-7　广州各要素贡献率（2009）

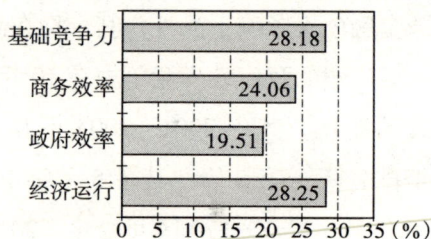

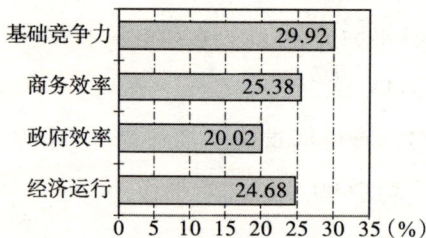

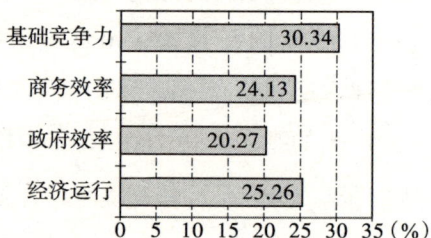

图 7-1-8　广州各要素贡献率（2008）　　图 7-1-9　广州各要素贡献率（2007）

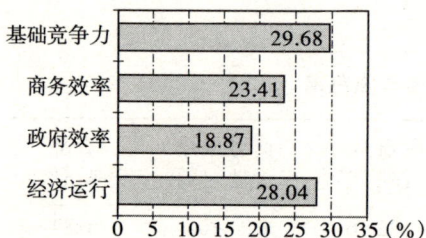

图 7-1-10　广州各要素贡献率（2006）　　图 7-1-11　广州各要素贡献率（2005）

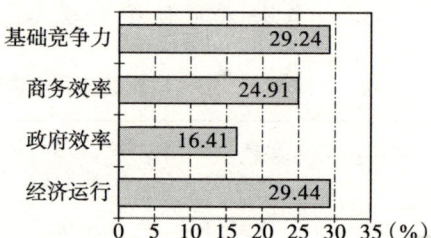

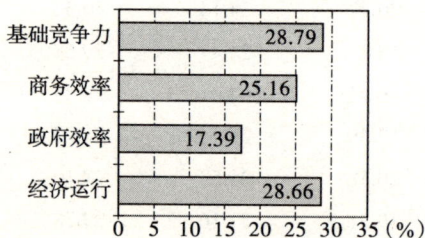

图 7-1-12　广州各要素贡献率（2004）　　图 7-1-13　广州各要素贡献率（2003）

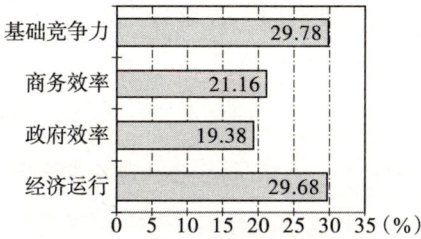

图 7-1-14　广州各要素贡献率（2002）　图 7-1-15　广州各要素贡献率（2001）

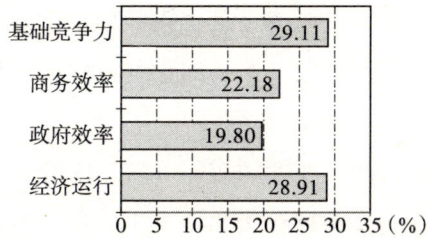

（3）各要素贡献率时序变动图

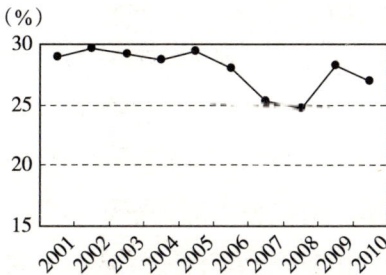

图 7-1-16　广州经济运行要素贡献率　　图 7-1-17　广州政府效率要素贡献率
　　　　　时序变动（2001—2010）　　　　　　时序变动（2001—2010）

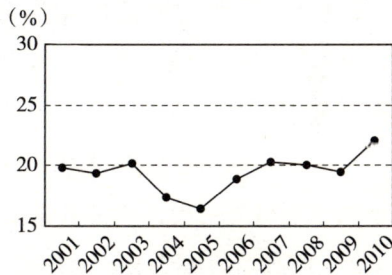

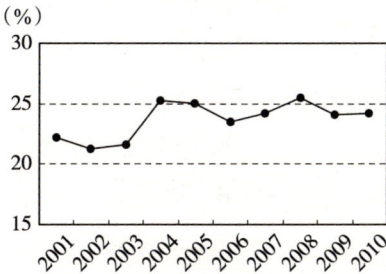

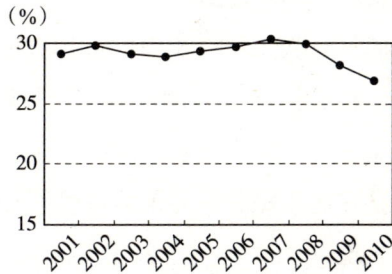

图 7-1-18　广州商务效率要素贡献率　　图 7-1-19　广州基础竞争力要素贡献率
　　　　　时序变动（2001—2010）　　　　　　时序变动（2001—2010）

　　四个要素对广州总体竞争力的贡献率。经济运行和基础竞争力两者贡献率最大，其次是商务效率，相对而言，政府效率贡献率低于前三者，有待提高。

　　四个要素贡献率的分布变化状况。表现最好的经济运行和基础竞争力要素贡献率，基本旗鼓相当；全球金融危机期间，经济运行贡献率明显有所降低，但基础竞争力和商务效率居功至伟，其贡献作用支撑了广州总体竞争力。

四个要素的实际贡献。作用最大的经济运行和基础竞争力要素贡献率一直保持在25%—30%之间，在全球金融危机后略有下滑；商务效率要素贡献率略低于前两者，在20%—25%之间变化；以政府效率要素贡献率最低，在15%—20%之间波动且呈缓慢增加态势。

7.1.3　广州竞争力优劣势分析及政策空间

分析珠三角区域9个经济体中四大要素竞争力排名的总体情况，经济运行和基础竞争力为广州的优势要素，与广州总体竞争力水平高度一致。从四个要素对广州总体竞争力的贡献率来考察，经济运行和基础竞争力两者贡献率最大，商务效率表现良好，可视为广州竞争力的相对优势所在；而政府效率为其相对弱势，是广州提升竞争力重点考察的空间。

经济运行和基础竞争力要素不仅支撑住广州竞争力优势，而且稳定性很强，除经济运行要素在全球金融危机前后略有波动外，基本保持了稳固持续状态。广州经济运行竞争力优势体现在：决定经济增长的生产要素投资、就业优势明显；消费规模与消费水平反映消费市场充足。基础竞争力优势体现在：不仅管网、交通运输、通信设施等基本设施完善，而且在健康保障等促进可持续发展的基本条件方面也长袖善舞，具有良好表现。

广州的经济运行和基础竞争力虽占有较大优势，与2001年相比，经济和社会发展的基本条件如环境污染状况有了改善，但其构成因素中仍有一些主题因素处于劣势地位。如城市化进程中带来的一些潜在后续问题、政府公共资源的有效配置、贸易条件和吸引外资对本地经济的促进作用都还存在着进一步改善空间，科技投入与产出也还需进一步提升。

广州的商务效率在珠三角区域中一直位居第2位，对广州总体竞争力颇有贡献。但商务效率表现不太均衡，其中金融服务最佳，生产率和资本投入效率在不同产业和经济活动单位间表现不一，以第一、第二产业最为掣肘。

广州的政府效率在四要素中处于相对劣势，究其主题评价信息，社会公平、税收负担、财政收入等问题较为突出，是进一步提升广州竞争力的桎梏，需要认真解决。随着广州社会养老保险制度改革和社保的普及覆盖范围增大，经济体制的市场化转型的推进，经济多元化效益的逐渐积累，这几方面在 2010 年已有了良好表现。但还需继续巩固，持续着力开展将经济建设的成果受惠于民的工作。

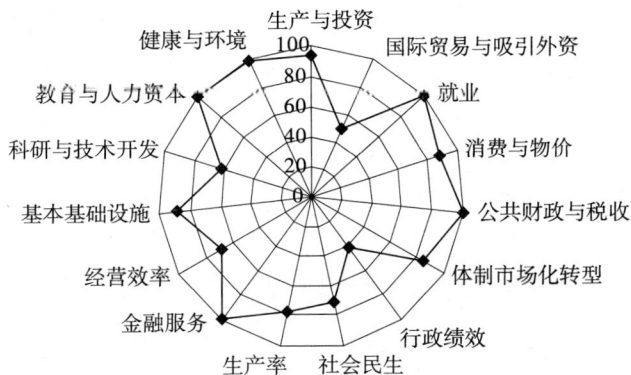

图 7-1-20　广州 2010 年各子要素竞争力雷达图

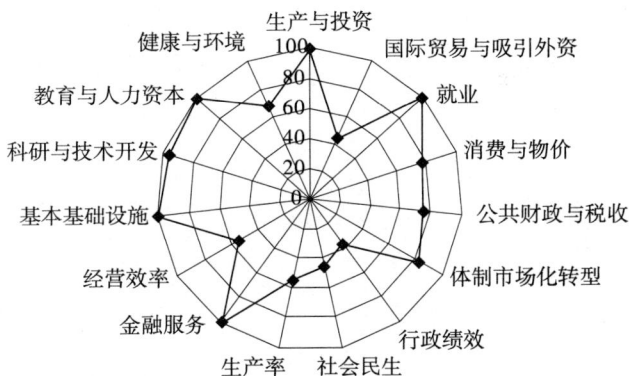

图 7-1-21　广州 2001 年各子要素竞争力雷达图

7.2 深圳竞争力分析

深圳是中国改革开放 30 年成果的样板城市，1988 年深圳特区被国务院批准为国家计划单列市，并赋予其相当于省一级的经济管理权限与副省级行政级别，并具有先行先试的特区政策护驾，承担着全国经济体制改革"试验田"的历史使命，并具有全国性典型意义。深圳地理位置得天独厚，是香港与内地的唯一通道。2004 年深圳市成为无农村的城市，全市总面积 1952.84 平方公里。2009 年年末，深圳市常住人口891.23 万人，其中户籍人口 236.39 万人；全市地区生产总值 8201.32 亿元，人均生产总值折合 13581 美元，人均可支配收入 21526.10 元。

7.2.1 深圳竞争力总体评价

（1）总体竞争力指数和各要素竞争力指数排名

表 7-2-1　深圳总体竞争力指数与各要素竞争力指数排名（2001—2010）

年份	总体竞争力	经济运行竞争力	政府效率竞争力	商务效率竞争力	基础竞争力
2010	2	2	1	5	2
2009	2	2	1	5	2
2008	1	1	1	5	2
2007	1	1	1	5	2
2006	2	1	1	5	2
2005	2	2	1	4	2
2004	2	2	1	5	2
2003	2	2	1	7	2
2002	2	2	1	7	2
2001	2	2	1	6	2

（2）总体竞争力指数和各要素竞争力指数分值

表 7-2-2　深圳总体竞争力指数与各要素竞争力指数分值表（2001—2010）

年份	总体 竞争力	经济 运行竞争力	政府 效率竞争力	商务 效率竞争力	基础 竞争力
2010	84.77	93.92	99.69	46.52	98.95
2009	85.89	99.23	99.35	47.08	97.91
2008	84.65	99.24	99.67	44.47	95.23
2007	86.02	99.85	99.73	48.25	96.26
2006	83.45	99.19	99.47	48.00	87.15
2005	82.26	95.72	99.66	50.71	82.93
2004	82.00	97.43	99.55	49.25	81.76
2003	75.04	82.66	99.45	39.98	78.07
2002	76.77	87.31	99.18	39.28	81.31
2001	69.63	74.80	99.42	35.11	69.21

（3）总体竞争力指数和各要素竞争力指数时序变动

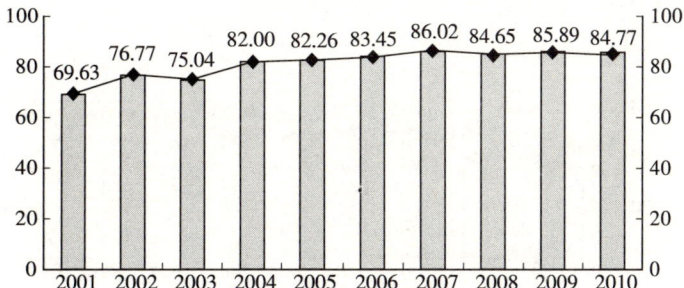

图 7-2-1　2001—2010 年深圳总体竞争力指数变动

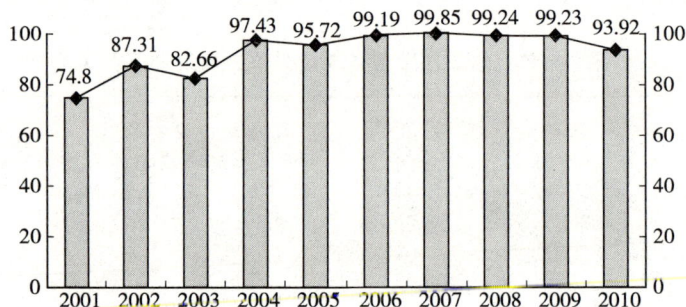

图 7-2-2   2001—2010 年深圳经济运行竞争力指数变动

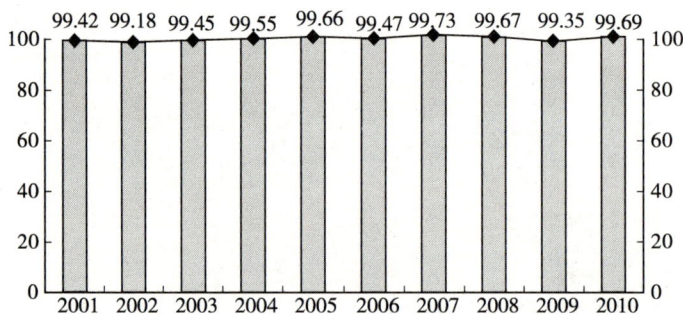

图 7-2-3   2001—2010 年深圳政府效率竞争力指数变动

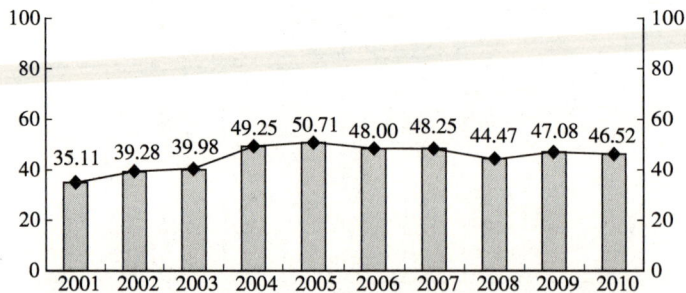

图 7-2-4   2001—2010 年深圳商务效率竞争力指数变动

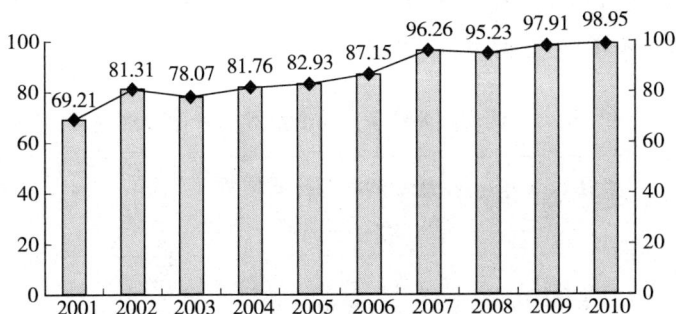

图 7-2-5　2001—2010 年深圳基础竞争力指数变动

　　深圳在 2001—2010 年的十年内总体竞争力排名始终比肩广州，稳定在前两位。其中 2007 年和 2008 年夺得头彩，其余均位居第 2 位。四个要素竞争力中，政府效率表现最好，一直保持首位，具有绝对优势。其次是基础竞争力要素，也一直稳定在第 2 位的水平。经济运行要素在 2006—2008 年冲高到首位，其余各年份均位居第 2 位，对深圳总体竞争力提升起到巨大推动作用。深圳竞争力要素中明显处于劣势地位的是商务效率，2001 年位居第 6 位，2002—2003 年曾降至第 7 位，而后又有所回升，在 2005 年达到第 4 位后，一直维持在第 5 位的水平。

　　深圳总体竞争力指数在 2001—2010 年十年间呈现逐年上升的趋势，2004 年总体竞争力指数分值首次超过 80，而后一直在 82—86 之间波动。政府效率具有绝对优势，十年间指数分值一直保持在 99 以上，无太大波动。经济运行表现也较好，2001—2007 年指数分值从 74.8 提高到99.85，达到最高值，2007 年后指数表现出下滑，2010 年回落到 93.92。基础竞争力提升幅度较大，十年间指数分值提升了 29.74，目前仅次于政府效率。商务效率处于绝对劣势，平均分值仅为 44.87，2001—2005年略有提升，但 2006 年之后又出现滑落，提升商务效率是深圳进一步提高整体竞争力的关键。

7.2.2 深圳各要素对竞争力贡献

（1）各要素贡献率分值表

表7-2-3 深圳总体竞争力各要素贡献率（2001—2010）

年份	总体竞争力指数	经济运行贡献（%）	政府效率贡献（%）	商务效率贡献（%）	基础竞争力贡献（%）
2010	84.77	27.70	29.40	13.72	29.18
2009	85.89	28.88	28.92	13.70	28.50
2008	84.65	29.31	29.44	13.13	28.12
2007	86.02	29.02	28.98	14.02	27.98
2006	83.45	29.72	29.80	14.37	26.11
2005	82.26	29.09	30.29	15.42	25.20
2004	82.00	29.70	30.34	15.03	24.93
2003	75.04	27.54	33.13	13.32	26.01
2002	76.77	28.43	32.30	12.79	26.48
2001	69.63	26.85	35.69	12.61	24.85

（2）各要素贡献率柱状图

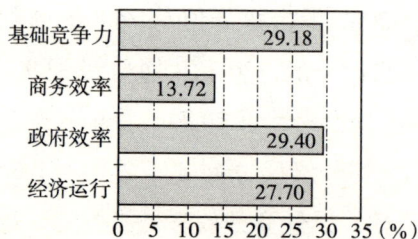

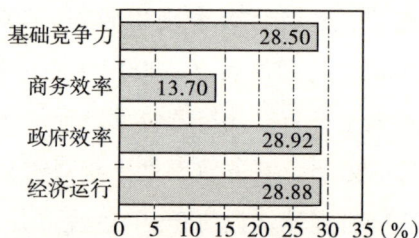

图7-2-6 深圳各要素贡献率（2010）

图7-2-7 深圳各要素贡献率（2009）

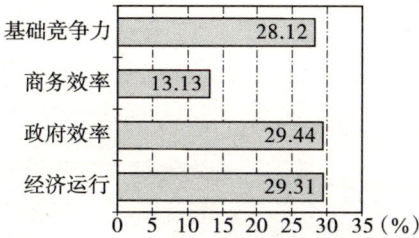

图 7-2-8　深圳各要素贡献率（2008）

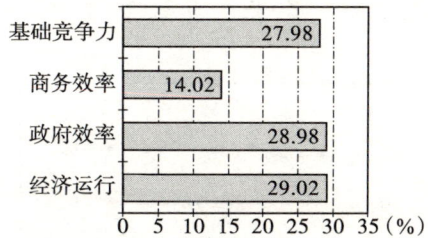

要素	值
基础竞争力	28.12
商务效率	13.13
政府效率	29.44
经济运行	29.31

图 7-2-9　深圳各要素贡献率（2007）

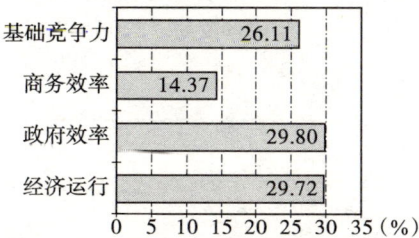

要素	值
基础竞争力	27.98
商务效率	14.02
政府效率	28.98
经济运行	29.02

图 7-2-10　深圳各要素贡献率（2006）

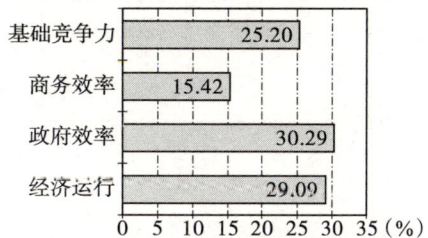

要素	值
基础竞争力	26.11
商务效率	14.37
政府效率	29.80
经济运行	29.72

图 7-2-11　深圳各要素贡献率（2005）

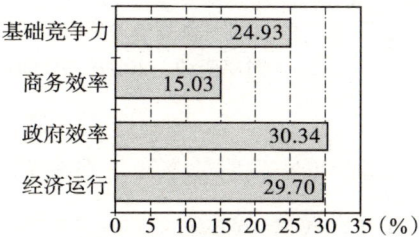

要素	值
基础竞争力	25.20
商务效率	15.42
政府效率	30.29
经济运行	29.09

图 7-2-12　深圳各要素贡献率（2004）

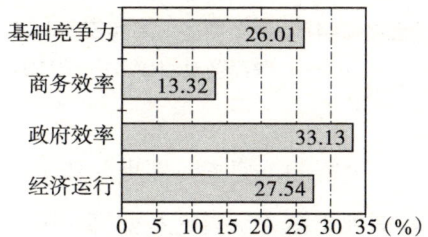

要素	值
基础竞争力	24.93
商务效率	15.03
政府效率	30.34
经济运行	29.70

图 7-2-13　深圳各要素贡献率（2003）

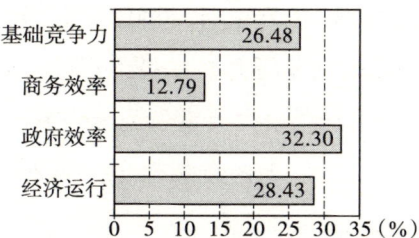

要素	值
基础竞争力	26.01
商务效率	13.32
政府效率	33.13
经济运行	27.54

图 7-2-14　深圳各要素贡献率（2002）

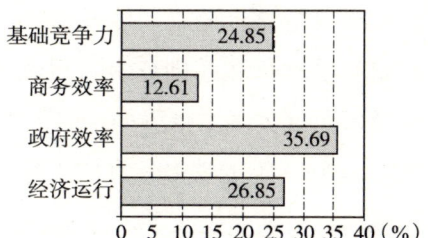

要素	值
基础竞争力	26.48
商务效率	12.79
政府效率	32.30
经济运行	28.43

图 7-2-15　深圳各要素贡献率（2001）

要素	值
基础竞争力	24.85
商务效率	12.61
政府效率	35.69
经济运行	26.85

（3）各要素贡献率时序变动图

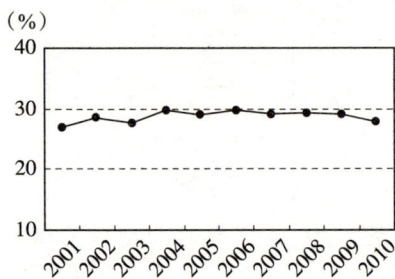

图 7-2-16　深圳经济运行要素贡献率
　　　　　时序变动（2001—2010）

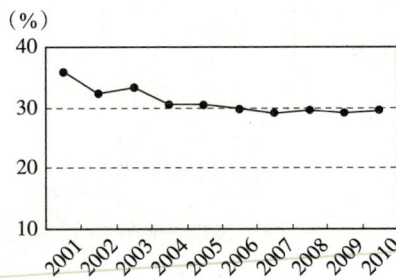

图 7-2-17　深圳政府效率要素贡献率
　　　　　时序变动（2001—2010）

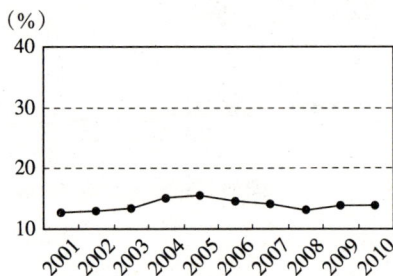

图 7-2-18　深圳商务效率要素贡献率
　　　　　时序变动（2001—2010）

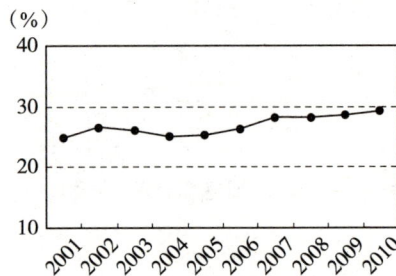

图 7-2-19　深圳基础竞争力要素贡献率
　　　　　时序变动（2001—2010）

　　分析四个要素对深圳总体竞争力的贡献率，政府效率和基础竞争力
是深圳总体竞争力的双引擎。另一个动力装置是经济运行。三个要素在
2010 年的合计贡献率达到 86.28%。而商务效率对总体竞争力的贡献率
相对较低。2001 年，政府效率对总体竞争力的贡献处于绝对优势地位，
远高于其他三个要素，体现出经济特区政府示范作用。2002 年以后特
征是经济运行和基础竞争力贡献率在逐渐振荡缓升，并最终形成与政
府效率贡献率基本持平的格局。尤其以基础竞争力要素表现最为突出，
2001—2009 年贡献率一直居于经济运行之后，差距逐步缩小，在 2010
年反超，贡献率仅次于政府效率。

　　从时间序列来看，基础竞争力的贡献率逐浪走高，稳步提升。商

务效率的贡献率在 2001—2005 年略有提高后，一直在 13%—14%的较低水平徘徊。政府效率虽然一直保持在贡献率首位，但贡献率却在逐渐下滑。

7.2.3 深圳竞争力优劣势分析及政策空间

从珠三角区域 9 个经济体中四大要素竞争力排名总体情况看，政府效率、经济运行和基础竞争力为深圳的优势要素，与深圳总体竞争力水平非常一致。从四个要素对深圳总体竞争力的贡献率来考察，政府效率、基础竞争力、经济运行可视为深圳竞争力的相对优势所在，而商务效率为其相对弱势，是未来提升竞争力必须重点着力的空间。

政府效率、基础竞争力、经济运行要素作为深圳的优势，三者排名稳定性高，而又以政府效率的优势最为稳定，经济运行要素在全球金融危机前后略受冲击，从指数变化可看出经历了逐渐持续增强并保持优势的过程。深圳的竞争力优势主要体现在生产、投资、国际贸易、民营和外资企业发展、就业规模、城市化、行政管理绩效、生活质量、科研投入和产出，以及基本基础设施包含的各项建设等方面。

商务效率虽然是深圳的相对劣势，但放在总体格局中是有所提升的。究其劣势因素，主要受资本投入效率低下影响，三次产业劳动生产率和资本投入效率在未来都存在巨大提升空间；同时银行金融机构的服务满足社会需要程度还需进一步改善。

深圳的政府效率、经济运行和基础竞争力虽优势明显，但其构成因素中仍存在一些劣势方面。与 2001 年相比，深圳的基本经济条件和社会公共设施等有了长足发展，但是经济快速增长中造成的资源不足和环境污染一直是其瓶颈，而并没有被突破，资源、环境约束日益趋紧，转型压力不断加大。财政收入规模的适度性、税收负担造成的社会民生等问题，直指政府需要多方面多层次修缮相关公共政策，改革行政管理体制，提高政府绩效与科学发展能力。

　　基础竞争力发展结构不平衡约束了深圳可持续发展水平和竞争能力。深圳的公共产品供给不足，健康保障方面与广州存在差距，在医疗救助和健康设施满足社会需要程度方面需要改善。同时，深圳经济增长总量虽接近国外发达经济体水平，但是经济结构和发展速度受到约束。在改善投资环境吸引外资、扩大消费率拉动内需、保持价格稳定方面还需投入较大力量。

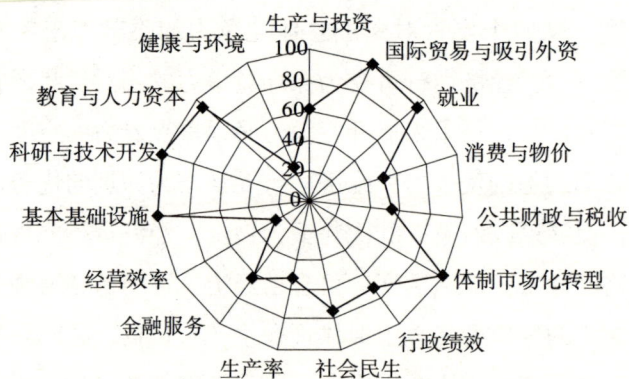

图 7-2-20　深圳 2010 年各子要素竞争力雷达图

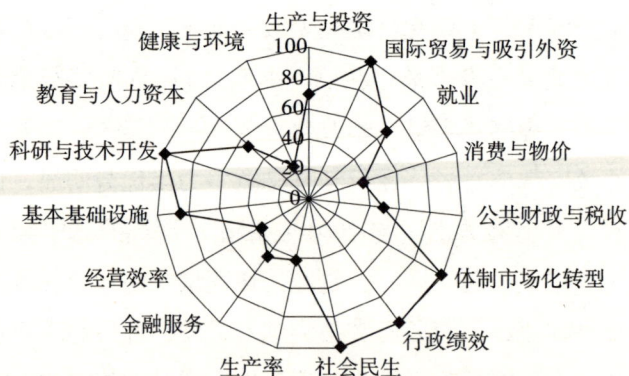

图 7-2-21　深圳 2001 年各子要素竞争力雷达图

7.3 珠海竞争力分析

珠海市位于广东省南部，珠江出海口西岸，"五门"之水汇流入海处。珠海市是珠三角区域经济体中海洋面积最大、岛屿最多、海岸线最长的城市。全市海岸线长达 691 公里，素有"百岛之市"之称。海陆域总面积 7653 平方公里，面积占广东省总面积的 3.4%；其中陆地总面积 1687.8 平方公里。2009 年年末，珠海市常住人口 149.12 万人，其中户籍人口 102.65 万人，是广东省 21 个地级市中人口规模最小的城市。

珠海是中国最早设立的经济特区之一，享有全国人大赋予的地方立法权。珠海市是中国重要的门岸城市，口岸资源十分丰富，设有国家一类口岸 8 个，国家二类口岸 6 个。珠海市拱北口岸是中国第二大陆地进出境口岸，珠海九洲口岸是中国第一大海港进出境口岸。2009 年，珠海市地区生产总值 1038.66 亿元，人均生产总值 6.99 万元，城镇居民人均可支配收入 22859 元，农村居民人均纯收入 8532 元。

7.3.1 珠海竞争力总体评价

(1) 总体竞争力指数和各要素竞争力指数排名

表 7-3-1 珠海总体竞争力指数与各要素竞争力指数排名（2001—2010）

年份	总体竞争力	经济运行竞争力	政府效率竞争力	商务效率竞争力	基础竞争力
2010	6	5	7	4	4
2009	6	6	6	4	4
2008	6	5	6	4	4
2007	6	5	6	3	4
2006	6	6	6	4	4
2005	6	6	6	5	4
2004	4	3	6	4	4

续表

年份	总体 竞争力	经济 运行竞争力	政府 效率竞争力	商务 效率竞争力	基础 竞争力
2003	4	3	6	6	4
2002	4	3	8	6	4
2001	4	3	6	5	5

（2）总体竞争力指数和各要素竞争力指数分值

表 7-3-2 珠海总体竞争力指数与各要素竞争力指数分值表（2001—2010）

年份	总体 竞争力	经济 运行竞争力	政府 效率竞争力	商务 效率竞争力	基础 竞争力
2010	37.10	40.22	12.23	52.66	43.28
2009	38.67	44.46	17.74	51.41	41.09
2008	42.46	45.27	23.35	59.02	42.20
2007	43.99	50.70	23.74	57.66	43.86
2006	40.56	38.71	29.80	49.35	44.39
2005	42.22	37.00	34.07	50.19	47.61
2004	45.61	52.77	32.71	49.73	47.24
2003	45.02	54.63	34.83	41.46	49.17
2002	42.76	53.61	28.39	41.88	47.18
2001	44.76	58.85	34.67	40.01	45.53

（3）总体竞争力指数和各要素竞争力指数时序变动

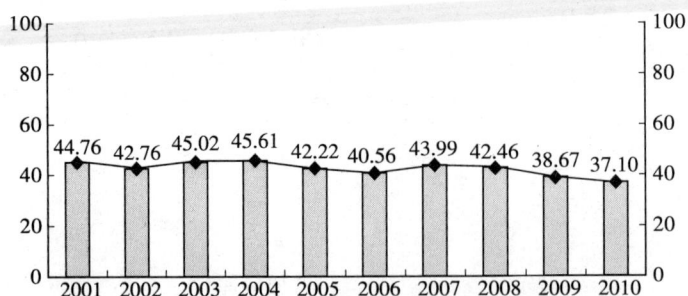

图 7-3-1 2001—2010 年珠海总体竞争力指数变动

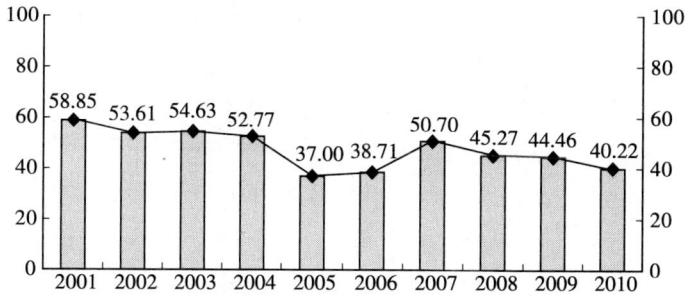

图 7-3-2 2001—2010 年珠海经济运行竞争力指数变动

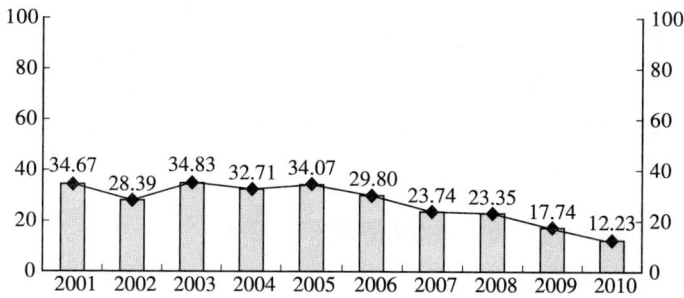

图 7-3-3 2001—2010 年珠海政府效率竞争力指数变动

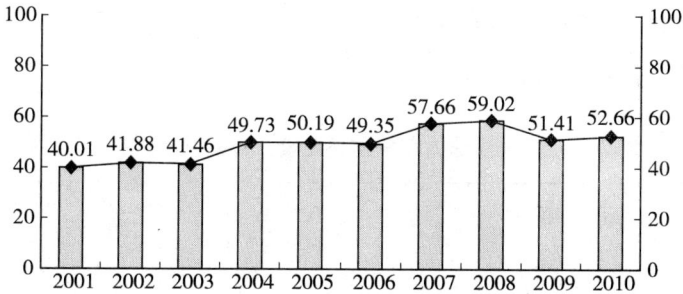

图 7-3-4 2001—2010 年珠海商务效率竞争力指数变动

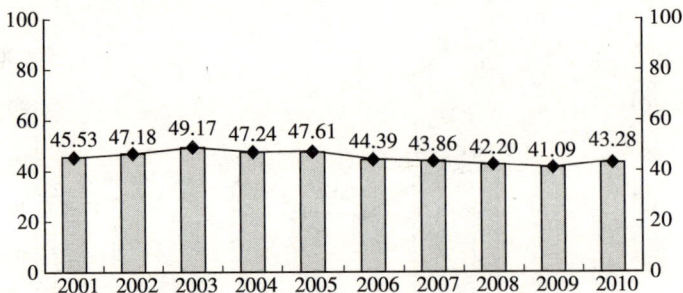

图 7-3-5　2001—2010 年珠海基础竞争力指数变动

珠海在 2001—2010 年十年间总体竞争力水平排名有所下降，由第 4 位下滑到第 6 位，并且近几年一直保持在第 6 位的水平。总体竞争力下降主要是受商务效率和基础竞争力两个要素影响，而经济运行和政府效率两个要素还表现出稳中有升。

2001—2010 年，珠海总体竞争力指数平均为 42.32。在 2003 年、2004 年达到峰值后逐波下滑。2010 年珠海总体竞争力指数达到历史最低值，仅为 37.10。四个竞争力要素表现失衡。表现相对较好的是商务效率，分值平均在 50 左右，2008 年峰值可接近 60。而政府效率指数平均分值仅为 27.15，且表现为逐年下滑，尤其在 2010 年指数分值仅为 12.23，拉低了珠海整体竞争力指数分值。

7.3.2　珠海各要素对竞争力贡献

（1）各要素贡献率分值表

表 7-3-3　珠海总体竞争力各要素贡献率（2001—2010）

年份	总体竞争力指数	经济运行贡献（%）	政府效率贡献（%）	商务效率贡献（%）	基础竞争力贡献（%）
2010	37.10	27.10	8.24	35.49	29.17
2009	38.67	28.74	11.47	33.22	26.56

年份	总体竞争力指数	经济运行贡献（%）	政府效率贡献（%）	商务效率贡献（%）	基础竞争力贡献（%）
2008	42.46	26.65	13.75	34.75	24.85
2007	43.99	28.81	13.49	32.77	24.93
2006	40.56	23.86	18.36	30.42	27.36
2005	42.22	21.91	20.17	29.73	28.19
2004	45.61	28.92	17.94	27.25	25.89
2003	45.02	30.33	19.34	23.02	27.30
2002	42.76	31.34	16.60	24.48	27.58
2001	44.76	32.87	19.36	22.34	25.43

（2）各要素贡献率柱状图

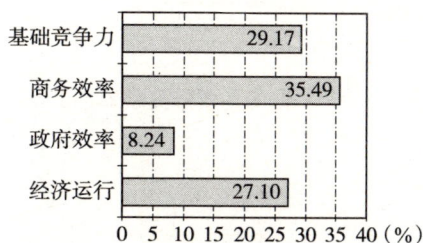

图 7-3-6　珠海各要素贡献率（2010）

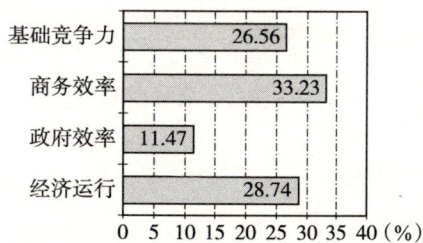

图 7-3-7　珠海各要素贡献率（2009）

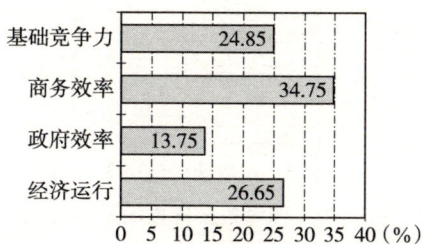

图 7-3-8　珠海各要素贡献率（2008）

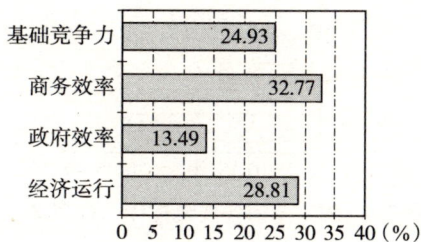

图 7-3-9　珠海各要素贡献率（2007）

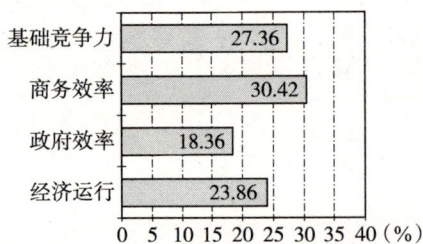

图 7-3-10　珠海各要素贡献率（2006）

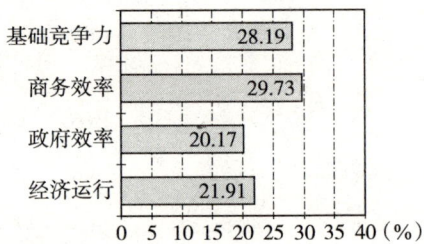

图 7-3-11　珠海各要素贡献率（2005）

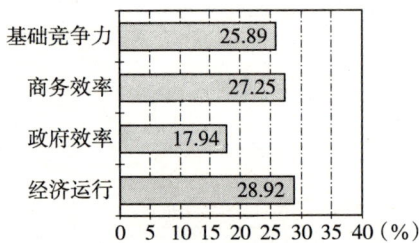

图 7-3-12　珠海各要素贡献率（2004）

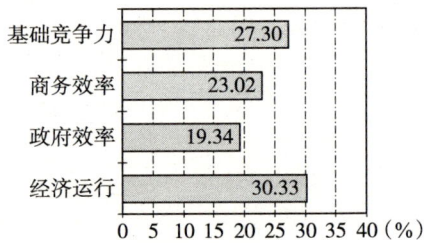

图 7-3-13　珠海各要素贡献率（2003）

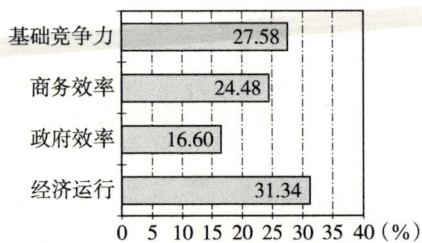

图 7-3-14　珠海各要素贡献率（2002）

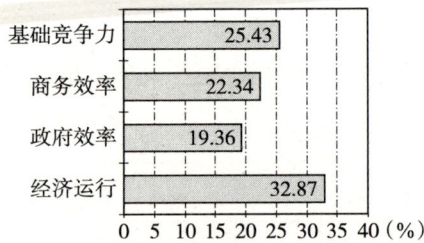

图 7-3-15　珠海各要素贡献率（2001）

（3）各要素贡献率时序变动图

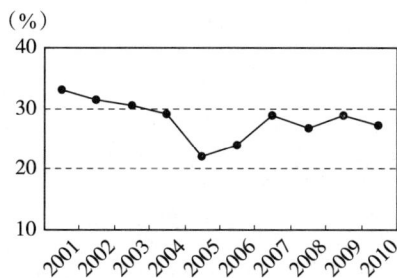

图 7-3-16 珠海经济运行要素贡献率
时序变动（2001—2010）

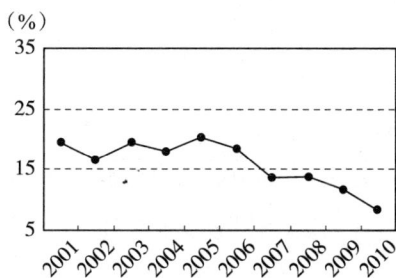

图 7-3-17 珠海政府效率要素贡献率
时序变动（2001—2010）

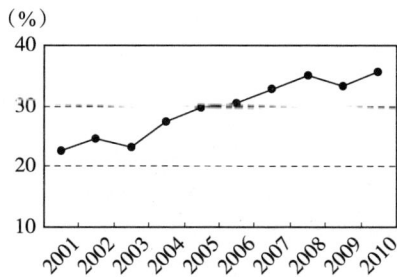

图 7-3-18 珠海商务效率要素贡献率
时序变动（2001—2010）

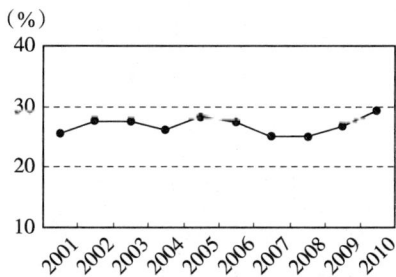

图 7-3-19 珠海基础竞争力要素贡献率
时序变动（2001—2010）

分析四个要素对珠海总体竞争力的贡献率，2010 年商务效率贡献率相对最大，其次是基础竞争力和经济运行要素，略低于商务效率，政府效率的贡献率相对较低成为总体竞争力的影响因素。在 2001 年，珠海总体竞争力主要是靠经济运行支撑，而后该要素对总体竞争力的贡献逐渐下降，商务效率的作用开始逐步凸显。由于经济运行和商务效率前几年的此消彼长，2005 年四个要素达到相对均衡的水平。2006 年开始，经济运行的贡献率相对稳定，而政府效率贡献率急剧下降，商务效率的贡献率则进一步提高。

从时间序列来看，商务效率要素的贡献率逐年攀升，十年时间贡献率提高了 13 个百分点。而经济运行要素的贡献率则呈现波动下滑的

趋势，贡献率由 2001 年的第 1 位降到了第 3 位，2005 年贡献率仅为
21.91%，为历史最低值。政府效率要素的贡献率下滑更为明显，2010
年已不到 10%。

7.3.3　珠海竞争力优劣势分析及政策空间

从珠三角区域 9 个经济体中四大要素竞争力排名总体情况看，珠海
各要素的排名在中间水平作平庸波动，既无突出的优势，也无明显劣
势。基础竞争力的排名相对稳定，经济运行和政府效率在波动中有下
滑，商务效率在缓慢振荡中攀升。考察四个要素对珠海总体竞争力的贡
献率，2001—2004 年间，经济运行贡献率最大，是珠海的相对优势所
在，基础竞争力和商务效率的贡献介于经济运行和政府效率之间，政府
效率为珠海的相对劣势，作为经济特区的政府，具有先行先试的政策优
势，出现低效率，颇令人费解深思。在 2005—2010 年，经济运行的贡
献率衰减，商务效率和基础设施的贡献力量逐渐增强，但商务效率的相
对优势更为明显；政府效率则一直处于相对劣势位置。

考虑到支撑珠海总体竞争力的四个要素在珠三角区域中的总体优劣
势都不突出，因此，要提升珠海总体竞争力，就必须加大改革力度。综
合分析各要素的构成因素，相对优势集中在生产率、吸引外资、贸易条
件、科研投入、人力资本的质量等层面；相对劣势较为明显地体现在就
业规模、交通及通信等基础设施建设、资源的有效利用、包括收入分
配、养老社保等在内与社会公平相关的民生问题、财政收入、资本投入
效率低等层面。

珠海具有的相对优势呈波动变化，相对劣势要素则比较稳定的特
征。珠海的对外开放程度较高，国际依附性强，其国际市场变化风险需
要着力增强防范。在相对优势的因素中，又以城市化进程、健康保障、
价格变动等与人民生活质量和幸福度相关的主题有较好表现。

2010 年与 2001 年对比，珠海的交通设施、人力资本质量、第一产

业和第三产业生产率有了一定提升，教育和科研投入在珠三角区域中属前列，应继续保持和稳固；而劳动力供给规模、人力资源储备、通信设施、管网设施利用效率诸方面仍没有较大改善；扩大内需，开拓消费市场需要花大力气进行。

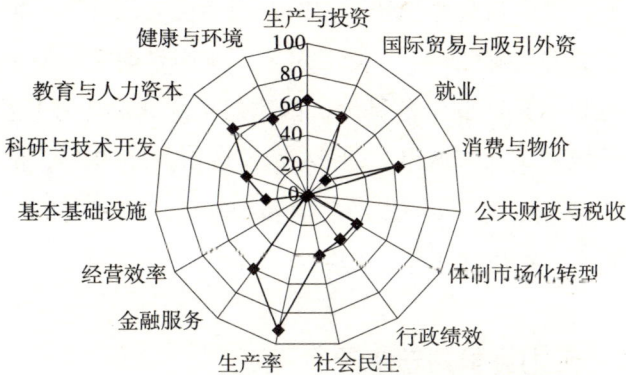

图 7-3-20　珠海 2010 年各子要素竞争力雷达图

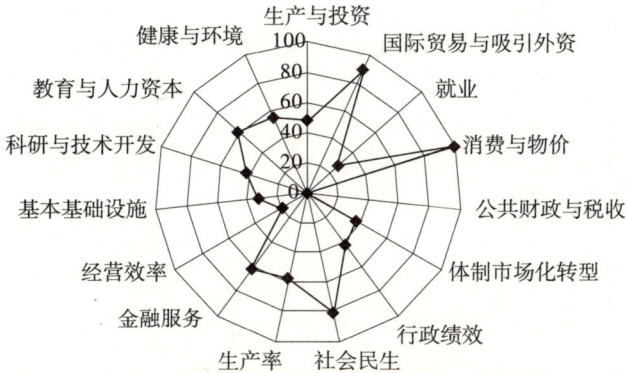

图 7-3-21　珠海 2001 年各子要素竞争力雷达图

7.4 佛山竞争力分析

佛山市位于广东省中南部，地处珠江三角洲腹地。全市总面积3848.49 平方公里，2009 年年末常住人口598.6 万人，其中户籍人口367.63 万人。佛山是具有独特魅力的岭南传统文化的发祥地，也是中国近代民族工业的发源地之一，著名侨乡。佛山是国家新型工业化（电子信息、光电显示）产业示范基地，国家级信息化和工业化融合试验区，全国流通领域物流示范城市，CEPA 示范城市。2009 年，佛山市地区生产总值4820.90 亿元，人均生产总值80686 元，城镇居民年人均可支配收入24578 元，农村居民年人均纯收入10699 元。

7.4.1 佛山竞争力总体评价

（1）总体竞争力指数和各要素竞争力指数排名

表 7-4-1 佛山总体竞争力指数与各要素竞争力指数排名（2001—2010）

年份	总体竞争力	经济运行竞争力	政府效率竞争力	商务效率竞争力	基础竞争力
2010	3	4	3	1	3
2009	3	4	3	1	3
2008	3	4	3	1	3
2007	3	4	3	1	3
2006	3	4	4	1	3
2005	3	3	4	1	3
2004	3	4	3	1	3
2003	3	5	4	1	3
2002	3	6	4	1	3
2001	3	6	4	1	3

（2）总体竞争力指数和各要素竞争力指数分值

表7-4-2 佛山总体竞争力指数与各要素竞争力指数分值表（2001—2010）

年份	总体 竞争力	经济 运行竞争力	政府 效率竞争力	商务 效率竞争力	基础 竞争力
2010	69.56	43.30	85.70	99.41	49.82
2009	71.91	54.02	81.10	99.22	53.29
2008	70.58	56.66	74.25	99.85	51.57
2007	71.16	52.48	71.36	98.95	61.85
2006	68.11	53.50	61.50	99.17	58.30
2005	67.32	49.43	61.32	99.14	59.37
2004	65.93	42.39	66.70	99.23	55.38
2003	62.69	39.25	54.54	99.76	57.22
2002	63.21	39.44	56.01	99.08	58.31
2001	65.20	39.67	65.21	99.70	56.20

（3）总体竞争力指数和各要素竞争力指数时序变动

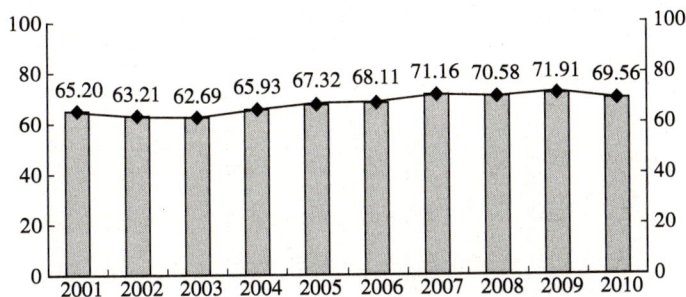

图7-4-1 2001—2010年佛山总体竞争力指数变动

213

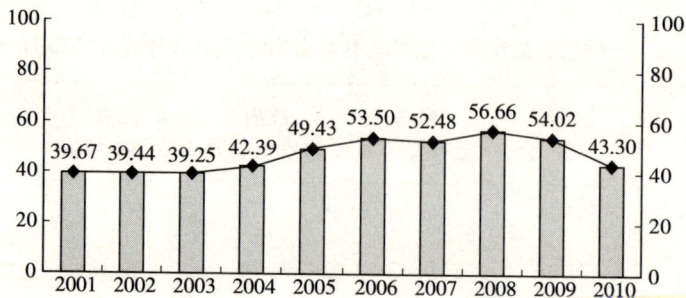

图 7-4-2 2001—2010 年佛山经济运行竞争力指数变动

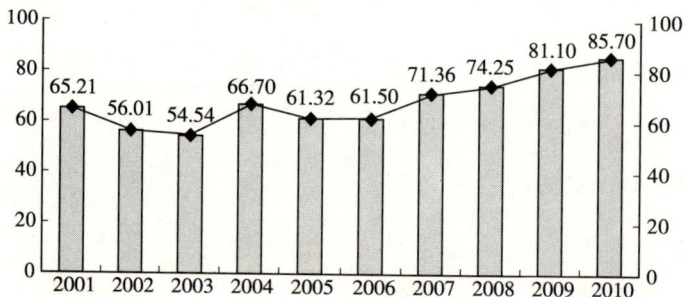

图 7-4-3 2001—2010 年佛山政府效率竞争力指数变动

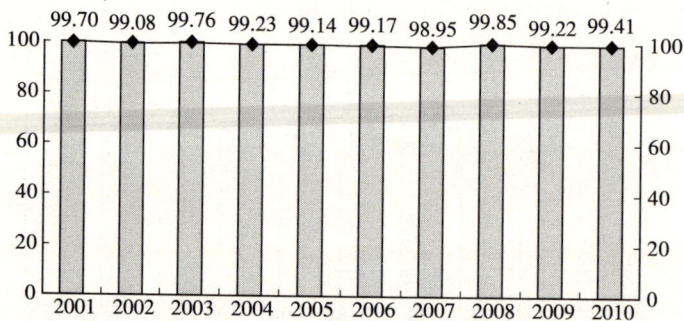

图 7-4-4 2001—2010 年佛山商务效率竞争力指数变动

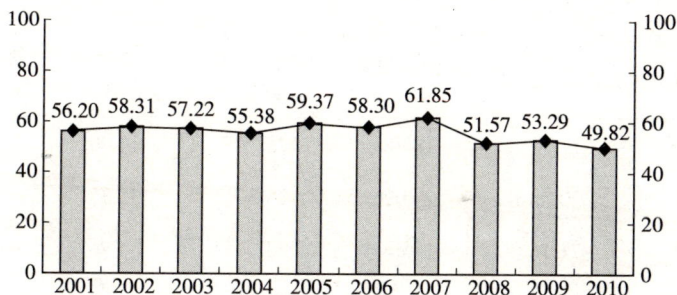

图 7-4-5　2001—2010 年佛山基础竞争力指数变动

佛山总体竞争力水平非常稳定，十年内紧紧跟在广州、深圳两个副省级城市后面，始终保持在第 3 位。除了经济运行排名有相对波动之外，其他三个要素则表现相对稳定。尤其商务效率表现出绝对优势，一直稳居首位，基础竞争力也一直处于第 3 位，从而确保佛山总体竞争力稳固在第 3 位。

佛山总体竞争力指数在 62—72 之间波动，平均分值为 67.57，2001—2003 年略有下降后又逐年向上提升，到 2009 年达到峰值 71.91。佛山总体竞争力的提升主要得益于政府效率近几年的快速提升。商务效率指数一直保持在 98 以上的分值，相对稳定。政府效率在波动中奋力攀升，提高明显。基础竞争力和经济运行相对处于劣势。基础竞争力指数在 2008 年有明显下降，跌了近 10 个分值。经济运行竞争力指数在前几年的缓步提升后，又连续两年回落。

7.4.2　佛山各要素对竞争力贡献

（1）各要素贡献率分值表

表 7-4-3　佛山总体竞争力各要素贡献率（2001—2010）

年份	总体 竞争力指数	经济运行 贡献（%）	政府效率 贡献（%）	商务效率 贡献（%）	基础竞争力 贡献（%）
2010	69.56	15.56	30.80	35.73	17.91

续表

年份	总体竞争力指数	经济运行贡献（%）	政府效率贡献（%）	商务效率贡献（%）	基础竞争力贡献（%）
2009	71.91	18.78	28.19	34.49	18.54
2008	70.58	20.07	26.30	35.37	18.27
2007	71.16	18.44	25.07	34.76	21.73
2006	68.11	19.64	22.57	36.40	21.39
2005	67.32	18.37	22.77	36.82	22.05
2004	65.93	16.08	25.29	37.63	21.00
2003	62.69	15.65	21.75	39.78	22.82
2002	63.21	15.60	22.15	39.19	23.06
2001	65.20	15.22	25.00	38.23	21.55

（2）各要素贡献率柱状图

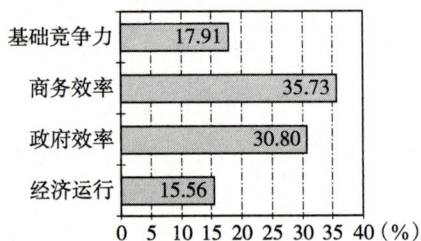

图 7-4-6　佛山各要素贡献率（2010）

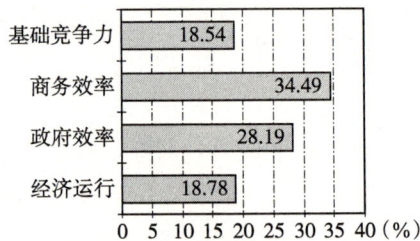

图 7-4-7　佛山各要素贡献率（2009）

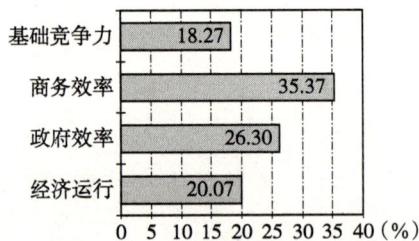

图 7-4-8　佛山各要素贡献率（2008）

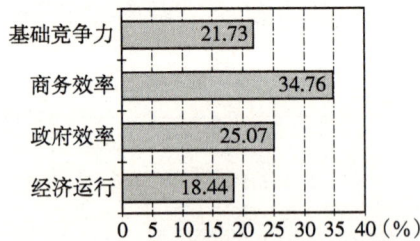

图 7-4-9　佛山各要素贡献率（2007）

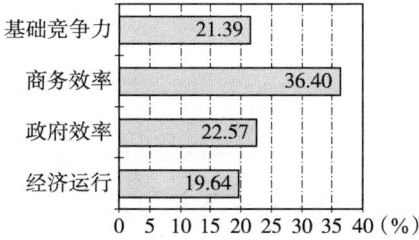

图7-4-10 佛山各要素贡献率（2006）

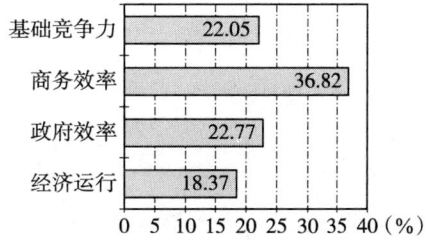

图7-4-11 佛山各要素贡献率（2005）

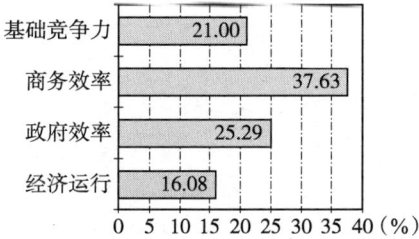

图7-4-12 佛山各要素贡献率（2004）

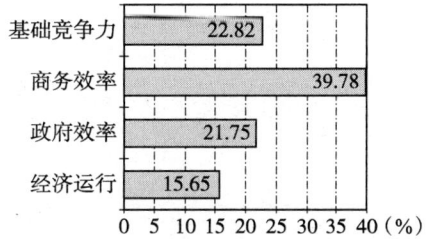

图7-4-13 佛山各要素贡献率（2003）

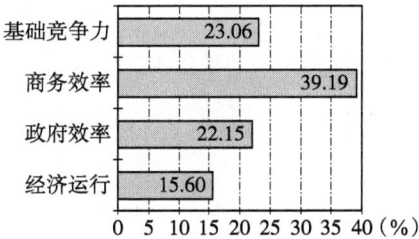

图7-4-14 佛山各要素贡献率（2002）

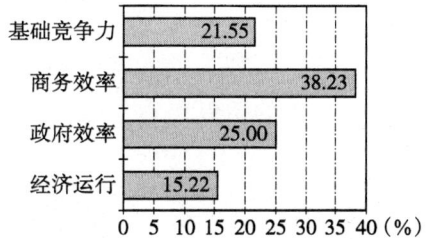

图7-4-15 佛山各要素贡献率（2001）

（3）各要素贡献率时序变动图

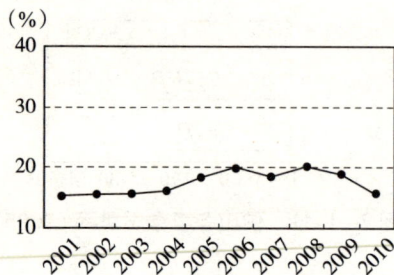

图 7-4-16　佛山经济运行要素贡献率
　　　　　时序变动（2001—2010）

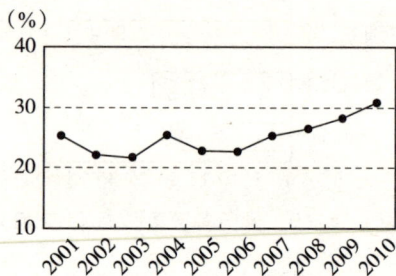

图 7-4-17　佛山政府效率要素贡献率
　　　　　时序变动（2001—2010）

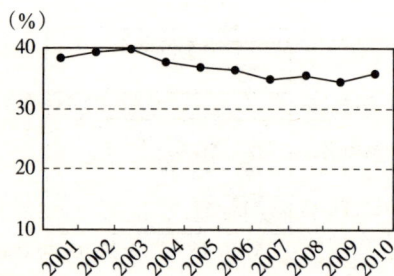

图 7-4-18　佛山商务效率要素贡献率
　　　　　时序变动（2001—2010）

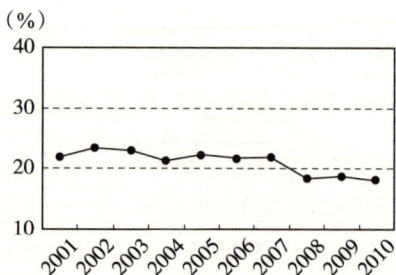

图 7-4-19　佛山基础竞争力要素贡献率
　　　　　时序变动（2001—2010）

从四个要素对于佛山总体竞争力的贡献率来看，排名第 1 位的是商务效率，其次是政府效率，基础竞争力和经济运行贡献率基本相当，均处于劣势。商务效率的贡献率在 34%—38% 之间小幅度波动，基础竞争力的贡献率在 2002 年和 2003 年超过政府效率，而后又下滑到第 3 位。

从时间序列来看，经济运行对佛山总体竞争力的贡献在 2008 年之前逐步提升，而之后的两年则出现较大幅度下滑，2010 年的贡献率为 15.56%，基本相当于 2003 年的水平。贡献率提升相对明显的是政府效率，十年时间提升超过了 5 个百分点。商务效率和基础竞争力的贡献率均略有下降的趋势。

7.4.3 佛山竞争力优劣势分析及政策空间

分析珠三角区域 9 个经济体四要素竞争力排名总体情况，商务效率为佛山的优势要素，基础竞争力一直排名第 3，政府效率从第 4 升至第 3 并得到保持，经济运行也由第 6 逐步提高至第 4 后稳固下来。考察四个要素对佛山总体竞争力的贡献率，商务效率贡献率最大，政府效率的贡献率不断增强，是佛山竞争力提升的相对优势，而基础竞争力与经济运行为佛山的相对劣势，是未来提升佛山竞争力的重点着力空间。

商务效率作为佛山的优势要素，其稳定性不但很高，而且很优。10 年一直保持在珠三角的首位，其优势主要来源于三次产业较高的劳动生产率、资本要素较大的投入产出效率、较强的金融机构服务能力等。基础竞争力和经济运行则一直处于相对劣势的地位，基础竞争力自身竞争力水平呈下滑态势，对佛山总体竞争力的贡献退步，相对劣势状况愈加明显。

商务效率在佛山的相对优势地位受到其政府效率的追赶。要素构成中因较高行政管理绩效水平、较快城市化进程速度提升了政府效率竞争力。如何合理保持维护政府效率，以及如何提升民生，不断改善环境问题，仍有很大着力空间。

构成佛山经济运行和基础竞争力的主题因素中，大部分处于珠三角各经济体的中下水平，需大力支持并给予提升。如贸易投资的国际化水平较低、产业升级转型有一定困难、内需缺口较大、基础设施条件建设也滞后、专业人才和科技资源不足、自主创新能力总体不强等都是佛山进一步发展的掣肘。

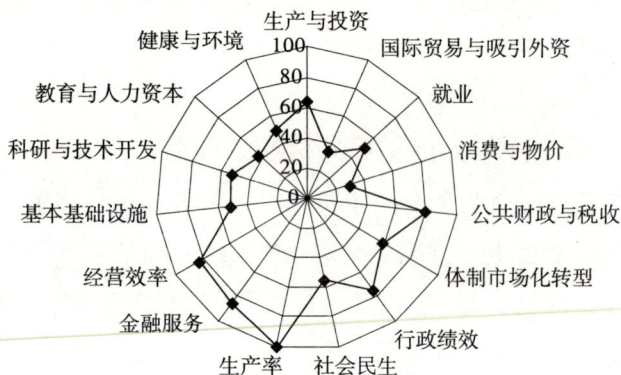

图 7-4-20　佛山 2010 年各子要素竞争力雷达图

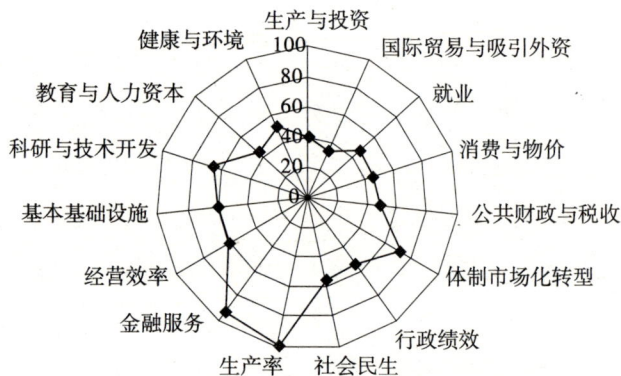

图 7-4-21　佛山 2001 年各子要素竞争力雷达图

7.5　惠州竞争力分析

　　惠州市位于广东省东南部，珠江三角洲东北端，是珠三角核心区向粤东、粤北乃至邻省过渡的地理意义的桥梁。全市陆地面积 11158 平方公里，约占珠三角的 1/4，国土开发强度不足 9%，在全国 200 个大中城市中，土地资源可利用程度排第 25 位。其是香港、深圳、东莞等的主要饮用水源地，水源供给程度居全国大中城市第3位。拥有海域面积4520平方公里，海岸线长223.6公里。其也是珠三角东部生态环境最优美的城市之一。全市森林覆盖率59.4%，2009年年末常住人口397.21万人。

惠州不仅是首批国家电子信息产业基地之一，世界最大的电池和镭射光头生产基地之一，也是亚洲最大的电话机、电脑主板生产基地，还是中国最大的电视机、汽车音响、高级电工产品、照相机生产基地之一。2009年，惠州市地区生产总值1414.7亿元，人均生产总值35819元，人均可支配收入21278元，农民人均纯收入7583元。

7.5.1 惠州竞争力总体评价

（1）总体竞争力指数和各要素竞争力指数排名

表7-5-1 惠州总体竞争力指数与各要素竞争力指数排名（2001—2010）

年份	总体 竞争力	经济 运行竞争力	政府 效率竞争力	商务 效率竞争力	基础 竞争力
2010	8	6	8	8	7
2009	7	5	8	8	7
2008	8	6	8	8	8
2007	8	7	7	9	6
2006	7	7	7	7	6
2005	7	7	7	6	5
2004	7	9	8	6	5
2003	7	8	9	3	6
2002	7	8	7	3	8
2001	6	7	8	3	8

（2）总体竞争力指数和各要素竞争力指数分值

表 7-5-2　惠州总体竞争力指数与各要素竞争力指数分值表（2001—2010）

年份	总体 竞争力	经济 运行竞争力	政府 效率竞争力	商务 效率竞争力	基础 竞争力
2010	23.35	37.78	4.61	19.42	31.59
2009	29.09	47.33	15.61	21.60	31.82
2008	24.00	26.61	17.70	20.11	31.59
2007	23.69	25.37	21.78	15.28	32.31
2006	31.44	33.96	25.57	28.50	37.74
2005	32.31	29.14	25.38	35.54	39.19
2004	34.09	21.05	26.29	48.92	40.11
2003	37.05	32.75	23.45	56.00	35.97
2002	37.43	28.99	31.35	58.87	30.50
2001	39.52	32.60	25.88	68.02	31.59

（3）总体竞争力指数和各要素竞争力指数时序变动

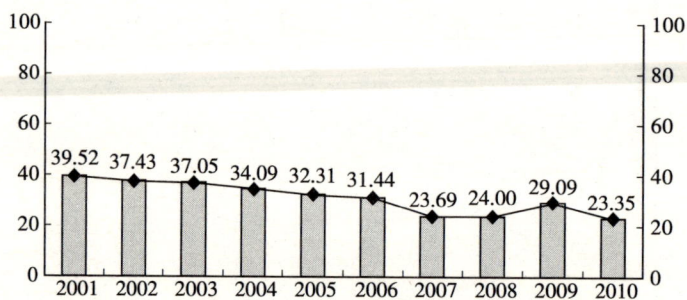

图 7-5-1　2001—2010 年惠州总体竞争力指数变动

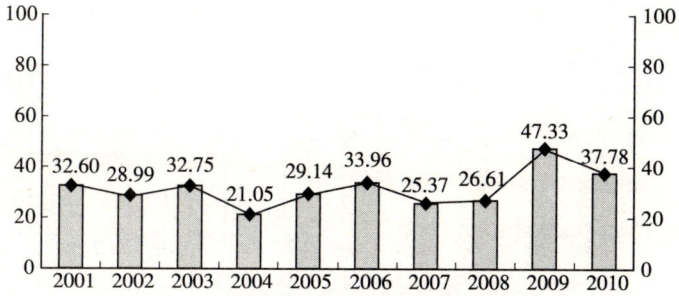

图 7-5-2　2001—2010 年惠州经济运行竞争力指数变动

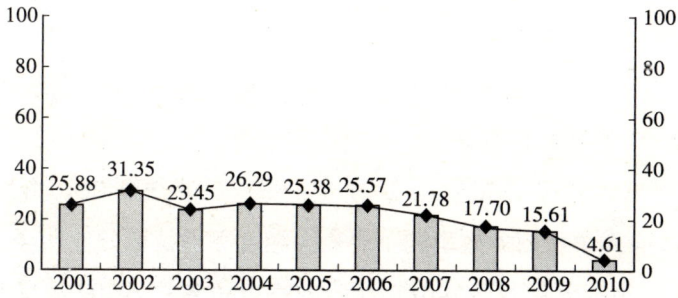

图 7-5-3　2001—2010 年惠州政府效率竞争力指数变动

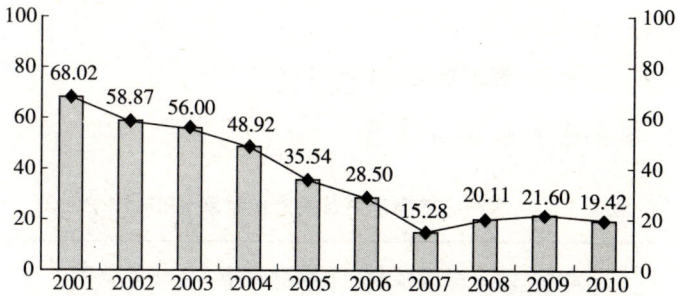

图 7-5-4　2001—2010 年惠州商务效率竞争力指数变动

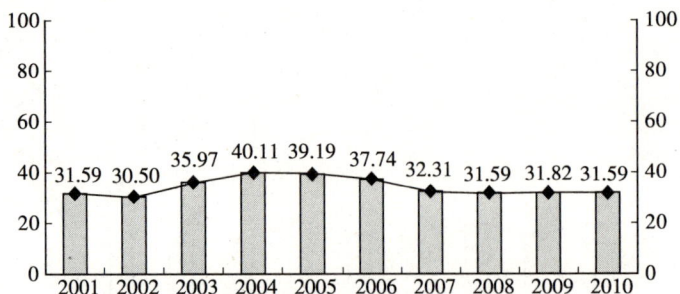

图 7-5-5　惠州基础竞争力指数（2001—2010）

惠州总体竞争力相对较弱，是 9 个经济体中排序后半段的经济体，最好成绩是 2001 年的第 6 位排名，其后一直在第 7 位和第 8 位间徘徊不定。2002—2006 年稳固在第 7 位，2007—2008 年降到第 8 位，2009 年又回归第 7 位，2010 年再次降为第 8 位。商务效率竞争力指数在 2001—2003 年排名相对靠前，而后下跌显著。

惠州总体竞争力指数由 2001 年的 39.52 下跌到 2010 年的 23.35，主要受政府效率和商务效率两个要素大幅度下滑拉低效应所至。政府效率 2010 年指数分值仅为 4.61，商务效率分值也由 68.02 下降到 19.42。如何加强这两个要素竞争力，有效配置要素资源，是今后惠州决策者需要去努力思考解决的问题。经济运行和基础竞争力的指数分值处在较低水平，并且相对平稳。

7.5.2　惠州各要素对竞争力贡献

（1）各要素贡献率分值表

表 7-5-3　惠州总体竞争力各要素贡献率（2001—2010）

年份	总体 竞争力指数	经济运行 贡献（%）	政府效率 贡献（%）	商务效率 贡献（%）	基础竞争力 贡献（%）
2010	23.35	40.45	4.94	20.79	33.82

续表

年份	总体 竞争力指数	经济运行 贡献（%）	政府效率 贡献（%）	商务效率 贡献（%）	基础竞争力 贡献（%）
2009	29.09	40.68	13.42	18.56	27.35
2008	24.00	27.72	18.44	20.94	32.91
2007	23.69	26.78	22.98	16.14	34.10
2006	31.44	27.00	20.33	22.66	30.00
2005	32.31	22.55	19.63	27.50	30.32
2004	34.09	15.44	19.28	35.87	29.41
2003	37.05	22.10	15.83	37.79	24.28
2002	37.43	19.37	20.94	39.32	20.37
2001	39.52	20.62	16.37	43.02	19.98

（2）各要素贡献率柱状图

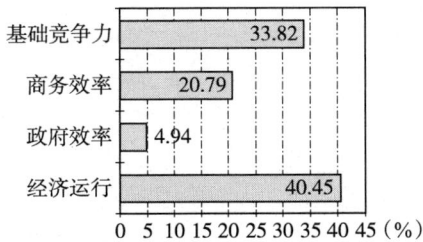

图 7-5-6 惠州各要素贡献率（2010）

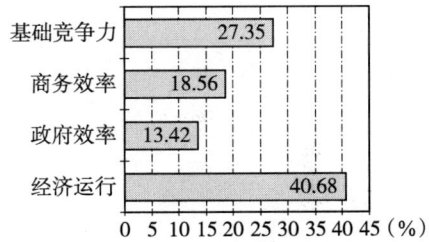

图 7-5-7 惠州各要素贡献率（2009）

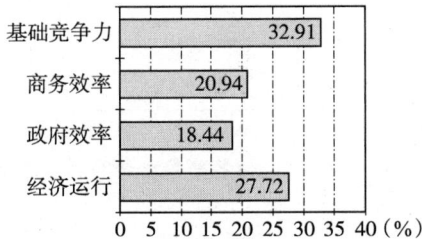

图 7-5-8 惠州各要素贡献率（2008）

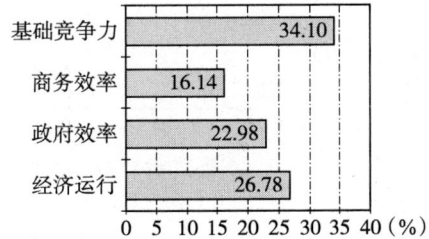

图 7-5-9 惠州各要素贡献率（2007）

225

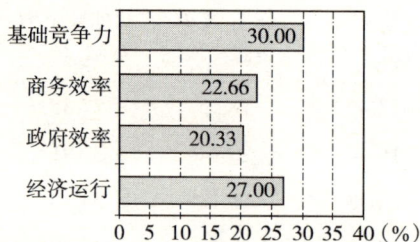

图 7-5-10　惠州各要素贡献率（2006）　图 7-5-11　惠州各要素贡献率（2005）

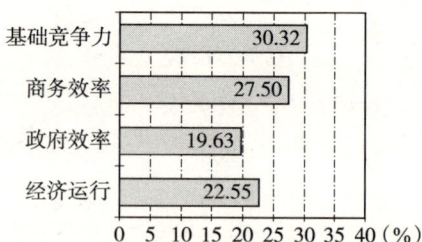

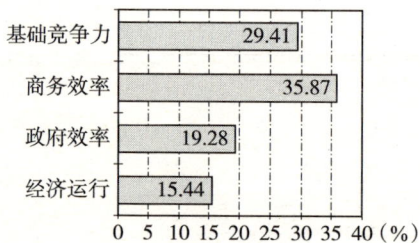

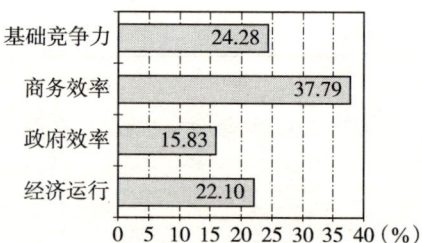

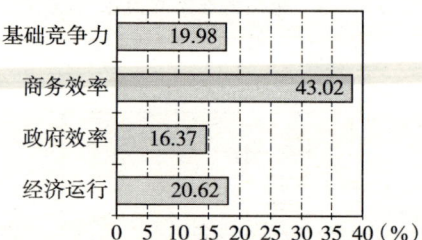

基础竞争力 30.00 / 商务效率 22.66 / 政府效率 20.33 / 经济运行 27.00

基础竞争力 30.32 / 商务效率 27.50 / 政府效率 19.63 / 经济运行 22.55

图 7-5-12　惠州各要素贡献率（2004）　图 7-5-13　惠州各要素贡献率（2003）

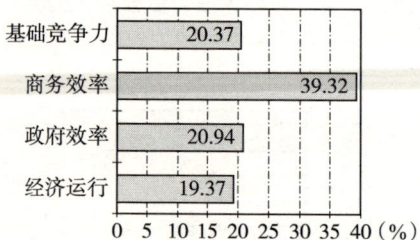

基础竞争力 29.41 / 商务效率 35.87 / 政府效率 19.28 / 经济运行 15.44

基础竞争力 24.28 / 商务效率 37.79 / 政府效率 15.83 / 经济运行 22.10

图 7-5-14　惠州各要素贡献率（2002）　图 7-5-15　惠州各要素贡献率（2001）

基础竞争力 20.37 / 商务效率 39.32 / 政府效率 20.94 / 经济运行 19.37

基础竞争力 19.98 / 商务效率 43.02 / 政府效率 16.37 / 经济运行 20.62

226

（3）各要素贡献率时序变动图

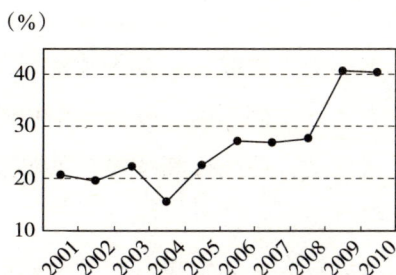

图 7-5-16　惠州经济运行要素贡献率
时序变动（2001—2010）

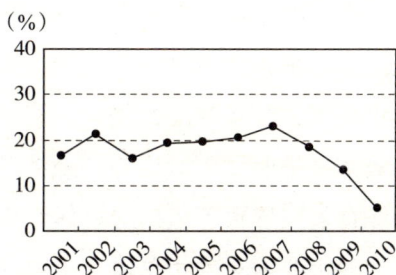

图 7-5-17　惠州政府效率要素贡献率
时序变动（2001—2010）

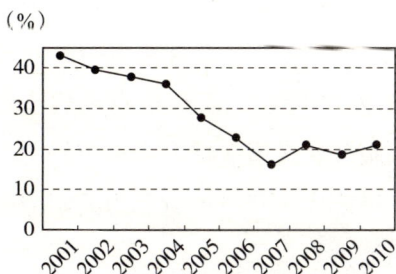

图 7-5-18　惠州商务效率要素贡献率
时序变动（2001—2010）

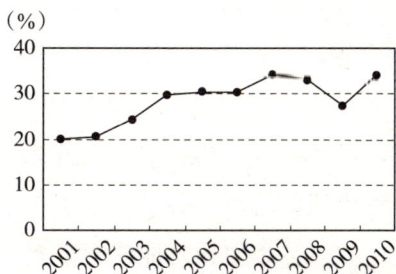

图 7-5-19　惠州基础竞争力要素贡献
时序变动（2001—2010）

　　分析要素贡献率，四个要素的贡献水平在十年内有了较大的变化。2001 年的惠州总体竞争力主要靠商务效率要素支撑，其次是经济运行。而 2005 年，贡献率最大的来是基础竞争力，商务效率降为第 2 位。2007 年，基础竞争力仍排名第 1 位，经济运行则位居次席，商务效率已下滑到第 4 位。2010 年，惠州总体竞争力主要靠经济运行和基础竞争力两个要素支撑，其次是商务效率，政府效率则完全处于劣势。

　　从时间序列来看，经济运行和基础竞争力对惠州总体竞争力的贡献率有较快速增长，而政府效率和商务效率的贡献则都出现下降的态势。

7.5.3 惠州竞争力优劣势分析及政策空间

惠州的总体竞争力在珠三角区域 9 个经济体中排位在中低端。从四大要素竞争力排名总体情况看，惠州基本都处于倒数后三位区域竞争力劣势范围，没有突出的优势。基础竞争力始终徘徊不前，政府效率和商务效率又呈明显下滑趋势，经济运行起伏波动，提高极其缓慢，各要素的综合效应导致了惠州的总体竞争力劣势状况。

四个要素对惠州总体竞争力的贡献波动较大。导致相对优势和相对劣势也很不稳定。因四个要素在珠三角区域中的总体劣势地位，提升惠州总体竞争力需要在这四方面都加大力度。

商务效率依靠工业、服务业行业的经营效率的良好表现，2001—2003 年一度冲击珠三角区域的优势地位，成为惠州自身竞争力的相对优势。后因这些良好表现不但被别的经济体超越，而且自身也逐步消退，风光不再，加之金融服务等生产性服务业发展缓慢，产业市场化转型和管理创新都不够，劳动生产率低下等都成为其总体竞争力的阻滞因素，使商务效率和其他三个要素处于同等劣势水平。

在四个要素中，惠州的经济运行和基础竞争力是其竞争力引擎，金融危机期间基础竞争力获得较大支撑，此后在生产和投资等经济比重增加，消费市场扩大，人力资源数量增加，而且环境负荷压力相对较小条件下，经济运行的贡献逐渐超过基础竞争力。但惠州仍然存在经济增长依赖投资拉动的明显特征，科研投入与产出、人力资本质量等对经济社会发展的贡献仍然需要着力提升。

惠州政府效率的相对劣势状况几乎没有改善。2010 年与 2001 年对比，原本占优势的政府财力方面的财政收入逐渐下降，拮据财政无法满足完善基础设施建设、提高公共服务水平的必要保障需要。有限的资源配置能力，使得健康保障、社会公平和生活质量等社会民生等问题解决困难。今后惠州在加强交通运输、通信设施等基础建设的同时，需要努力创新行政管理体制，夯实并增强发展动力，改善人民生活质量。

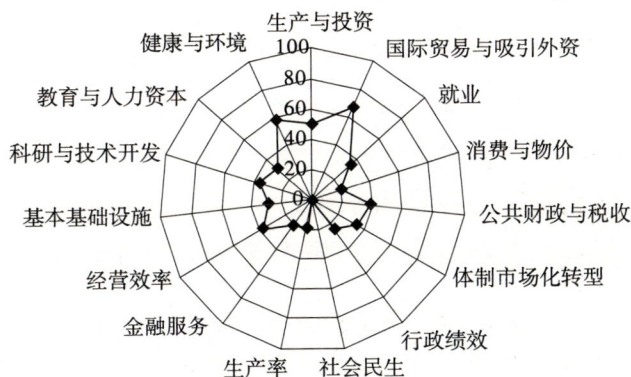

图 7-5-20　惠州 2010 年各子要素竞争力雷达图

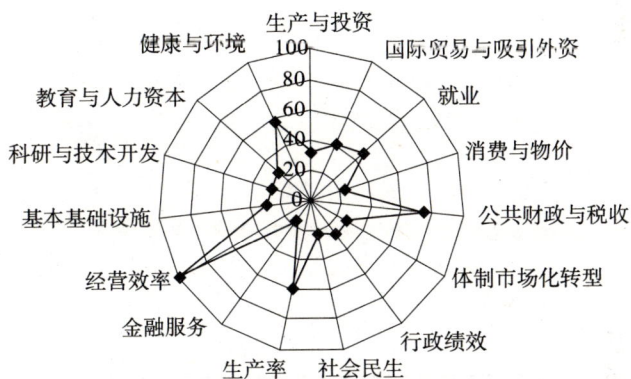

图 7-5-21　惠州 2001 年各子要素竞争力雷达图

7.6　东莞竞争力分析

东莞市是民族英雄林则徐虎门销烟之地，处于广东省中南部、珠江三角洲东北部，北接广州、南连深圳、毗邻港澳，地处穗港经济走廊中间，是穗港水陆交通的必经之路，也是重要的交通枢纽，有发达的交通网络。全市陆地面积 2465 平方公里，海域面积 150 平方公里，海岸线

229

115.95 公里。2009 年年末东莞市户籍人口 178.73 万人，常住人口 635 万人。2009 年东莞地区生产总值 3763.91 亿元，人均生产总值 56601 元，城镇居民人均可支配收入 33045 元，农村居民人均纯收入 13064 元。

7.6.1 东莞竞争力总体评价

（1）总体竞争力指数和各要素竞争力指数排名

表 7-6-1　东莞总体竞争力指数与各要素竞争力指数排名（2001—2010）

年份	总体 竞争力	经济 运行竞争力	政府 效率竞争力	商务 效率竞争力	基础 竞争力
2010	4	3	2	9	5
2009	4	3	2	9	6
2008	4	3	2	9	6
2007	4	3	2	8	8
2006	4	3	2	8	8
2005	5	4	2	7	9
2004	6	6	2	8	9
2003	6	4	2	8	9
2002	6	5	2	9	9
2001	7	8	2	9	9

（2）总体竞争力指数和各要素竞争力指数分值

表 7-6-2　东莞总体竞争力指数与各要素竞争力指数分值表（2001—2010）

年份	总体 竞争力	经济 运行竞争力	政府 效率竞争力	商务 效率竞争力	基础 竞争力
2010	53.27	65.18	93.37	15.40	39.12
2009	52.87	62.43	94.52	18.57	35.97
2008	55.26	81.52	85.94	18.57	35.00
2007	51.43	66.49	88.21	21.65	29.37

年份	总体 竞争力	经济 运行竞争力	政府 效率竞争力	商务 效率竞争力	基础 竞争力
2006	48.25	56.08	81.50	27.07	28.34
2005	42.80	46.98	68.86	29.26	26.10
2004	41.22	37.49	76.93	24.65	25.81
2003	39.75	40.40	69.46	26.46	22.70
2002	39.92	42.97	69.23	26.28	21.21
2001	37.36	31.74	72.49	19.32	25.88

（3）总体竞争力指数和各要素竞争力指数时序变动

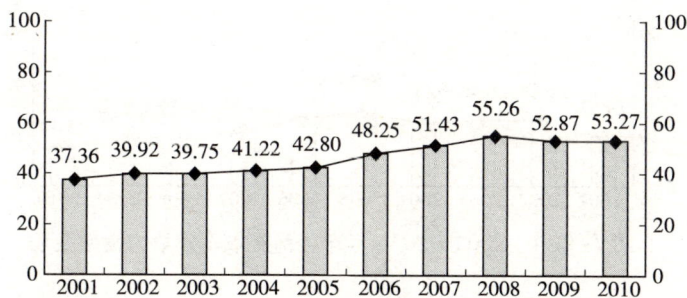

图 7-6-1　2001—2010 年东莞总体竞争力指数变动

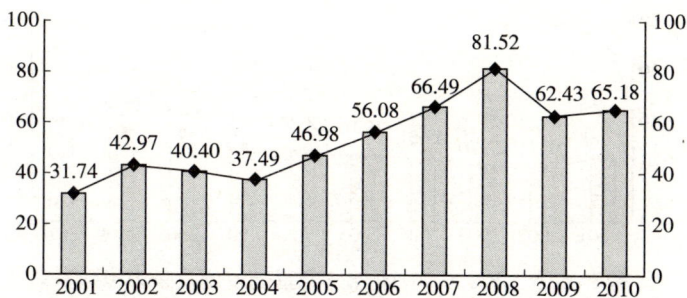

图 7-6-2　2001—2010 年东莞经济运行竞争力指数变动

231

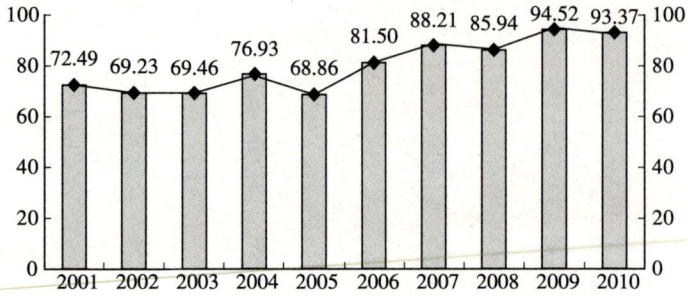

图 7-6-3 　 2001—2010 年东莞政府效率竞争力指数变动

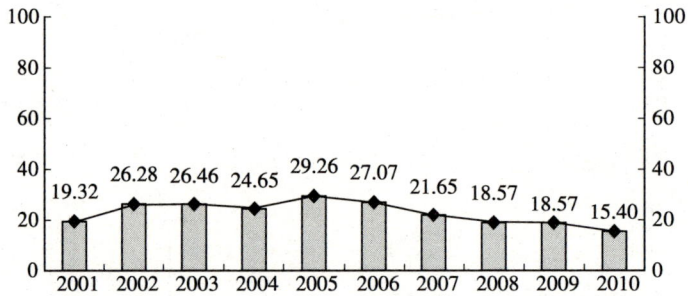

图 7-6-4 　 2001—2010 年东莞商务效率竞争力指数变动

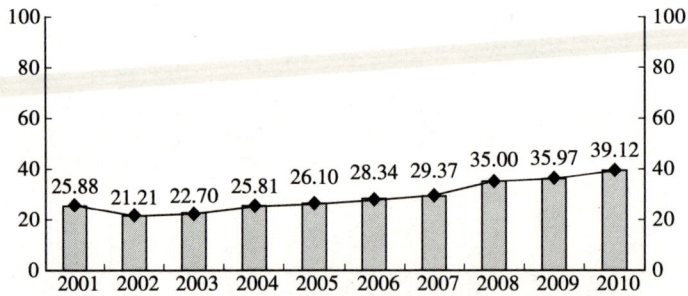

图 7-6-5 　 2001—2010 年东莞基础设施竞争力指数变动

2001—2010 年，东莞总体竞争力排名逐年提升，指数分值平均为
46.21。从 2001 年的第 7 位已跃居第 4 位。并在 2006—2010 年一直保
持第 4 位的水平。

东莞的四个要素竞争力表现大相径庭，差异很大。政府效率属于
绝对优势，并一直固守第 2 位不动；经济运行竞争力指数分值主要在
2004—2008 年间保持高速增长；基础竞争力的排名也有不错表现，能不
断提升；商务效率则是明显的劣势要素，在 2005 年以后则呈现坠落态
势，基本维持在第 9 位。

7.6.2　东莞各要素对竞争力贡献

（1）各要素贡献率分值表

表 7-6-3　东莞总体竞争力各要素贡献率（2001—2010）

年份	总体竞争力指数	经济运行贡献（%）	政府效率贡献（%）	商务效率贡献（%）	基础竞争力贡献（%）
2010	53.27	30.59	43.82	7.23	18.36
2009	52.87	29.52	44.69	8.78	17.01
2008	55.26	36.88	38.88	8.40	15.83
2007	51.43	32.32	42.88	10.52	14.28
2006	48.25	29.06	42.23	14.03	14.69
2005	42.80	27.44	40.22	17.09	15.25
2004	41.22	22.74	46.66	14.95	15.65
2003	39.75	25.41	43.68	16.64	14.27
2002	39.92	26.91	43.35	16.46	13.28
2001	37.36	21.24	48.51	12.94	17.31

（2）各要素贡献率柱状图

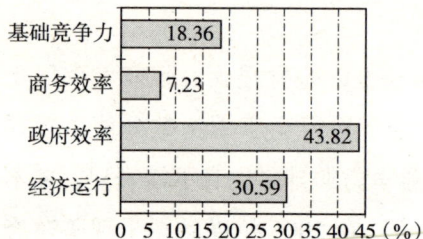

图 7-6-6　东莞各要素贡献率（2010）

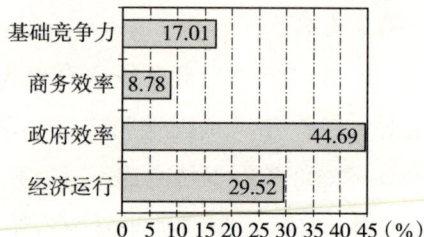

图 7-6-7　东莞各要素贡献率（2009）

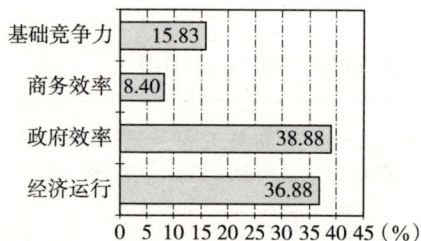

图 7-6-8　东莞各要素贡献率（2008）

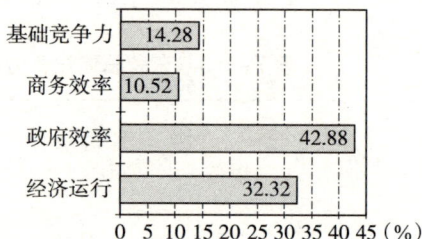

图 7-6-9　东莞各要素贡献率（2007）

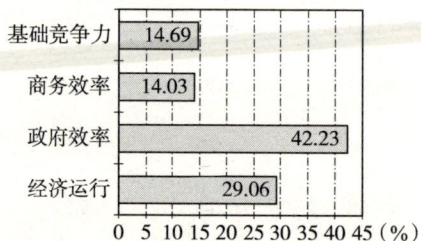

图 7-6-10　东莞各要素贡献率（2006）

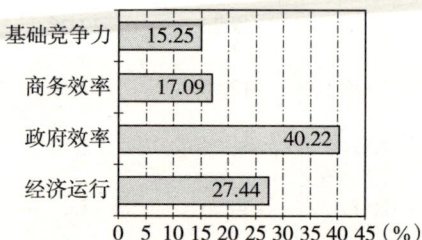

图 7-6-11　东莞各要素贡献率（2005）

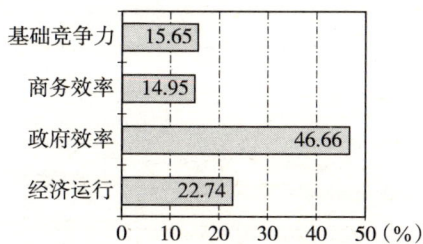

图 7-6-12　东莞各要素贡献率(2004)

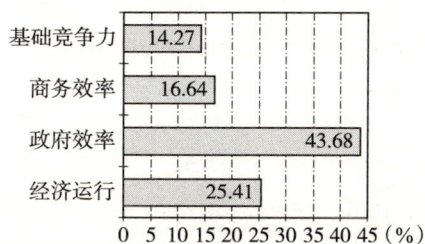

图 7-6-13　东莞各要素贡献率(2003)

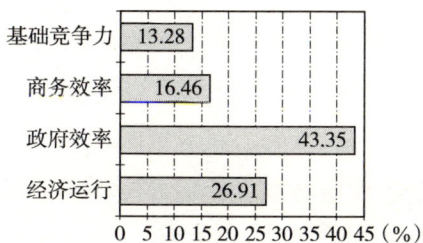

图 7-6-14　东莞各要素贡献率(2002)

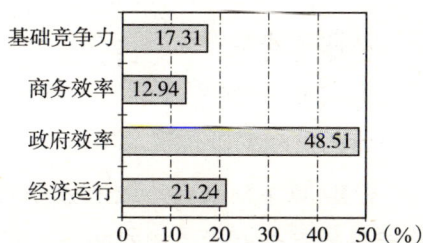

图 7-6-15　东莞各要素贡献率(2001)

（3）各要素贡献率时序变动图

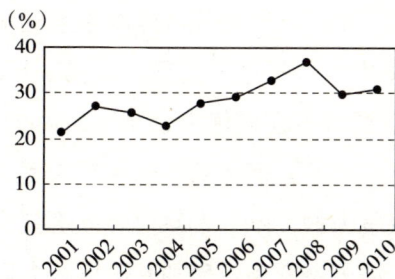

图 7-6-16　东莞经济运行要素贡献率
时序变动（2001—2010）

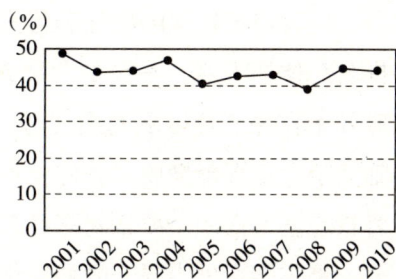

图 7-6-17　东莞政府效率要素贡献率
时序变动（2001—2010）

235

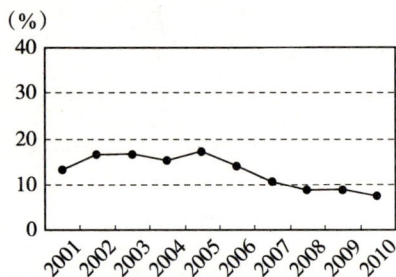

图 7-6-18　东莞商务效率要素贡献率
时序变动（2001—2010）

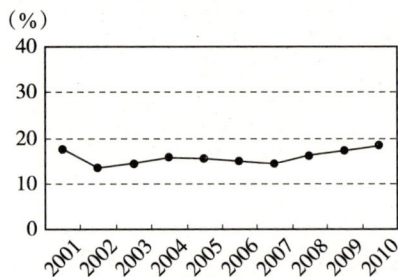

图 7-6-19　东莞基础竞争力要素贡献率
时序变动（2001—2010）

从四个要素贡献率来看，东莞总体竞争力的主要支撑点是政府效率，其次是经济运行要素。贡献率最低的是商务效率要素。十年间，四个要素的贡献率排名基本稳定。

从时间序列来看，政府效率贡献率在保持高位同时略有下滑；经济运行的贡献率增长相对明显，从 2001 年的 21.24% 提高到 2010 年的 30.59%；基础竞争力的贡献率稳中有升；商务效率的贡献率一直在低位不前，虽然 2002 年略有提升，但到 2005 年拐点后又直线下滑到 7.23%。

7.6.3　东莞竞争力优劣势分析及政策空间

东莞总体竞争力在珠三角区域 9 个经济体中排名不前不后，属中间水平，但表现出较强的提升态势。从珠三角区域 9 个经济体四要素竞争力排名总体情况看，东莞的各要素竞争力水平发展不均衡，差异明显。政府效率在珠三角区域尚属优势，经济运行也在向优势领域不断冲击，基础竞争力正逐渐摆脱劣势地位而跃升至中位，商务效率却始终未摆脱劣势状态。考察四个要素对东莞总体竞争力的贡献率，政府效率贡献率最大，是东莞竞争力提升的相对优势与动力，商务效率和基础竞争力均为东莞的相对弱势所在，应是今后重点着力解决的问题。

政府效率要素作为东莞的优势要素，能够表现出高稳定性，源于其构成因素，大部分却处于中上水平，市场化转型方面的民营企业和外资企业发展、财政收入、行政管理绩效、生活质量却有上佳的表现，成为支撑、保持与发展总体竞争力的关键因素。经济运行要素目前依靠刺激内需扩大消费市场和对外贸易来带动，从而实现经济回升，使得经济运行向相对优势收敛。

东莞的基础竞争力的主题评价点优劣参半。与2001年相比，突出的主题优势是交通运输设施，一直名列整个珠三角区域经济体的前茅，健康保障、科技产出、技术创新活跃程度大大提高。同样10年对比考察，基础竞争力主题劣势主要反映在人力资本、科研投入、交通运输效率、环境保障等关乎经济体持续增长的动力上。其中尤以环境污染改善不够，污染整治效果不明显甚至在恶化，环境保障需要在今后大力去改善并夯实。

东莞的商务效率相对劣势，主要集中在生产率和资本投入效率低下，即使表现最好的金融服务、相关生产性服务也仅仅处在珠三角区域经济体内的中间水平，需要下力气去继续培养和提升。

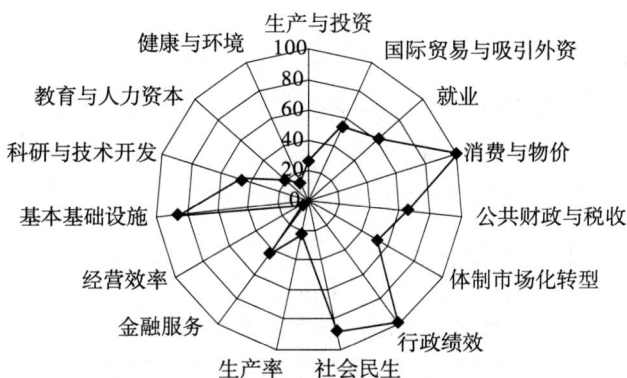

图 7-6-20　东莞 2010 年各子要素竞争力雷达图

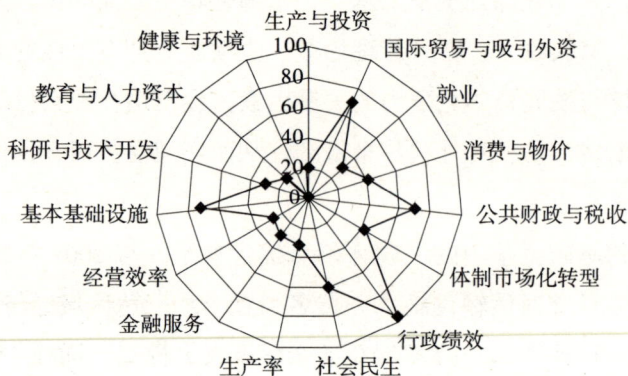

图 7-6-21　东莞 2001 年各子要素竞争力雷达图

7.7　中山竞争力分析

中山市因是国父孙中山故里而得名，原名为香山。其位于广东省中南部、珠江三角洲中部偏南的西江和北江下游出海处，全市面积1783.67 平方公里，2009 年年末户籍人口 147.86 万人。中山港的集装箱年吞吐量位居全国十强、世界百强。2009 年，全市地区生产总值1566.41 亿元，人均生产总值 62304 元，城镇居民年人均可支配收入23088 元，农民人均年纯收入 12288 元。

7.7.1　中山竞争力总体评价

（1）总体竞争力指数和各要素竞争力指数排名

表 7-7-1　中山总体竞争力指数与各要素竞争力指数排名（2001—2010）

年份	总体竞争力	经济运行竞争力	政府效率竞争力	商务效率竞争力	基础竞争力
2010	5	7	5	3	6

年份	总体 竞争力	经济 运行竞争力	政府 效率竞争力	商务 效率竞争力	基础 竞争力
2009	5	8	5	3	5
2008	5	8	5	3	5
2007	5	6	5	4	5
2006	5	5	5	3	5
2005	4	5	3	3	6
2004	5	5	5	3	6
2003	5	6	5	5	5
2002	5	4	5	5	5
2001	8	9	5	8	4

（2）总体竞争力指数和各要素竞争力指数分值

表7-7-2 中山总体竞争力指数与各要素竞争力指数分值表（2001—2010）

年份	总体 竞争力	经济 运行竞争力	政府 效率竞争力	商务 效率竞争力	基础 竞争力
2010	45.60	37.40	52.98	55.45	36.56
2009	40.56	14.03	52.30	57.01	38.88
2008	42.68	19.82	49.93	60.36	40.60
2007	45.09	37.95	48.57	57.17	36.68
2006	46.09	41.50	47.00	58.09	37.79
2005	49.76	37.44	63.97	62.37	35.28
2004	43.56	40.67	38.81	57.77	36.99
2003	41.55	37.94	41.19	45.15	41.91
2002	42.74	44.05	41.65	41.91	43.35
2001	35.74	27.23	37.25	31.25	47.25

(3) 总体竞争力指数和各要素竞争力指数时序变动

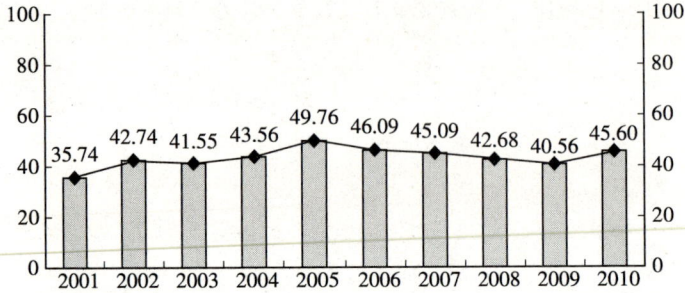

图 7-7-1 2001—2010 年中山总体竞争力指数变动

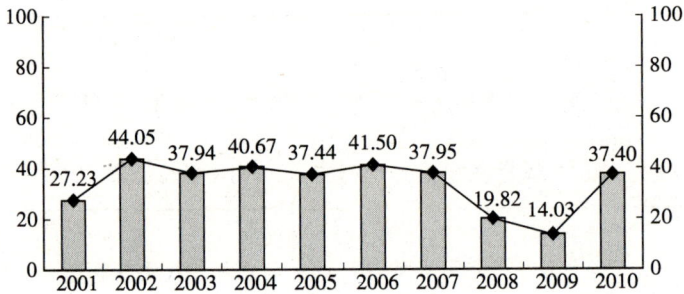

图 7-7-2 2001—2010 年中山经济运行竞争力指数变动

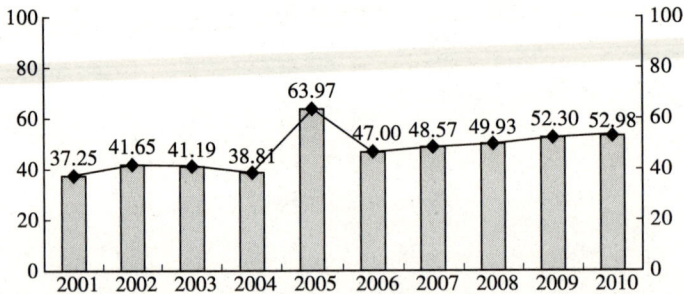

图 7-7-3 2001—2010 年中山政府效率竞争力指数变动

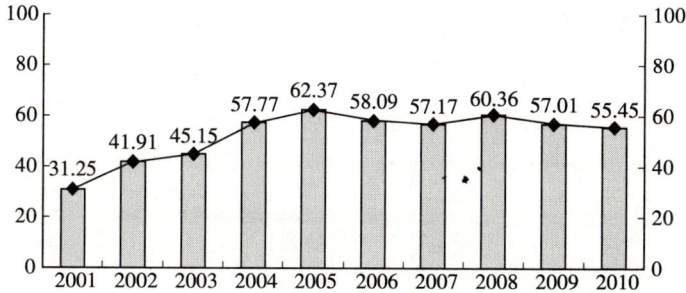

图 7-7-4　2001—2010 年中山商务效率竞争力指数变动

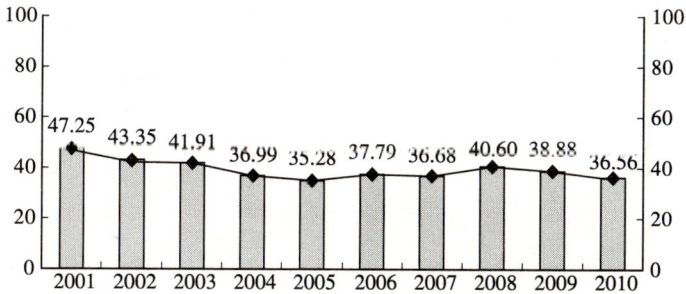

图 7-7-5　2001—2010 年中山基础竞争力指数变动

　　2001 年中山总体竞争力排名珠三角区域内第 8 位，其后排名得到提升。除了 2005 年冲到第 4 位外，其余各年份均能保持在第 5 位的水平。四个要素竞争力表现并不均衡，商务效率明显要优于其他要素，具有较强的相对优势；其次是政府效率和基础竞争力要素；最差的是经济运行要素，2002 年曾有过短暂辉煌，位居前列，但之后荣誉不保，排名明显下降。

　　中山总体竞争力指数变化经历了两个阶段：2001—2005 年指数稳步提升，颇有黑马气概。但 2006—2009 年又体虚力竭，逐年下降。经济运行竞争力指数在 2008 年和 2009 年出现异常低值，2010 年恢复正常；政府效率竞争力指数除了 2005 年的峰值外，基本保持稳定增长的趋势；商务效率竞争力指数在前几年较大幅度提升后，近两年略有下降；基础竞争力指数则平缓下降。

7.7.2 中山各要素对竞争力贡献

（1）四要素贡献率分值表

表 7-7-3 中山总体竞争力各要素贡献率（2001—2010）

年份	总体竞争力指数	经济运行贡献（%）	政府效率贡献（%）	商务效率贡献（%）	基础竞争力贡献（%）
2010	45.60	20.51	29.05	30.40	20.04
2009	40.56	8.66	32.24	35.14	23.96
2008	42.68	11.62	29.25	35.36	23.78
2007	45.09	21.04	26.92	31.70	20.34
2006	46.09	22.51	25.49	31.50	20.50
2005	49.76	18.81	32.14	31.34	17.72
2004	43.56	23.34	22.27	33.16	21.23
2003	41.55	22.83	24.78	27.17	25.22
2002	42.74	25.77	24.36	24.51	25.36
2001	35.74	19.05	26.06	21.85	33.05

（2）各要素贡献率柱状图

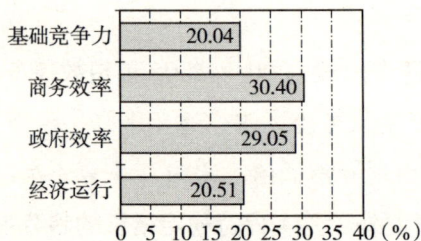

图 7-7-6 中山各要素贡献率（2010）

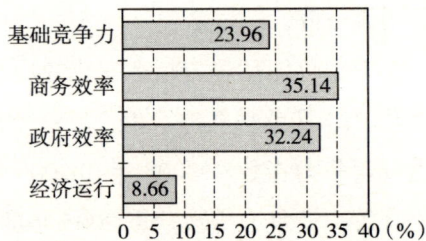

图 7-7-7 中山各要素贡献率（2009）

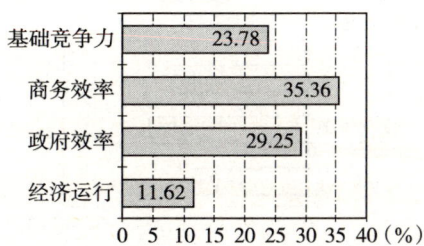

图 7-7-8　中山各要素贡献率（2008）

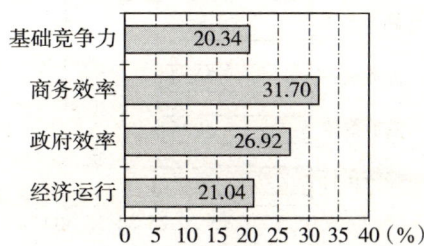

图 7-7-9　中山各要素贡献率（2007）

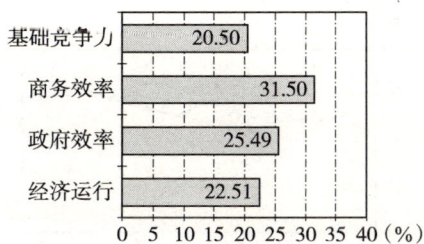

图 7-7-10　中山各要素贡献率（2006）

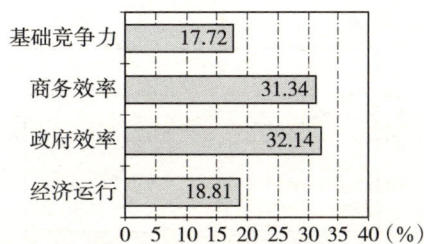

图 7-7-11　中山各要素贡献率（2005）

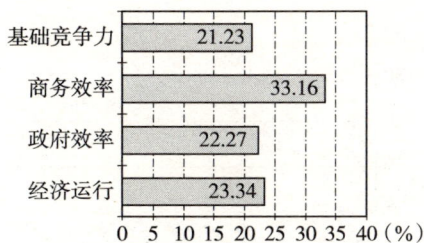

图 7-7-12　中山各要素贡献率（2004）

图 7-7-13　中山各要素贡献率（2003）

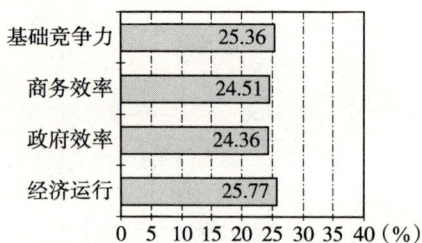

图 7-7-14　中山各要素贡献率（2002）

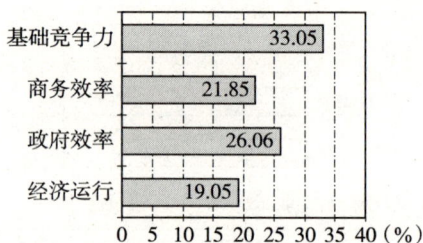

图 7-7-15　中山各要素贡献率（2001）

（3）各要素贡献率时序变动图

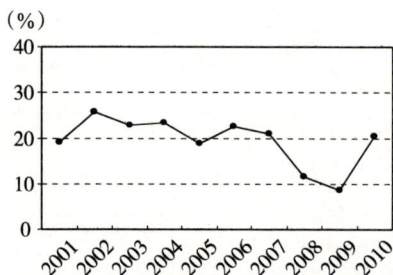

图 7-7-16　中山经济运行要素贡献率
　　　　　时序变动（2001—2010）

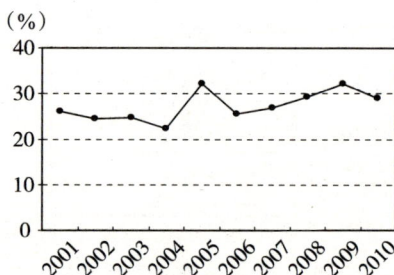

图 7-7-17　中山政府效率要素贡献率
　　　　　时序变动（2001—2010）

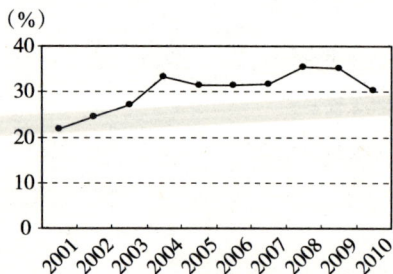

图 7-7-18　中山商务效率要素贡献率
　　　　　时序变动（2001—2010）

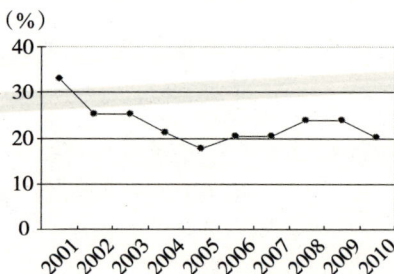

图 7-7-19　中山基础竞争力要素贡献率
　　　　　时序变动（2001—2010）

2001 年，对中山总体竞争力贡献较大的是基础竞争力，紧随之后是政府效率和商务效率。2002—2003 年，四个要素的贡献率相对均衡。2004年起，商务效率的贡献率开始有优异表现，并一直保持着相对重要的贡献水平；当然，政府效率也逐渐成为支撑总体竞争力的第二重要要素。

从时间序列来看，经济运行要素贡献率在小幅下跌后，于 2008—2009 年急剧下滑，2010 年又触底反弹，有所回升；政府效率和商务效率贡献率均呈阳线组合，逐年攀升；基础竞争力要素贡献率 2002—2005年下降了 15 个百分点，而后又略有提高。

7.7.3　中山竞争力优劣势分析及政策空间

中山总体竞争力在珠三角区域 9 个经济体中属中间水平。从四大要素竞争力排名的总体情况看，中山基本上都处于中低位，没有突出的竞争力优势要素。除商务效率尚存有努力冲击优势地位的可能外，其他三个方面则徘徊在劣势的边界地带。

四个要素对中山总体竞争力的贡献波动较大。相对优势和相对劣势也呈不稳定状。2001 年的基础竞争力可视为相对优势；2002—2003 年各要素表现趋同，无法区分谁具有相对优劣势；2004 年以后商务效率相对优势开始有凸显，政府效率也亦步亦趋，努力向上，两者逐渐成为相对优势。基础竞争力则始终没有交出突破性成绩来，经济运行在 2008年全球金融危机后沦为相对劣势。

中山各方面发展不均衡。投资、消费、对外贸易都表现欠佳，造成其经济总量不大，经济实力在珠三角区域内缺失话语权。因各种经济因素决定经济体的经济和社会地位，也决定了受惠于民的程度。如何保证经济要素的争先进位是中山今后的首要任务。同时基础竞争力要素中的交通路网、就业规模、管网设施资源综合利用能力，经济运行要素中的开放引资都是中山发展的短板因素，应着力修补提升。

与 2001 年相比，中山在提高科研创新能力方面增加了较大科技投入，但与先进经济体仍尚存差距。经济体制的市场化转型约束仍需去冲击以打破壁垒，产业结构调整与升级也任重道远。同时，其民营和外资企业发展不足，限制了经济多元化程度。但是中山在缩小城乡差距、促进城乡一体化建设、实现社会公平、医疗、社保公共服务均等方面工作扎实，相比较区域内其他经济体有良好表现。特别在社保方面，经过10年的努力从末尾跃至首位，成绩显著。但是，不能忽视的另一重要问题是环境生态的恶化，今后，必须在加强资源节约和环境保护方面需要着力改善并达标。

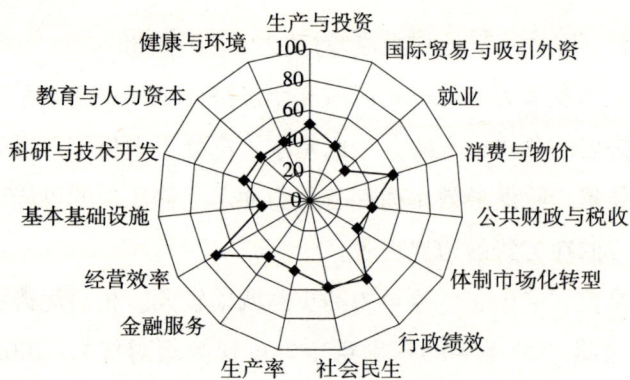

图 7-7-20　中山 2010 年各子要素竞争力雷达图

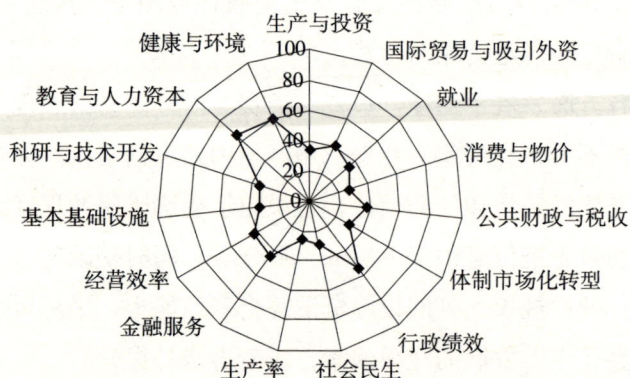

图 7-7-21　中山 2001 年各子要素竞争力雷达图

7.8 江门竞争力分析

江门市是"中国第一侨乡",海外华人遍及世界。其位于广东省中南部,珠江西岸,是珠江三角洲西部中心城市之一,是沿海贸易的必经之地。全市土地总面积9504平方公里,约占珠江三角洲的1/4。矿产资源丰富,其中大中型矿藏31处,森林覆盖率41%。2009年年末,全市常住人口420.14万人。江门是粤西乃至大西南通往港澳和珠江三角洲地区的重要交通枢纽。全国第一个"点对多点"直购电试点地区。2009年,江门市地区生产总值1340.88亿元,人均生产总值32139元,城镇居民人均可支配收入19004元,农村居民人均纯收入7534元。

7.8.1 江门竞争力总体评价

(1) 总体竞争力指数和各要素竞争力指数排名

表7-8-1　江门总体竞争力指数与各要素竞争力指数排名(2001—2010)

年份	总体竞争力	经济运行竞争力	政府效率竞争力	商务效率竞争力	基础竞争力
2010	7	9	6	6	8
2009	8	7	7	6	8
2008	7	9	7	6	7
2007	7	8	8	6	7
2006	8	9	8	6	7
2005	8	9	8	8	7
2004	8	8	7	7	7
2003	8	9	7	4	7
2002	8	9	6	4	6
2001	5	4	7	4	7

（2）总体竞争力指数和各要素竞争力指数分值

表 7-8-2　江门总体竞争力指数与各要素竞争力指数分值表（2001—2010）

年份	总体 竞争力	经济 运行竞争力	政府 效率竞争力	商务 效率竞争力	基础 竞争力
2010	24.52	9.09	15.25	43.99	29.77
2009	27.28	15.91	17.72	45.19	30.30
2008	27.35	13.32	21.15	42.62	32.30
2007	29.33	22.56	17.05	46.94	30.79
2006	26.63	14.75	23.55	35.82	32.40
2005	26.01	25.36	24.07	21.08	33.51
2004	29.96	26.62	28.71	30.02	34.50
2003	36.08	27.89	34.40	46.31	35.69
2002	35.05	21.89	37.62	44.83	35.86
2001	39.90	44.49	32.31	46.34	36.45

（3）总体竞争力指数和各要素竞争力指数时序变动

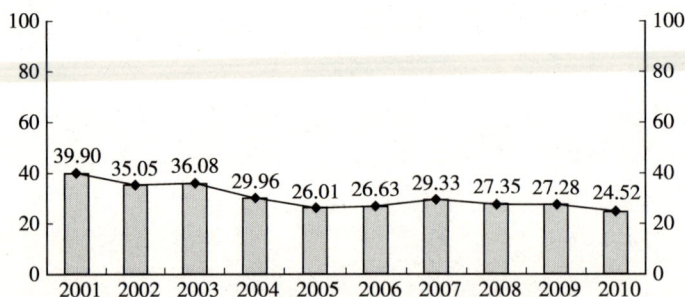

图 7-8-1　2001—2010 年江门总体竞争力指数变动

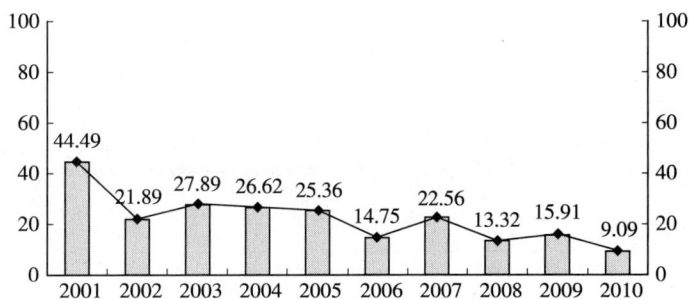

图 7-8-2　2001—2010 年江门经济运行竞争力指数变动

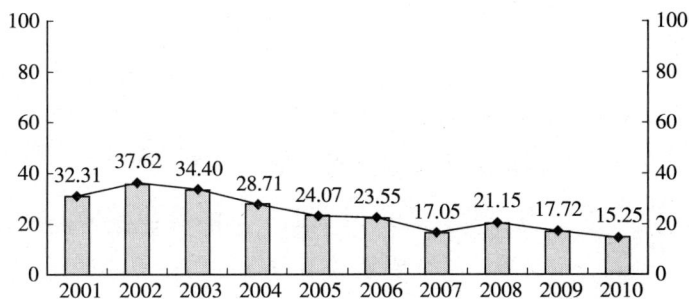

图 7-8-3　2001—2010 年江门政府效率竞争力指数变动

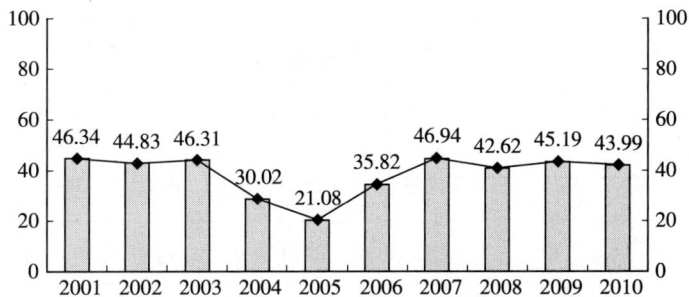

图 7-8-4　2001—2010 年江门商务效率竞争力指数变动

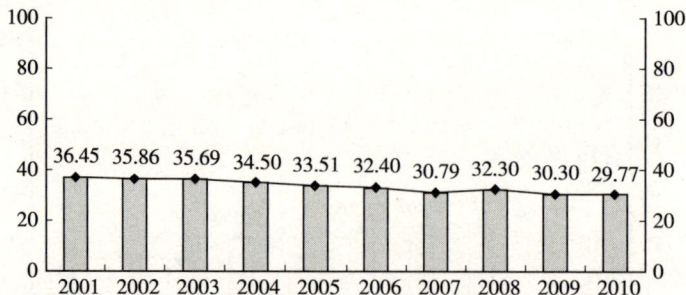

图 7-8-5　2001—2010 年江门基础竞争力指数变动

　　江门总体竞争力排名在 2001 年位于第 5 位，其后五年一直处于第 8 位。2007—2010 年则在第 8 位和第 7 位间徘徊。四个要素竞争力排名相对均衡，基本在第 6 位和第 9 位之间。政府效率和商务效率表现相对较好，其次是基础竞争力和经济运行要素。2002 年江门总体竞争力排名的急速下降，主要是由经济运行要素竞争力的大幅下跌造成的。

　　江门总体竞争力指数分值逐浪走低，下降明显，2010 年为 24.52，较 2001 年下降了 15.38。四个要素竞争力指数均在下降通道中，只是程度不一。经济运行竞争力指数几年内高台跳水，从 44.49 下降到 9.09；政府效率和基础竞争力指数下滑则相对平缓，商务效率竞争力指数在 2005 年跌到低谷后有所反弹，其后保持在 40 以上水平。

7.8.2　江门各要素对竞争力贡献

（1）各要素贡献率分值表

表 7-8-3　江门总体竞争力各要素贡献率（2001—2010）

年份	总体竞争力指数	经济运行贡献（%）	政府效率贡献（%）	商务效率贡献（%）	基础竞争力贡献（%）
2010	24.52	9.27	15.54	44.84	30.35

年份	总体竞争力指数	经济运行贡献（%）	政府效率贡献（%）	商务效率贡献（%）	基础竞争力贡献（%）
2009	27.28	14.58	16.24	41.41	27.77
2008	27.35	12.18	19.33	38.96	29.53
2007	29.33	19.22	14.53	40.01	26.24
2006	26.63	13.85	22.11	33.63	30.42
2005	26.01	24.39	23.14	20.27	32.21
2004	29.96	22.21	23.95	25.05	28.79
2003	36.08	19.34	23.85	32.09	24.72
2002	35.05	15.61	26.83	31.98	25.58
2001	39.90	27.88	20.25	29.04	22.84

（2）各要素贡献率柱状图

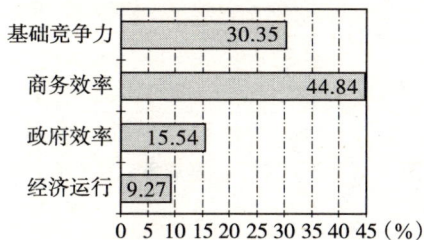

图 7-8-6 江门各要素贡献率（2010）

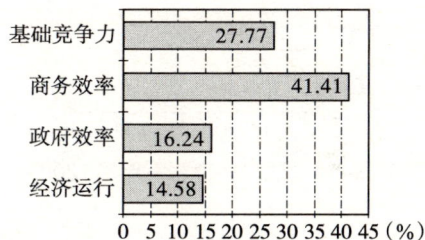

图 7-8-7 江门各要素贡献率（2009）

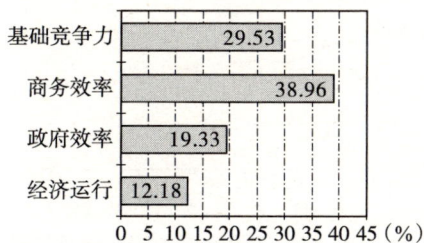

图 7-8-8 江门各要素贡献率（2008）

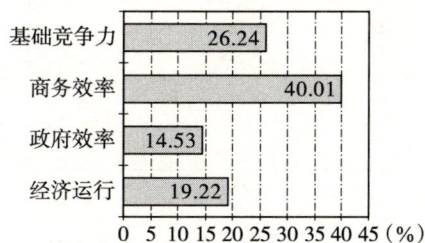

图 7-8-9 江门各要素贡献率（2007）

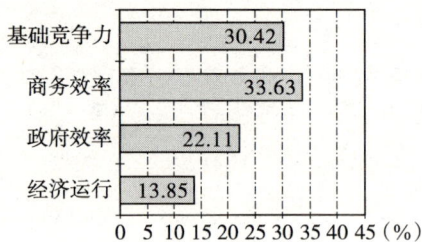

图 7-8-10　江门各要素贡献率（2006）

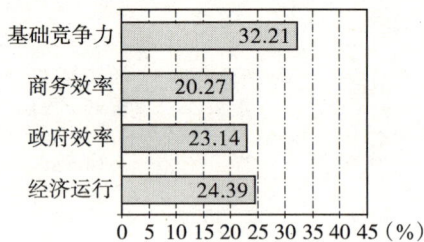

图 7-8-11　江门各要素贡献率（2005）

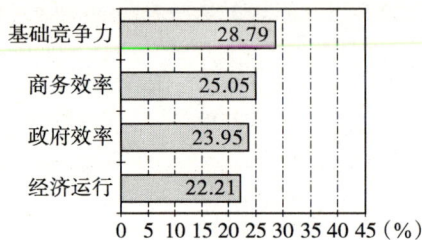

图 7-8-12　江门各要素贡献率（2004）

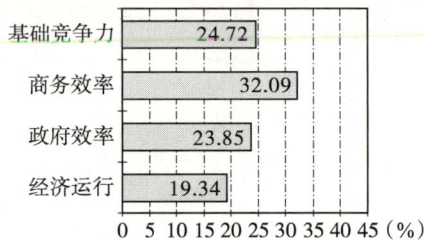

图 7-8-13　江门各要素贡献率（2003）

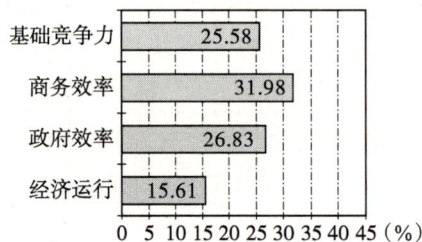

图 7-8-14　江门各要素贡献率（2002）

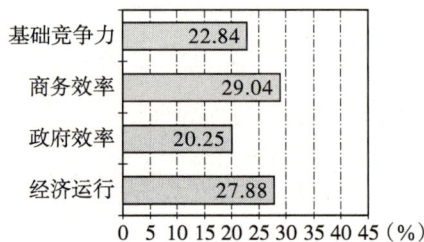

图 7-8-15　江门各要素贡献率（2001）

（3）各要素贡献率时序变动图

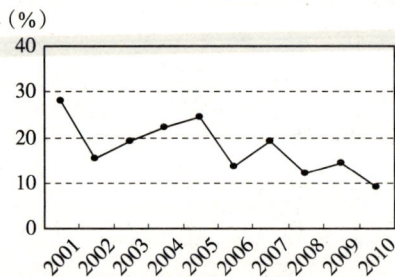

图 7-8-16　江门经济运行要素贡献率
时序变动（2001—2010）

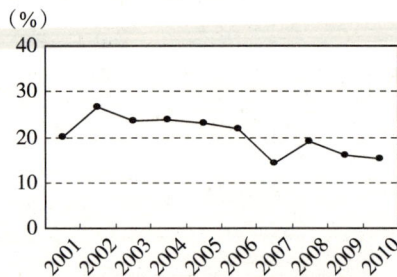

图 7-8-17　江门政府效率要素贡献率
时序变动（2001—2010）

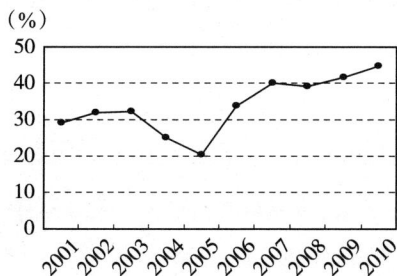

图 7-8-18　江门商务效率要素贡献率
时序变动（2001—2010）

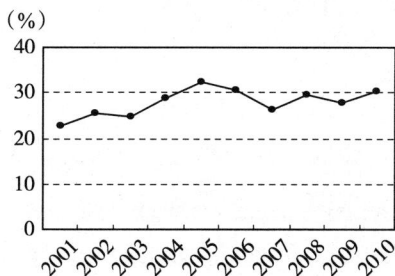

图 7-8-19　江门基础竞争力要素贡献率
时序变动（2001—2010）

2001 年四个要素对江门总体竞争力的贡献率相对均衡。商务效率和经济运行的贡献略高，其次是基础竞争力和政府效率。之后，商务效率和基础竞争力的贡献率处于稳中有升的状态，经济运行的贡献率则是下滑明显。2007 年以后，江门总体竞争力的支撑点则明显向商务效率偏移。2010 年，贡献率排名首先是商务效率，再是基础竞争力和政府效率，而经济运行的贡献率一直较低，几无作为。

从时间序列来看，经济运行贡献率在震荡中不断下跌，政府效率贡献率是稳中略降，商务效率贡献率在 2005 年达到最低值后持续增长，成为亮点的基础设施贡献率也呈稳步提升。

7.8.3　江门竞争力优劣势分析及政策空间

江门总体竞争力在珠三角区域 9 个经济体中属低位水平，扮演着小老弟角色。四大要素竞争力排名相较区域内其他经济体基本都处于底端，没有区域优势力量。除商务效率尚存通过努力攀升到达中位边缘的可能性之外，其他三个方面都在劣势地带艰难地盘旋跋涉。

从四个要素对江门总体竞争力的贡献看，存在不稳定的相对优势和相对劣势。2001—2004 年，各要素贡献力量较为均衡，很难确定相对优劣势。2005 年可视为转折年，基础竞争力的贡献略占相对优势。此后商务效率相对优势也凸显出来，经济运行却逐渐变成了相对劣势。

江门各方面发展却不均衡，多年累积在经济实力、可持续发展能力、政府公共管理能力的差距，使得物质基础、协调发展、公共服务能力都很薄弱，发展与提升的内生动力不足。构成经济运行、政府效率、基础设施竞争力的多项因素位居珠三角区域末端。在生产和投资、资本投入效率、交通运输建设、社会保障、生活质量、城市化、金融服务、财政收入、科技投入等诸方面都亟待加强。

江门在 10 年发展中，与珠三角区域内其他经济体的差距不是缩小，而是逐渐拉大了。与 2001 年相比，劣势因素愈加增多，形势挑战愈加严峻，未来江门应加强建立同广、深、佛等区域内先进经济体沟通机制，资源共享，对珠三角区域发展《纲要》提出的重点领域进行探索，逐渐走出劣势陷阱。整合资源，突出重点，强化创新，方能有突破性进展，并向优势经济体靠。

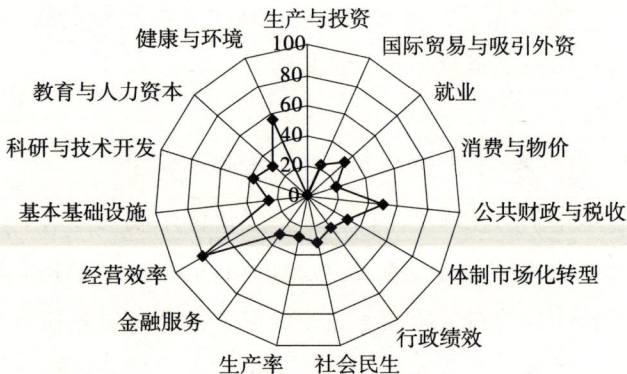

图 7-8-20　江门 2010 年各子要素竞争力雷达图

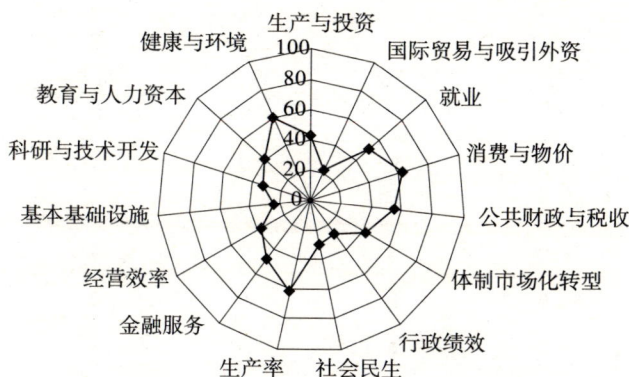

图 7-8-21　江门 2001 年各子要素竞争力雷达图

7.9　肇庆竞争力分析

肇庆市地处广东省中西部，珠江主干流西江穿境而过，土地总面积 1.48 万平方公里，2009 年年末常住人口 388.83 万人，户籍人口 413.69 万人。肇庆曾是西江流域政治、经济、文化中心和军事重镇，为与粤西咽喉之险要。肇庆市矿产种类 61 种，查明资源储量 36 种，尤以文房之宝群砚之首端砚而闻名于世。境内有国家一级、二级保护的动植物多种。2009 年，肇庆市地区生产总值 862 亿元，人均地区生产总值 22415 元，城区居民可支配收入 15063 元，农村居民人均纯收入 6291 元。

7.9.1　肇庆竞争力总体评价

（1）总体竞争力指数和各要素竞争力指数排名

表 7-9-1　肇庆总体竞争力指数与各要素竞争力指数排名（2001—2010）

年份	总体竞争力	经济运行竞争力	政府效率竞争力	商务效率竞争力	基础竞争力
2010	9	8	9	7	9

年份	总体竞争力	经济运行竞争力	政府效率竞争力	商务效率竞争力	基础竞争力
2009	9	9	9	7	9
2008	9	7	9	7	9
2007	9	9	9	7	9
2006	9	8	9	9	9
2005	9	8	9	9	8
2004	9	7	9	9	8
2003	9	7	8	9	8
2002	9	7	9	8	7
2001	9	5	9	7	6

（2）总体竞争力指数和各要素竞争力指数分值

表7-9-2　肇庆总体竞争力指数与各要素竞争力指数分值表（2001—2010）

年份	总体竞争力	经济运行竞争力	政府效率竞争力	商务效率竞争力	基础竞争力
2010	19.13	23.38	4.38	27.41	21.36
2009	15.52	12.92	2.83	25.01	21.33
2008	19.60	25.21	11.22	20.30	21.68
2007	17.10	11.58	12.93	24.77	19.12
2006	21.88	18.57	18.54	25.75	24.66
2005	22.45	28.99	16.92	17.15	26.74
2004	21.09	32.39	20.09	3.32	28.55
2003	27.47	34.81	23.78	21.36	29.92
2002	28.53	32.50	21.77	27.13	32.71
2001	32.19	41.54	14.92	34.21	38.10

（3） 总指数和各要素竞争力指数时序变动

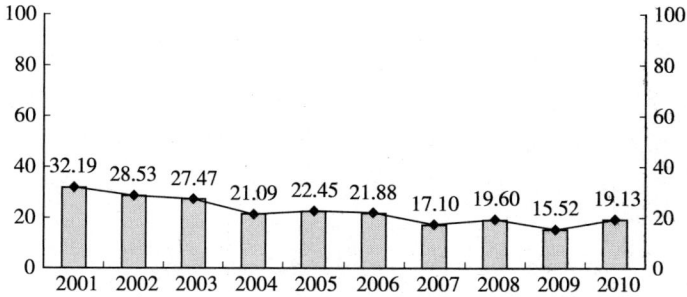

图 7-9-1 2001—2010 年肇庆总体竞争力指数变动

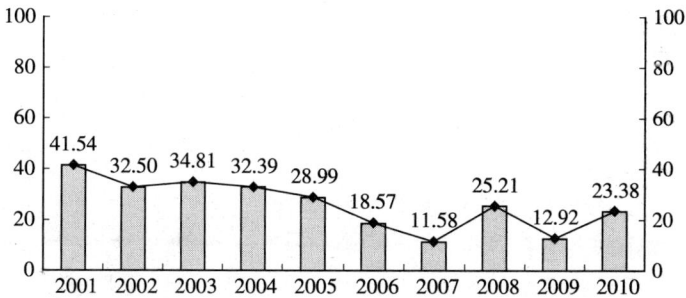

图 7-9-2 2001—2010 年肇庆经济运行竞争力指数变动

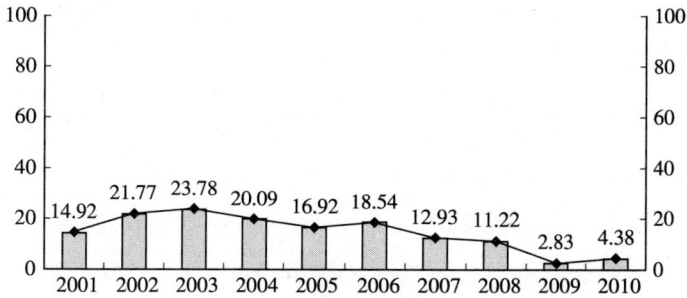

图 7-9-3 2001—2010 年肇庆政府效率竞争力指数变动

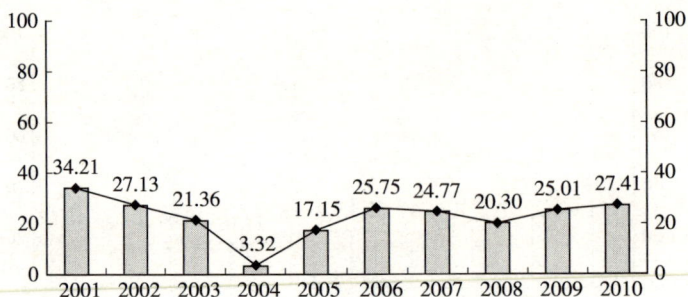

图 7-9-4　2001—2010 年肇庆商务效率竞争力指数变动

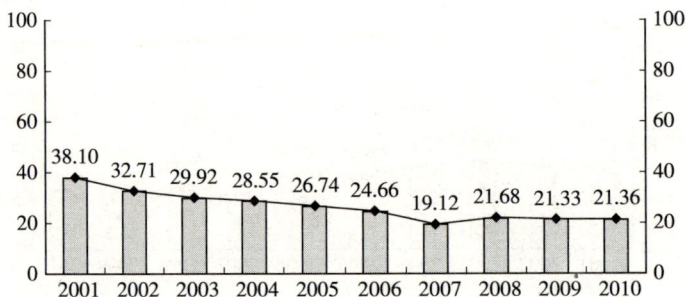

图 7-9-5　2001—2010 年肇庆基础竞争力指数变动

　　肇庆总体竞争力排名在 2001—2010 年的十年内一直处于末位。四个竞争力要素无一有明显优势。相对自身而言，商务效率和经济运行表现稍强，基础设施和政府效率则属于绝对劣势要素。2001 年经济运行和基础竞争力要素的排名还相对较高，之后均呈下跌之势。

　　肇庆总体竞争力指数一直是下降趋势，而且分值较低，平均在 22.50。四个要素竞争力指数均有不同程度的下滑。2001 年，经济运行竞争力指数相对较高，为 41.54，而后步入下降通道，最低值为 2007 年的 11.58。近几年，经济运行指数波动较大。政府效率竞争力指数从

2002—2004 年相对较高的水平后开始跳水，2010 年分值已经低于 5，呈潜游状态，负数效应。基础竞争力指数下滑平缓。商务效率竞争力指数则在 2004 年触及谷底，又逐步回升至原来的水平。

7.9.2 肇庆各要素对竞争力贡献

(1) 各要素贡献率分值表

表 7-9-3　肇庆总体竞争力各要素贡献率（2001—2010）

年份	总体竞争力指数	经济运行贡献（%）	政府效率贡献（%）	商务效率贡献（%）	基础竞争力贡献（%）
2010	19.13	30.55	5.73	35.81	27.91
2009	15.52	20.81	4.56	40.28	34.35
2008	19.60	32.15	14.31	25.89	27.65
2007	17.10	16.93	18.90	36.21	27.95
2006	21.88	21.22	21.18	29.42	28.18
2005	22.45	32.28	18.84	19.10	29.78
2004	21.09	38.39	23.82	3.96	33.83
2003	27.47	31.68	21.64	19.45	27.23
2002	28.53	28.48	19.08	23.78	28.66
2001	32.19	32.26	11.58	26.57	29.59

(2) 各要素贡献率柱状图

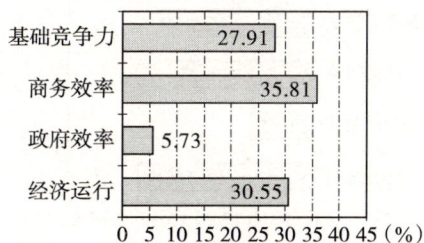

图 7-9-6　肇庆各要素贡献率（2010）

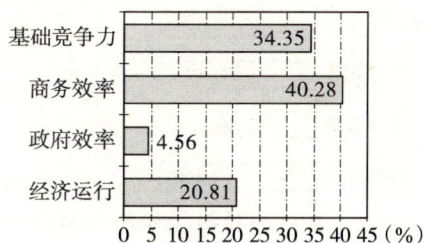

图 7-9-7　肇庆各要素贡献率（2009）

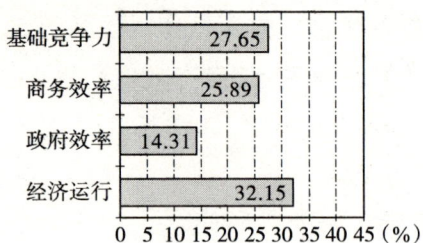

图 7-9-8　肇庆各要素贡献率（2008）　图 7-9-9　肇庆各要素贡献率（2007）

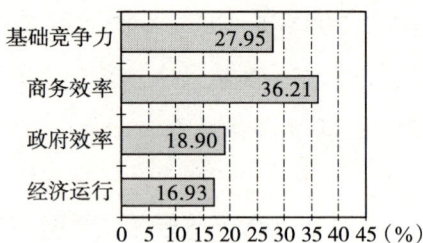

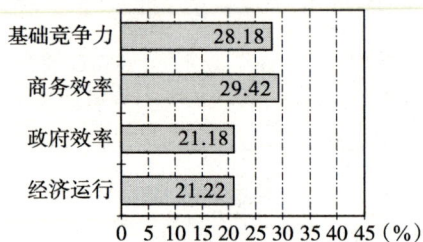

图 7-9-10　肇庆各要素贡献率（2006）　图 7-9-11　肇庆各要素贡献率（2005）

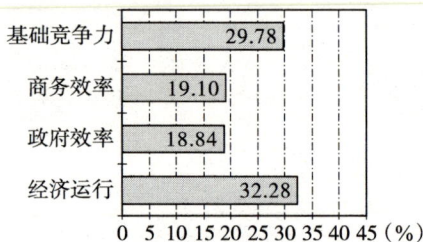

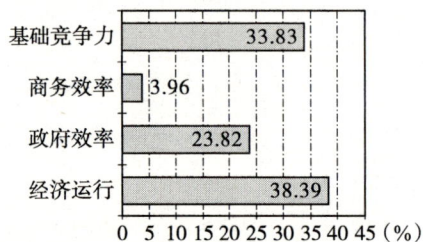

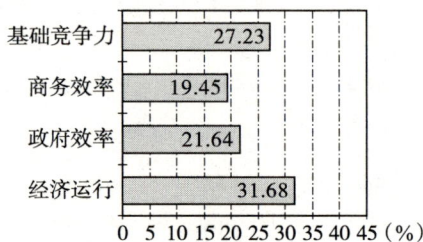

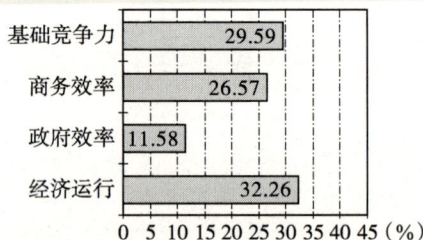

图 7-9-12　肇庆各要素贡献率（2004）　图 7-9-13　肇庆各要素贡献率（2003）

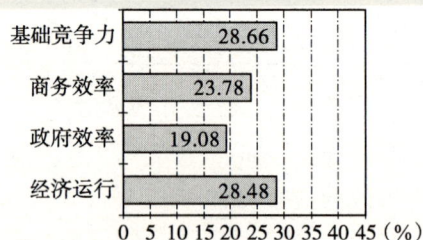

图 7-9-14　肇庆各要素贡献率（2002）　图 7-9-15　肇庆各要素贡献率（2001）

（3）各要素贡献率时序变动图

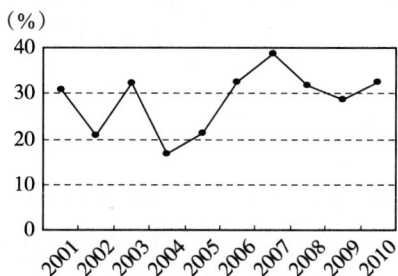

图 7-9-16　肇庆经济运行要素贡献率
时序变动（2001—2010）

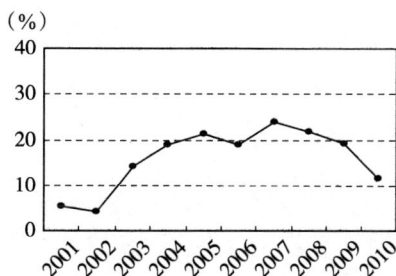

图 7-9-17　肇庆政府效率要素贡献率
时序变动（2001—2010）

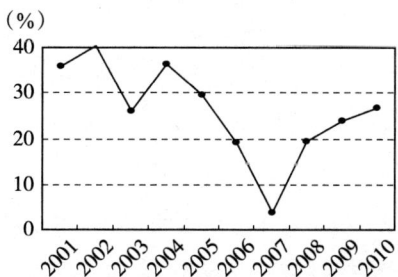

图 7-9-18　肇庆商务效率要素贡献率
时序变动（2001—2010）

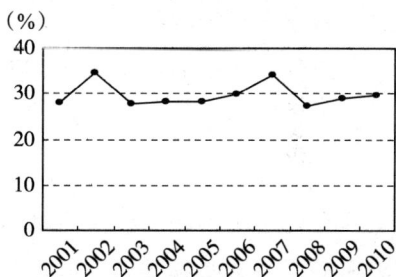

图 7-9-19　肇庆基础竞争力要素贡献率
时序变动（2001—2010）

　　2001 年，肇庆总体竞争力主要取决于经济运行、基础竞争力和商务效率。2004 年以后，商务效率贡献率降到最低，经济运行的贡献开始凸显。2007 年以后，商务效率和基础竞争力的贡献相对较高，经济运行和政府效率贡献又呈弱化状态。2010 年商务效率、经济运行和基础竞争力对肇庆总体竞争力起到主导性作用，贡献率合计达到 94.27%。

　　从时间序列来看，经济运行的贡献率先呈较大波动，近年来保持相对平稳状态。商务效率的贡献率在 2002—2004 年下降后又得到逐步提升，并处于绝对重要的地位。政府效率贡献率 2002—2007 年表现为弧线上升趋势，2007 年以后又大幅度下降，并一蹶不振。特别是在 2009 年和 2010 年贡献率仅在 5% 左右。商务效率的贡献变化正好相反，呈现先跌后扬的态势。

7.9.3 肇庆竞争力优劣势分析及政策空间

肇庆总体竞争力在珠三角区域 9 个经济体中与惠州、江门同属底部区间，肇庆名列末位。从四大要素竞争力排名总体情况看，肇庆也基本都在末位，在区域竞争力中没有任何优势可言。

以四个要素对肇庆总体竞争力的贡献看，各要素的贡献很不稳定，相对优势和相对劣势较难确定。从贡献率的分布图中，只能看出政府效率基本可列为相对劣势；而相对优势要素在 3 个时间点上较为明显，即2003—2005 年间经济运行略存相对优势，2007 年、2009—2010 年相对优势又被商务效率取代。

肇庆各方面发展与珠三角其他优势经济体均存在巨大差距，大部分要素的各项构成因素都处于珠三角区域中极为弱势状态。其特征是经济总量小、工业基础薄弱，缺乏经济实力支撑、山区与农村尚属贫困地区，城市化水平不高、居民生活水平低、基础设施条件严重欠缺等为其主要矛盾，未来必须利用其区位优势，承接区域内先进经济体的产业梯度转移，发挥环境、资源优势，加强重点项目建设，尽快融入进珠三角区域经济运行中，以求得到较快发展。社会公平以及环境保护主题表现尚属于亮点。

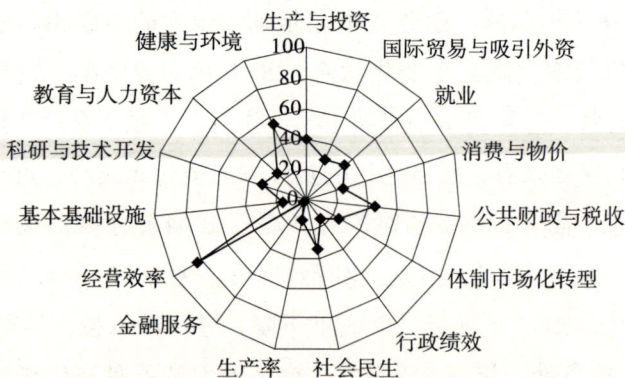

图 7-9-20 肇庆 2010 年各子要素竞争力雷达图

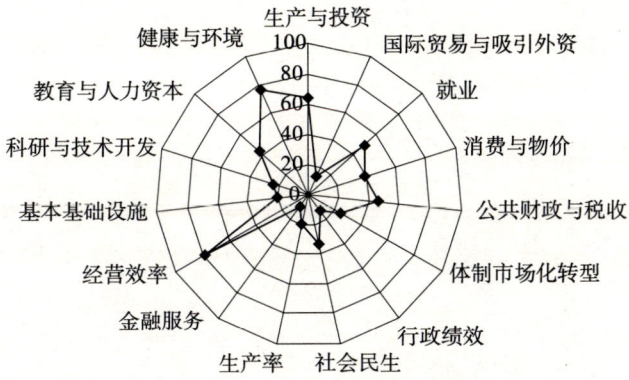

图 7-9-21 肇庆 2001 年各子要素竞争力雷达图

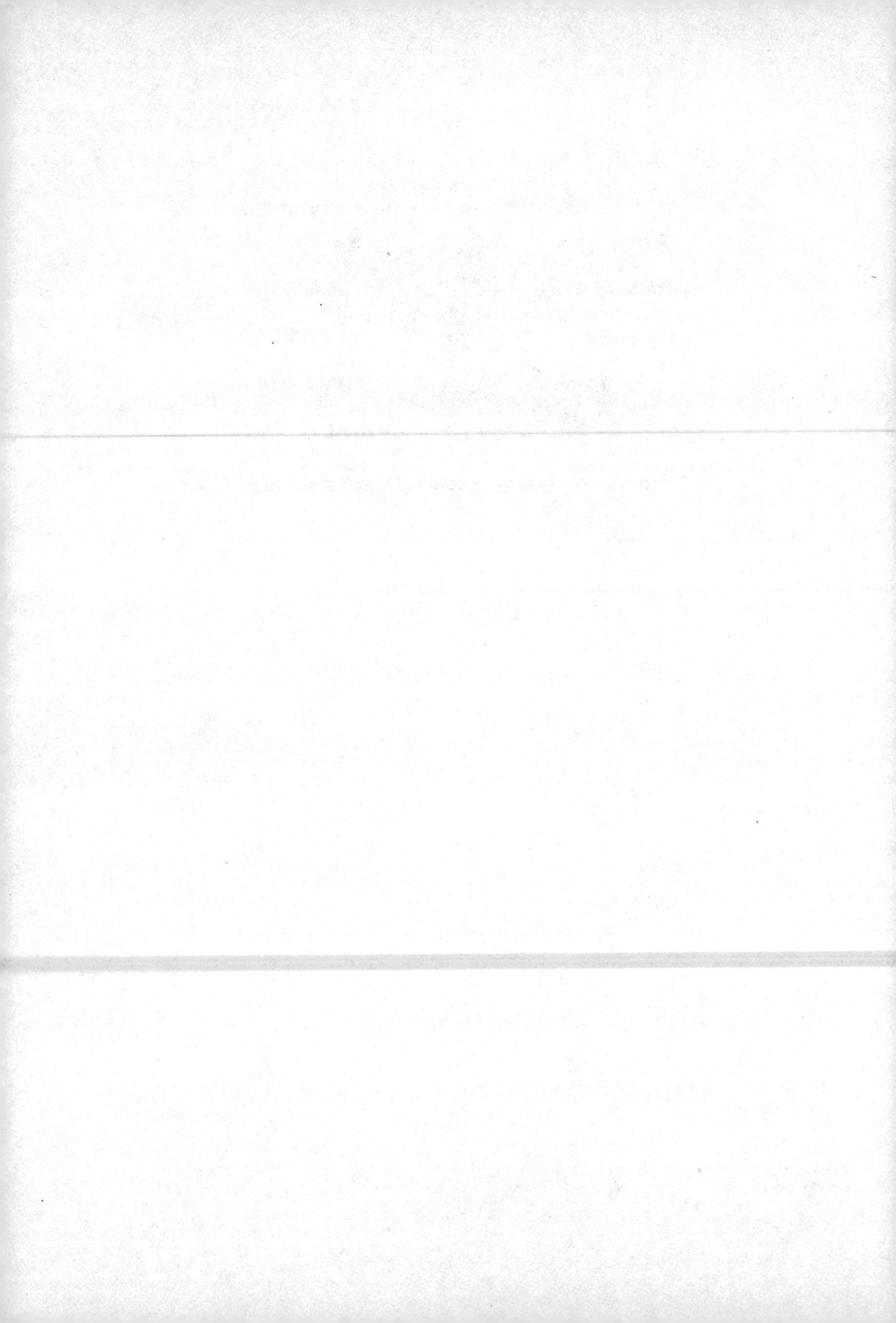

参 考 文 献

[1] *IMD World Competitiveness Yearbook*, http://www.imd.org/.

[2] *The Global Competitiveness Report*, http://www.weforum.org/.

[3] Porter, Michael E., *The Global Competitiveness Report 2002－
2003*, World Economic Forum, Geneva, Switzerland 2003,
New York: Oxford University Press. 2003.

[4] 迈克尔·波特:《国家竞争优势》,李明轩、邱如美译,华夏出版
社 2002 年版。

[5] 迈克尔·波特:《竞争优势》,陈小悦译,华夏出版社 1998 年版。

[6] 肖红叶:《中国区域竞争力发展报告 1985—2004》,中国统计出版
社 2004 年版。

[7] 肖红叶:《中国区域竞争力发展报告 2005》,中国统计出版社 2006
年版。

[8] 肖红叶等:《中国地区经济实力比较与分析》,中国统计出版社
2007 年版。

[9] 国家体改委经济体制改革研究所、中国人民大学、综合开发研究
院（中国·深圳）联合研究组:《中国国际竞争力发展报告 1996》,
中国人民大学出版社 1997 年版。

[10] 中国人民大学竞争力与评价研究中心研究组:《中国国际竞争力发
展报告 2003——区域竞争力发展主题研究》,中国人民大学出版
社 2003 年版。

[11] 哈维·阿姆斯特朗:《区域经济学与区域政策》,刘乃全等译,上

海人民出版社 2007 年版。

[12] 王秉安、陈振华、叶穗山:《区域竞争力理论与实证》,航空工业出版社 1999 年版。

[13] 张金昌:《国际竞争力评价的理论与方法》,经济科学出版社 2002 年版。

[14] 倪鹏飞:《中国城市竞争力》,中国经济出版社 2001 年版。

[15] 戴维·里德(Reed D.)主编:《结构调整、环境与可持续发展》,樊万选等译,中国环境科学出版社 1998 年版。

[16] 彼得·尼茨坎普主编:《区域和城市经济学手册》,安虎森等译,经济科学出版社 2001 年版。

[17] 迈克尔·波特:《竞争论》,高登第、李明轩译,中信出版社 2003 年版。

[18] 梁桂全主编:《广东科学发展报告 2010》,广东省出版集团 2011 年版。

[19] 梁桂全主编:《珠江三角洲地区落实〈规划纲要〉进展报告 2009—2010》,广东省出版集团 2011 年版。

[20] 王丽娅、陈弦:《泛珠九省区经济社会发展的比较研究》,中国经济出版社 2010 年版。

[21] 景体华:《2005—2006 年:中国区域经济发展报告》社会科学文献出版社 2006 年版。

[22]《构建协调可持续的世界级城镇群——大珠江三角洲城镇群协调发展规划研究》,广东省住房和城乡建设厅、香港特别行政区政府发展局、澳门特别行政区政府运输工务司,2009 年 10 月。

[23] 胡军等主编:《CEPA 与"泛珠三角"发展战略》,经济科学出版社 2005 年版。

[24]《珠三角发展规划纲要专题资料》,广东商学院图书馆编,2009 年 2 月。

[25] 梁庆寅、陈广汉主编：《泛珠三角区域合作与发展研究报告》，社会科学文献出版社 2008 年版。

[26] 杨穆主编：《珠海经济社会发展研究报告》，珠海出版社 2008 年版。

[27] 倪鹏飞、黄进等：《广州城市国际竞争力报告》，社会科学文献出版社 2010 年版。

[28] 倪鹏飞主编：《中国城市竞争力报告——竞争力：城市与国家同进退》，社会科学文献出版社 2010 年版。

[29] 倪鹏飞、姜雪梅等：《澳门城市国际竞争力报告》，社会科学文献出版社 2009 年版。

[30] 倪鹏飞、吕凤勇等：《东莞城市国际竞争力报告》，社会科学文献出版社 2010 年版。

[31] 李雁玲：《澳门产业结构与就业结构变动研究》，暨南大学出版社 2010 年版。

[32] 陈广汉主编：《港澳珠三角区域经济整合与制度创新》，社会科学文献出版社 2008 年版。

[33] 中国人民大学竞争力与评价研究中心、澳门大学澳门研究中心合编：《澳门特别行政区国际竞争力研究》，广东人民出版社 2005 年版。

[34] 张子云、于武、杨柏：《横向布局中国——泛流域经济带崛起思考》，上海人民出版社 2007 年版。

[35] 肖红叶、郑华章：《IMD 国际竞争力评价技术及其应用——以中国区域国际竞争力评价为例》，载《统计与信息论坛》2006 年第 9 期。

[36] 黄华华主编：《广东年鉴 2008》，广东出版社 2008 年版。

[37] 广东统计信息网，http://www.gdstats.gov.cn/default.html。

[38] 肖红叶、郑华章：《IMD—WEF 国际竞争力评价比较研究——以中国为例》，载《统计与信息论坛》2008 年第 1 期。

[39] 肖红叶、王健：《长江三角洲—长江经济带区域竞争力研究——基

于 IMD 国际竞争力评价的经验分析》，载《统计研究》2006 年第 7 期。

[40] 国家统计局：《中国区域统计年鉴 2009》，中国统计出版社 2009 年版。

[41] 国家统计局：《广东统计年鉴》，2000—2010 年各年，中国统计出版社。

[42] 国家统计局国际统计信息中心：《长江和珠江三角洲及港澳台统计年鉴》，2003—2009 年各年，中国统计出版社。

策划编辑：徐庆群
责任编辑：陈 登
装帧设计：周方亚

图书在版编目（CIP）数据

精算珠三角：珠三角经济社会发展竞争力评价基础研究／胡海林 王莉 著.
－北京：人民出版社，2012.7
ISBN 978－7－01－010968－8

I.①精… II.①胡… ②王… III.①珠江三角洲－区域经济发展－竞争
力－研究 ②珠江三角洲－社会发展－竞争力－研究 IV.① F127.65

中国版本图书馆 CIP 数据核字（2012）第 130817 号

精算珠三角
JINGSUAN ZHUSANJIAO
——珠三角经济社会发展竞争力评价基础研究

胡海林 王 莉 著

人民出版社 出版发行
（100706 北京朝阳门内大街 166 号）

环球印刷（北京）有限公司印刷 新华书店经销

2012 年 7 月第 1 版 2012 年 7 月北京第 1 次印刷
开本：710 毫米 × 1000 毫米 1/16 印张：18
字数：259 千字

ISBN 978－7－01－010968－8 定价：40.00 元

邮购地址 100706 北京朝阳门内大街 166 号
人民东方图书销售中心 电话（010）65250042 65289539